科技新闻传播
理论与实务

江　昀
沈　丹　◎编著
付　斌

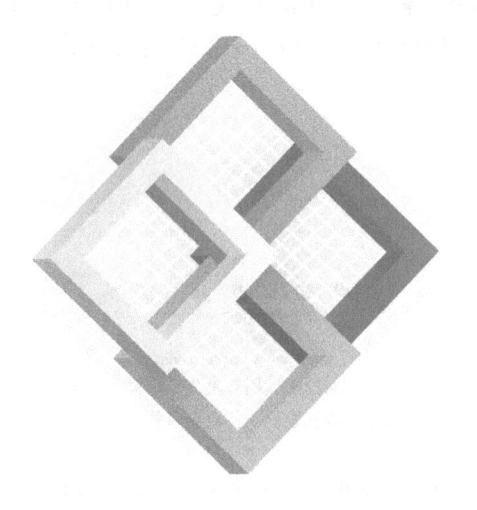

科学出版社

北　京

内 容 简 介

本书分为科技新闻传播理论与科技新闻实务两大部分。上篇阐述了科学技术系统及其发展规律，以及科学技术与社会的互动机制、科学技术的社会运行及控制；着重介绍了科技新闻的产生与发展，并就其价值属性及分类、真实性与科学性及传播效果问题进行了阐述。下篇主要围绕科技新闻的采写工作展开，主要包括选题、信息采集、构成要素、结构及专门领域报道、人物专访、数据新闻、互联网辅助报道、无人机科技新闻报道等。

本书可供新闻传播学相关专业的本科生、研究生阅读，也可用作广播电视、报纸、期刊、新媒体平台等的科技新闻从业者的业务指导书籍，还可为其他科技新闻研究、采写爱好者提供理论与实践方面的帮助。

图书在版编目（CIP）数据

科技新闻传播理论与实务 / 江昀，沈丹，付斌编著. —北京：科学出版社，2024.4
ISBN 978-7-03-078380-6

Ⅰ. ①科⋯　Ⅱ. ①江⋯　②沈⋯　③付⋯　Ⅲ. ①科学技术-新闻学-传播学-研究　Ⅳ. ①G210

中国国家版本馆 CIP 数据核字（2024）第 074207 号

责任编辑：朱萍萍　常春娥　赵　洁 / 责任校对：韩　杨
责任印制：师艳茹 / 封面设计：有道文化

科 学 出 版 社 出版
北京东黄城根北街 16 号
邮政编码：100717
http://www.sciencep.com
北京建宏印刷有限公司印刷
科学出版社发行　各地新华书店经销
*

2024 年 4 月第 一 版　开本：720×1000　1/16
2024 年 4 月第一次印刷　印张：20 1/2
字数：315 000
定价：148.00 元

（如有印装质量问题，我社负责调换）

前　言

科学技术是第一生产力。科学技术推动了生产方式不断变革，助推了经济增长，极大地满足了人们日益增长的物质文化和精神文化需求。作为科技信息的传播者，科技新闻从业人员应当担负起舆论引导、社会监督、弘扬科学精神、推进改革创新等责任。传媒机构或高校应加强对科技新闻人才的培养，以助力科技信息的质量提升，使科技信息的高效高质传播反过来促进科技的发展，让科技更好地服务于如贫富差距的进一步缩小、资源和环境开发的优化、乡村振兴全面推进、改善就业等方面，进一步推进经济的可持续发展。另外，对于传媒行业而言，高素质的科技新闻人才可以发掘更多符合受众接受心理的高质量的科技信息，助力探索科技信息传播的新方式、新途径，引导受众形成良好的科学意识和科学素养，助推科学技术的长远发展。

结合业界发展动态和传播环境，本书力图阐明以下六个方面的问题：第一，科学技术与社会发展的主要关系及科学技术的管理和运行机制；第二，科技新闻的发展历程、基本分类、特征和价值；第三，科技新闻的主要目标人群及其信息接收行为和目的；第四，科技新闻报道的选题、信息采集、基本结构、要素、采访技巧；第五，如何使用计算机进行辅助报道，如何规范地传播数据新闻；第六，无人机科技新闻报道的基本方法、技巧和原则。简而言之，本书旨在达成三个目标：首先，厘清关系，即科学技术同社会发展之间的关系；其次，理解理论，即通过对本书的阅读，理解科技新闻的相关基本理论；最后，学会操作，即在科技新闻采写技巧方面有所提升。本书从科学技术系统谈起，阐释了科学技术在社会生活中的主要功能，介绍了科技新闻发展的基本历程和主要理论，特别强调了如何做的问题。希望对媒体从业人员/新闻专业师生在以下方面有所帮助：树立职业意识、责任意识、法律意识，强化新闻洞察能力、新闻业务能力、社会活动能力三种能力。这些意识的树立和能力的形成，有助于提升科技新闻从业者的业务水平。

本书分为上下两篇。上篇为理论篇，主要包括第一至第七章，分别是科学技术系统及其发展规律、科学技术与社会的互动机制、科学技术的社会运行及控制、科技新闻的产生与发展、科技新闻的价值属性及分类、科技新闻的真实性与科学性、科技新闻的传播效果；下篇为实务篇，包括第八至第十六章，主要包括科技新闻报道的写作程序与结构、科技新闻的信息采集、科技新闻报道的构成要素、科技新闻报道的写作程序与结构、科技新闻的专门领域报道、科技人物专访、科技数据新闻、科技新闻的互联网辅助报道、无人机科技新闻报道。

我们在撰写过程中，首先，充分考虑了科技新闻发展史、基础理论和业务技能问题，与业界保持紧密联系，但多以访问形式获取业界信息，而具体实践错综复杂且不断变化，本书所收集的信息或相关论断需要和具体实践相结合后进行运用。其次，本书研究的科技新闻媒体主要为传统主流媒体，未分析自媒体等传播主体。再次，随着融合媒体时代的全面到来，传统主流媒体的相关操作、管理方法正在经历巨大变革，这对科技新闻采写提出了新的要求，特别是对一线新闻记者、编辑提出了更高的要求。本书难以在短期内对融媒体发展环境下的科技新闻采写或最新理念进行全面梳理和总结。

综上所述，本书结合传媒一线从业者的亲身经历和体验，充分考虑了融合媒体时代的传媒环境，从历史、理论和实践角度较为全面地阐述了科技新闻传播的基本理论和采写技巧。限于时间和精力，疏漏之处在所难免，恳请读者批评指正。

作　者

2023 年 9 月

目　录

前言

上篇　理　论　篇

第一章　科学技术系统及其发展规律 ⋯⋯⋯⋯⋯⋯⋯⋯⋯⋯⋯ 3
　　第一节　科学的体系结构 ⋯⋯⋯⋯⋯⋯⋯⋯⋯⋯⋯⋯⋯⋯ 4
　　第二节　技术的体系结构 ⋯⋯⋯⋯⋯⋯⋯⋯⋯⋯⋯⋯⋯ 17
　　第三节　科学发展的规律 ⋯⋯⋯⋯⋯⋯⋯⋯⋯⋯⋯⋯⋯ 21
　　第四节　科学发展的模式 ⋯⋯⋯⋯⋯⋯⋯⋯⋯⋯⋯⋯⋯ 30
　　第五节　技术发展的内在机制 ⋯⋯⋯⋯⋯⋯⋯⋯⋯⋯⋯ 36

第二章　科学技术与社会的互动机制 ⋯⋯⋯⋯⋯⋯⋯⋯⋯⋯ 44
　　第一节　科学技术与经济的互动机制 ⋯⋯⋯⋯⋯⋯⋯⋯ 45
　　第二节　科学技术与政治的互动机制 ⋯⋯⋯⋯⋯⋯⋯⋯ 47
　　第三节　科学技术与文化的互动机制 ⋯⋯⋯⋯⋯⋯⋯⋯ 48
　　第四节　科学技术对社会文化系统的破坏与重建效应 ⋯⋯ 49

第三章　科学技术的社会运行及控制 ⋯⋯⋯⋯⋯⋯⋯⋯⋯⋯ 53
　　第一节　科学技术的社会运行 ⋯⋯⋯⋯⋯⋯⋯⋯⋯⋯⋯ 53
　　第二节　科学技术的社会控制 ⋯⋯⋯⋯⋯⋯⋯⋯⋯⋯⋯ 72

第四章 科技新闻的产生与发展 …… 86
- 第一节 口传科技新闻时代 …… 86
- 第二节 手抄科技新闻时代 …… 88
- 第三节 印刷科技新闻时代 …… 91
- 第四节 近代社会的科技新闻 …… 93
- 第五节 20世纪的科技新闻及其发展 …… 99
- 第六节 信息社会的科技新闻 …… 104

第五章 科技新闻的价值属性及分类 …… 112
- 第一节 科技新闻的含义 …… 112
- 第二节 科技新闻的特性 …… 113
- 第三节 科技新闻的价值 …… 115
- 第四节 科技新闻报道的分类 …… 119

第六章 科技新闻的真实性与科学性 …… 123
- 第一节 科技新闻具有两种不同性质的真实 …… 123
- 第二节 真实性与科学性的统一 …… 125
- 第三节 事件真实与伪科学报道 …… 126

第七章 科技新闻的传播效果 …… 131
- 第一节 科技新闻传播的系统效果 …… 131
- 第二节 科技新闻传播的反效果 …… 139
- 第三节 如何提高科技新闻的传播质量和效果 …… 143
- 第四节 科技新闻的传播效果评价 …… 146

下篇 实 务 篇

第八章 科技新闻报道的选题 …… 153
- 第一节 互联网选题 …… 154
- 第二节 科技新闻报道选题的其他途径 …… 158

第三节　科技新闻稿 ································· 162
　　第四节　科技新闻报道选题的论证 ···················· 165

第九章　科技新闻的信息采集 ······························ 167
　　第一节　科技好奇心与观察 ·························· 169
　　第二节　科技信息源 ································ 176
　　第三节　倾听与做笔记的技巧 ························ 179
　　第四节　科技新闻采访技巧 ·························· 185

第十章　科技新闻报道的构成要素 ·························· 196
　　第一节　科技新闻报道的矛盾与解决方法 ·············· 196
　　第二节　科技新闻报道的基本构成元素 ················ 197
　　第三节　科技新闻报道基本范式举例 ·················· 206
　　第四节　科技新闻的引语和消息源 ···················· 207

第十一章　科技新闻报道的写作程序与结构 ·················· 211
　　第一节　科技新闻写作程序 ·························· 211
　　第二节　科技新闻的导语与核心段 ···················· 219
　　第三节　科技新闻报道主体的建构 ···················· 222
　　第四节　科技新闻报道的常见结构类型 ················ 226
　　第五节　科技新闻叙事与特写技巧 ···················· 230

第十二章　科技新闻的专门领域报道 ························ 236
　　第一节　医学报道 ·································· 236
　　第二节　灾害报道 ·································· 240

第十三章　科技人物专访 ·································· 245
　　第一节　科技人物专访概述 ·························· 245
　　第二节　科技人物专访的基本要求 ···················· 246
　　第三节　寻找科技人物专访的消息源 ·················· 251
　　第四节　各种专访技巧的融会贯通 ···················· 253

第五节　科技人物专访的结构类型 …………………………………… 256
　　第六节　科技人物专访的写作技巧 …………………………………… 257
　　第七节　科技人物速写 ………………………………………………… 259

第十四章　科技数据新闻 …………………………………………………… 262
　　第一节　数据新闻的概念与特征 ……………………………………… 262
　　第二节　如何制作和传播数据新闻 …………………………………… 267
　　第三节　如何在科技新闻中应用数据可视化技巧 …………………… 277

第十五章　科技新闻的互联网辅助报道 …………………………………… 285
　　第一节　使用互联网报道科技新闻 …………………………………… 285
　　第二节　使用数据库报道科技新闻 …………………………………… 291
　　第三节　使用在线资源报道科技新闻 ………………………………… 291

第十六章　无人机科技新闻报道 …………………………………………… 298
　　第一节　无人机概述 …………………………………………………… 298
　　第二节　无人机的基本原理和使用技巧 ……………………………… 302
　　第三节　无人机空中摄影技巧 ………………………………………… 310
　　第四节　无人机科技新闻报道的原则与方法 ………………………… 312

主要参考文献 ………………………………………………………………… 314

后　　记 ……………………………………………………………………… 319

上篇 理 论 篇

第一章　科学技术系统及其发展规律

现代科学技术系统都包含哪些内容？由于人们对"科学技术"概念的理解不同，国内外形成了多种大相径庭的科学技术体系。例如，国外有"综合体系派"和"功能体系派"等，国内也有许多种理论体系。因此，对"科学技术"概念进行研究，廓清其内涵和外延，就成为科学社会学首先应该解决的基本问题。科学是什么？不同的人在不同的时期从不同的角度出发有不同的结论。12世纪初期的宇宙论者威廉认为，科学是一种知识。保加利亚的T. H. 伏尔科夫认为，科学本身不是知识，而是产生知识的社会活动，是一种科学生产。苏联的哲学家B. M. 凯德洛夫认为："科学的概念既用于表示科学知识的加工过程，也用于表示由实践检验其客观真理性的知识的整个体系。"[①]技术是什么？技术广义指人类活动所采用的所有方法和手段的总和；狭义指以现代科学为基础，为完成研究、生产或服务任务，获得预期成果所设计的执行性方法和手段。

由于现代科学与技术的密切联系，当代很多学者普遍认为，作为广义的科学概念应该包括技术在内。然而，现在科学技术是新的社会生产力中最活跃的和决定性的因素。因此，这恰好说明了广义科学的社会实践功能。综上所述，我们认为现代科学技术系统起码应包括三部分内容：一是科学的知识结构体系；二是科学的研究活动体系；三是科学的实践功能体系。这三个方面既相对独立又相互联系，紧密地结合成整体的现代科学技术系统。

[①] 夏禹龙，刘吉，冯之浚，等. 科学学基础[M]. 北京：科学出版社，1983，第45页.

第一节　科学的体系结构

现代科学已形成了庞大的体系和复杂的结构。现代科学的体系，是科学社会学研究的对象。这个体系的客观实在性，是科学社会学赖以存在和发展的基础。研究现代科学的体系结构，可以为制定科学发展的战略规划和科学政策提供重要的理论根据。因此，它是科学社会学研究的重要组成部分。

一、现代科学体系的形成

科学研究的是客观世界，客观世界通常被认为可分为自然界、社会和人类思维三大基本领域，对这三大基本领域的研究分别对应的是自然科学、社会科学、思维科学这三大基本科学领域。近代自然科学出现于 16 世纪，科学实验的方法被广泛运用；现代自然科学出现于 19 世纪，在其既分化又综合的过程中，新学科涌现，学科之间交叉渗透、分化综合、演化发展，逐渐形成了今天这样的现代科学技术体系。

从 19 世纪开始，分化和综合两种趋势相互作用并贯穿于科学发展的过程中。分化与综合的结果，使分支学科、边缘学科、综合学科和横断学科不断出现，加强了现代科学体系的整体化发展。

现在，科学技术已经形成了有机联系的整体，主要体现在四个方面。

第一，分支学科的产生，就 19 世纪已经作为相对独立存在的那些基础学科如数学、物理学、化学、生物学、天文学、地球科学等来讲，由于分化，它们各自形成了包括许多分支学科在内的庞大体系，这些基础学科已成为母体学科，其中每一门学科又分化出许多新的分支，而每一个分支学科又分化出大量更细的分支。知识越来越专，门类越分越细，形成了本门学科的塔式结构体系。例如，物理学先分化成声学、光学、热学和电磁学，而声学又分化成超声学、次声学、噪声学和语言声学等。

第二，边缘学科的大量涌现，促成了学科间的彼此渗透。人们对自然界进行分门别类的研究中认识到各个事物和各种现象之间的联系很密切，因而认为对各门学科所获得的成果进行综合把握很有必要。在这种情况下，人们冲破传统学科之间的专业壁垒，在相互邻接的领域里探索、挖掘、耕耘，催生了大量边缘学科，如生物化学、生物物理学、地球物理学、天文物理学、地球化学等。恩格斯在《自然辩证法》一书中说各门科学的接触点上应被期待最大的成果[①]。控制论创始人诺伯特·维纳认为，在科学发展上可以得到最大收获的领域，是各种已建立起来的部门之间被人忽视的无人区。[②]边缘学科的出现，就是这些预见的证明。

第三，横断科学、综合科学的产生和数学方法在社会科学领域里的广泛应用，使各门科学有了共同的语言、概念和方法，加速了自然科学向社会科学的汇流趋势。

社会科学的学科也是在19世纪相继产生的。马克思在19世纪创立了用数学方法研究社会经济现象的新范例，列宁在1914年预见到了自然科学奔向社会科学的强大潮流。传统的自然科学和社会科学，从研究对象、研究方法、语言、概念等方面有很大不同，以系统论、信息论和控制论为代表的横断科学出现以后，自然科学和社会科学从不同侧面研究同一个客观世界，客观世界是从无生命的宏观行为（运动）到微观行为（运动），再从微观行为逐渐过渡到有生命的生物个体行为，最后是有生命的群体行为。这个连续体的前半部分行为由自然科学研究，而后面的群体行为则是由社会科学研究。这样，在对象上就达到了本质的统一。

在研究方法上，社会科学和自然科学有共性，都可采用系统方法、逻辑方法、数学方法、模拟方法等。在语言和概念上也有交叉，如系统、层次、结构、功能等。

自然科学和社会科学存在既分化又综合的关系，从综合角度看，自然科学研究者和社会科学研究者把自然科学和社会科学联系起来，使用多学科的知识，就解决同一个问题协同作战。这样，科学的发展在纵向分化的同时，由于横断学科的出现，就加强了自然科学、社会科学和思维科学的横向交叉、渗透和联系，科学体系由连续的链条发展到纵横交织的"网络"。

---

① 恩格斯. 自然辩证法[M]. 中共中央马克思恩格斯列宁斯大林著作编译局编译. 北京: 人民出版社, 2018.
② 维纳. 人有人的用处: 控制论和社会[M]. 陈步, 译. 北京: 商务印书馆, 1978.

第四，科学、技术的接近，是现代科学技术体系形成的有力证明。科学、技术在历史上是分离的，一般说来，19世纪下半叶以前，科学是在生产需要的推动下得以发展的，大体上是生产实际的需要推动技术的进度，而后推动科学的发展。其后，进入了"理论科学"时期，技术成为"科学"的技术，基本上是先有科学后有技术。但是到了今天，科学与技术谁先于谁，就很难确定，如计算机的出现与计算科学的诞生，现代科学与现代技术已形成一个有机的体系。

二、科学知识的体系结构

客观世界是统一的，人们在对客观世界进行分门别类研究的基础上，不断揭示出学科门类间相互作用和相互联系的种种形式。随着科学发展过程中分化和综合趋势的加强，科学知识的体系结构也日益庞大和复杂。

（一）科学知识体系的分类

有关科学知识的体系分类，须注意以下几方面。

首先，必须弄清楚科学分类的基本含义。何谓科学分类？恩格斯在《自然辩证法》一书中的观点，可供我们借鉴，即每一门科学都是分析某一运动形式或一系列互相关联和互相转化的运动形式的，因此，科学分类就是这些运动形式本身依据其内部固有次序的分类和排列。[1]这就是说，科学分类是把各门学科按其所研究的物质运动形式的区别及其固有的顺序加以分类和排列。科学分类是科学体系结构的基础，依据科学分类建立科学的体系结构。

其次，任何分类都要有一个基本原则，科学分类也一样。对科学知识进行分类，需要根据一定的原则。不同的分类原则决定了不同的科学分类体系。恩格斯在总结了19世纪自然科学取得的重大成就的基础上，批判地继承了马克思主义产生以前有关科学分类的合理思想，提出了科学分类的两条原则，即客观性原则和发展性原则。所谓客观性原则，就是要求划分各门学科知识时，要遵循客观物质运动形态矛盾的特殊表现规律，把客观物质世界的各种特殊运动形式加以区别。毛泽东说："科学研究的区分，就是根据科学对象所具有的特

---

[1] 恩格斯. 自然辩证法[M]. 中共中央马克思恩格斯列宁斯大林著作编译局编译. 北京：人民出版社，2018.

殊的矛盾性。因此,对于某一现象的领域所特有的某一种矛盾的研究,就构成某一门科学的对象。"[1]对科学进行分类就应抓住各门学科的矛盾特殊性及由此决定的研究对象之间存在的客观关系,切忌从主观出发。所谓发展性原则,就是要求排列各门学科顺序时,要尊重历史发展过程,该过程应体现事物之间的相互联系和相互转化,体现它们之间的继承和发展。科学知识从个体说是一个由浅到深、由简到繁的积累过程,从整体说是一个由少到多、由单向直线延伸到相互交叉发展的过程。因此,进行科学分类就要注意学科自身与科学整体的发展,切忌机械地排列。恩格斯把客观性原则和发展性原则统一起来进行科学分类的原则和方法,至今仍是我们从整体上把握科学体系结构及其演化规律的指导思想。

如同科学有自己的发展历史一样,科学分类也随着科学的发展而有自己的发展历史。在历史上由于科学分类所依据的原则不同,因而有多种多样的科学分类形式。古希腊哲学家亚里士多德的科学分类曾产生了较大的影响。他把科学统称为哲学,然后以人的活动为科学分类的准则。把纯粹认识活动的学问称为理论哲学,把研究人的行为的学问称为实践哲学,把关于创作、艺术、讲演等活动的学问称为创造哲学[2]。15世纪以后,随着各门自然科学的发展,主要是力学、数学、生物学的发展,有更多的科学家致力于科学分类,其中最杰出的代表是英国的培根,他以人类理性能力作为科学分类的标准,把科学分为三类:关于历史的知识称为记忆的科学,关于诗歌、艺术等的知识称为想象的科学,关于哲学(包括数学、物理学等)的知识称为理智的科学。

到了18世纪末,随着牛顿力学的巨大成功,人类对科学结构的认识进一步深化,出现了要将整个自然科学重新作百科全书式概括的要求,投入这一工作的代表人物是圣西门和黑格尔等。圣西门认识到,科学有关对客观对象的描述,是客观对象的规律性在人类头脑中的反映,于是,他提出将科学按照研究对象分类。他把"所见到的一切现象"分成天文现象、物理现象、化学现象和生理现象几类,与此相对应的是研究这些现象的天文学、物理学、化学和生物学。至于这些科学的排列顺序,圣西门按照研究对象由简单到复杂的发展过程,

---

[1] 毛泽东. 毛泽东选集 第一卷 [M]. 2版. 北京: 人民出版社, 1991.
[2] 也有人称为"创作哲学"或"艺术"。

把科学分成"简单的科学"和"复杂的科学"两大类。

圣西门的科学分类方法，虽然坚持了客观性原则，但他理解的科学的客观现象，却是一些孤立的表面现象，科学从简单到复杂的排列顺序，也带有形而上学的色彩，不能反映科学内在的逻辑结构。黑格尔把发展思想带进了科学分类，各门学科（数学、力学、物理学、化学、地球科学、植物学、动物学等）在他的哲学体系的发展中，是依次出现的，这是一个大功劳。恩格斯对黑格尔的分类给予了很高的评价，指出其分类方法在当时是完备的，并且认为，黑格尔对自然科学的概括和合理分类是一个很大的成就。但是，由于黑格尔是用臆造的绝对精神来构造体系的，科学学科之间的转化被说成了绝对精神自我发展的结果，这就从根本上否定了科学的客观性。因此，尽管黑格尔用唯心主义辩证法猜测到了学科之间的某些联系，然而，却不可能揭示出学科之间真正客观的内在逻辑。

19世纪中叶，自然科学的发展进入一个新时期，三大发现（细胞学说、能量守恒与转变定律、生物进化论）以及生理学、胚胎学、古生物学、地质学等领域的巨大成就，体现了自然界各个领域之间的联系，为科学分类理论的诞生提供了基础。恩格斯批判地继承了历史上科学分类思想中的合理成分，特别是圣西门的客观性原则和黑格尔的发展性原则，创立了按物质运动形式进行科学分类的理论。恩格斯根据当时科学发展的水平和已有的资料，把各种运动形式概括为：机械运动、物理运动、化学运动、生物运动和社会运动等五种形态。时至今日，这个科学分类原则仍有助于我们整体把握科学体系结构及其演化规律。

我国著名的科学家钱学森同志，根据现代科学技术发展状况和系统科学的思想，提出了不同学科都是从不同角度研究同一个客观世界的主体分类原则，将现代科学横向划分为四个层次（哲学、基础科学、技术科学、工程技术），纵向划分为九个部类（自然科学、数学、社会科学、系统科学、思维科学、人体科学、文学艺术、军事科学、行为科学）。这种科学分类方法，在国际上引起了广泛的关注。

（二）现代科学体系的结构

现代科学体系的结构是复杂的，它是由各研究对象的众多学科构成的，新产生的学科数以千计。众多学科的出现，使对现代科学体系结构的探索成为重要而困难的课题。为表示这种科学体系与结构的庞大与复杂，不少学者提出了科学分类的体系结构模式，如把科学看作正在施工中逐渐加高的"金字塔"模式，把科学比喻为向各方延伸的、枝叶繁茂的"树"状模式，由各学科编结而成的"网"状模式，还有从科学知识不断膨胀而成的"球"状模式，等等。针对自然界、社会和人类思维三大领域的研究形成三大科学领域，即自然科学、社会科学和思维科学。下面仅就科学领域各自和相互的关系，揭示现代科学体系的结构。

1. 自然科学

自然科学是纵横交错、层次繁多的学科群体，按照各门学科的研究对象及目的，现代自然科学从宏观上可分为基础科学、技术科学、应用科学。基础科学以自然界各种物质形态和运动形式为研究对象，其目的在于阐明自然界各种物质运动形式的规律性，包括数学、物理学、化学、生物学、天文学、地球科学等基础学科及其分支学科、边缘学科。自然界是一个统一的整体，各个学科从不同的角度研究统一的物质世界的构造和运动的基本规律。随着现代科学分化与综合趋势的加速，基础学科一方面在分化中产生许多分支，使自身体系向纵深发展；另一方面在综合中产生许多分支学科、边缘学科，又使自身体系横向发展。纵横交错的结果使基础科学形成网状结构。例如，物理学已有以下多种分支：力学、热学、声学、光学、电学、高能物理学等。光学又分化出物理光学、量子光学、几何光学、大气光学、电光学、磁光学、生理光学和晶体光学等分支学科，而且其中有的分支还向更深层次分化。在边缘学科方面，如生物学与化学两门学科相互综合，产生了生物化学，边缘学科还有物理化学、化学物理学、地球物理学、地球化学、生物地球化学等。同样，这些边缘学科中的某些分支也会向更深层次分化。这一切使基础科学形成复杂的网状结构。

基础科学复杂的体系结构告诉我们，科学研究工作既要专业化，又要加强学科研究的组织管理工作，这既可以提高单项科学的研究效率，尽快取得科研成果，又可以保证一些重大的跨学科科研课题在多学科的通力协作下获得成功。它还告诉我们，科研人员的知识既要精深又要广博，这样才能适应科学体系结构发展的需要。

技术科学是把基础科学知识应用于生产实践的中间环节，主要研究各个技术门类的特殊规律，并探索共性技术的本质和规律。构成技术科学的学科有电工学、电子学、材料科学、原子能科学、计算机科学等。由于科学和技术的紧密结合，技术科学的学科内容迅速扩大。

应用科学研究基础理论和技术科学如何转化为生产技术、工程技术和工艺流程的原则和方法。构成应用科学的学科有农业技术、工程技术、交通技术、通信技术、商业技术、文教技术、空间技术、国防技术等。以上学科又可按不同专业划分出众多的专业技术，从而形成应用科学体系。基础科学、技术科学和应用科学，三者相互联系、相互促进，共同构成现代自然科学统一的宏观整体结构。

基础科学是现代自然科学结构的基石，它的成果是整个科学技术大厦的理论基础，起着指导作用。一般来说，基础科学的水平决定着整个自然科学的水平，因为它的进展将开辟新的生产技术领域，产生新的技术科学和应用科学，从而促进技术科学和应用科学的发展。技术科学是使基础科学理论物化为生产力的桥梁。它既带有基础研究的性质，又为基础研究提供新的研究课题和研究手段，从而推动基础科学的发展。技术科学在科学技术中占有极其重要的地位，实践证明，哪个国家技术科学发达，其生产技术也就先进。应用科学也具有重要意义，因为基础科学和技术科学只有通过应用科学才能转化为现实的生产力，实现经济效益。人们在确定科学的战略布局与安排实际工作时，必须协调三方面的关系，使之和谐发展。

2. 社会科学

社会科学是研究社会发展规律的科学。与其他科学门类相比，它是从人类社会发展运动的角度去研究整个客观世界的。19世纪中叶，马克思和恩格斯第一次把社会知识确立为科学，为整个科学知识体系增添了"社会科学"这一领域，他们用无产阶级革命的理论和实践使社会科学得到了很大的发展。社会科学刚成立的几十年总的来说发展有些缓慢，对于社会科学体系结构的探讨与表述，相对缺乏统一的模式。社会科学和自然科学有很大不同：自然科学因其精密性与可试验性有较准确的预测功能；社会科学更多的是以社会调查、统计的情况和数据为基本材料，较多进行概念分析和逻辑推理。但随着研究对象和研究方法的接近，这样的区别逐渐模糊了。用大自然观和大科学观来看，社会的本质也是自然的，是自然发展的必然产物，也具有客观实在性，社会现象是一种高级的自然现象。二者的研究对象，在本体论上是统一的，都是物质。在目的性上，都是探索客观世界的事实、法则，用探索出的规律和法则预测或干预社会事物演变过程。在方法论上，二者都可以运用数学方法和系统、信息、控制方法，又是相近和相通的。所以社会科学与自然科学的联系越来越紧密。

社会科学也有各个部类，于光远曾以社会关系作为划分社会科学各部类的原则，并据此把社会科学分为研究生产的经济学，研究政治和法律及上层建筑的政治学和法学，以及研究各种意识形态的道德学、艺术学、宗教学等。除了这些学科之外，还有既不属于生产，又不属于上层建筑和社会意识形态的社会关系和社会现象的各个门类。我们参照这一观点并结合当今社会科学的发展情况，把社会科学体系作一探索性的描述。

首先，研究人类社会在各个发展阶段上的各种经济活动和各种相应的经济关系及其运行、发展的规律的经济学，可分为两大分支：宏观经济学和微观经济学。宏观经济学以国民经济的总体方面为研究对象，考察和分析社会经济活动的总图景以及相应的经济变量总值、平均数或比例之间的关系。微观经济学主要研究单个经济主体（如消费者、企业）以及这些经济主体组成的市场的最优化行为，包括消费理论、生产理论、价格理论、一般均衡理论和福利经济学等。随着社会生产实践和经济科学自身的发展，近年来又产生了许多新的学科，如生产力经济学、基本建设经济学、科学经济学、教育经济学、国土经济学等。其次，研究在一定经济基础之上的社会公共权力的活动、形式和关系及其发展规律的广义的政治学，注重研究政治主体和现实政治问题。研究法律、法律现象以及其规律性的法学，核心是对于秩序与公正的研究。最后，研究社会意识的科学，是以研究社会意识实践活动规律为对象的，主要包括道德学、宗教学、社会心理学、美学、文学和艺术等。同样，随着社会实践的发展，各学科也逐渐增加分支，如文学，现代通常分为诗歌、散文、戏剧、小说等。其他还有反映人们社会实践活动的科学，如研究社会发展以及群体行为变化规律的社会学，还有历史学、人文地理学、民族学、人口学及其各分支科学。社会科学除本学科各有其分支学科而使其体系向纵深发展外，它也是一个开放的体系，逐渐横向发展，表现出现代科学分化与综合的趋势。哲学已从社会科学中分化出来成为大部类学科。社会科学和自然科学互相交叉、互相渗透的趋势日益加强，产生许多边缘学科、横断学科。例如社会科学的研究越来越多地运用自然科学的方法，吸收自然科学的成果，产生了数学经济学、技术经济学、管理科学、社会系统工程、数理逻辑、数学语言学、工程心理学、技术美学等新学科。这些都使社会科学的体系向网状结构发展。

3. 思维科学

思维科学是研究思维形式和思维规律的科学，它是从认识论角度去研究和认识客观世界的。其目的在于了解人是怎样认识客观世界的，人在实践中得到的感觉、信息是怎样在人的大脑中被存储和加工处理成对客观世界的认识的。钱学森认为思维科学可以划分为抽象（逻辑）思维、形象（直感）思维和灵感（顿悟）思维三种形式，根据这三大类思维形式建立的思维科学即抽象（逻辑）思维科学、形象（直感）思维科学和灵感（顿悟）思维科学。抽象（逻辑）思维科学是研究抽象（逻辑）思维发展规律的，它包括形式逻辑、辩证逻辑、数理逻辑、科学逻辑、自然语言逻辑、计算语言逻辑、电脑逻辑和数学逻辑等。形象（直感）思维科学是研究形象（直感）思维发展规律的思维科学，需建立的学科如图形识别思维学、模糊形象思维学和艺术形象思维学等。灵感（顿悟）思维科学研究在百思而不解的长期思考之后的某一刹那间，因某事物或现象的启发而触类旁通、见微知著、顿然醒悟、豁然开朗、急中生智地解决问题的思维过程。

客观物质世界是统一的，作为对客观世界反映的科学，其体系化也应该是统一的。这种统一，一方面表现在自然科学、社会科学、思维科学都通向哲学。从自然科学通向马克思主义哲学的桥梁是自然辩证法，从社会科学通向马克思主义哲学的桥梁是历史唯物主义，从思维科学通向马克思主义哲学的桥梁是认识论。所以各门自然科学、社会科学、思维科学最后都有各自的桥梁汇总到马克思主义哲学这一人类认识的最高概括。马克思主义哲学是科学的哲学，它在科学发展中不断得到丰富发展，同时又指导科学技术的研究。另一方面表现在综合学科、横断学科的出现，把原来各学科纵向发展的链条，联结成纵横交错的网络。综合学科如环境科学、能源科学、海洋科学、空间科学、管理科学等，不仅是一个科学门类多学科的综合，而且是自然科学、社会科学等几个科学门类多学科的综合，是基础科学、技术科学和应用科学几个科学层次的多学科综合。横断学科如系统论、信息论和控制论等，同样也具有几个门类、几个层次高度综合的性质。这样，现在的几千门学科就形成了结构复杂、联系密切的现代科学技术体系。

三、科学研究的体系结构

科学研究作为科学的认识活动，是指科技工作者以探索、发现和创造为目的的智力劳动过程。通过科学研究活动，人们不断探索新领域，发现新规律，创造新技术，推动着整个社会的进步。从系统论的观点看，科学研究活动的组织结构是否合理完备，对于科学体系的发展有着直接的影响。

（一）科学研究的分类

科学研究活动从古到今经历了一个由简单到复杂、由低级到高级的发展过程，逐步形成了一个内部分工明确、结构严密的有机系统。在古代，已经有了科学研究的萌芽，但那时它还没有从哲学研究中完全分离出来，对科学问题的探索与对哲学问题的思考是交织在一起的。随着人们认识的深入和整个社会的进步，科学研究才开始作为一项独立的研究活动发展起来。人类研究技术问题的历史也同样久远。但是，这种研究是同生产劳动的过程紧紧联系在一起的，一直没有从生产中分离出来。因此，那时科学研究和对技术问题的研究是循着两条互相独立的路线来发展的，逐渐形成了两种不同的传统。前者表现为学者的理论传统，后者表现为工匠的实践传统，彼此之间缺乏应有的联系。

到了近代，实验科学的创立和实验方法的广泛运用，要求科技工作者不仅要具有学者的素养，同时还要具备工匠的技能，这在一定程度上缩短了科学与技术之间的距离。资本主义生产关系的建立和大机器生产的巨大社会需求，突出了技术研究的重要性，使对技术问题的研究从直接生产过程中分离出来，归入整个科学研究活动的范围之内，成为其中的一个重要组成部分。探索自然规律的科学研究和运用自然规律来改造自然、控制自然的技术研究互相联系，互相促进,共同推动着科学技术加速度向前发展。进入20世纪,现代科学研究活动进一步形成了基础研究、应用研究和发展研究的明确分工。这三类分工各司其职,协同作战,构成了科学研究的整体运动,为科学技术向现实生产力的转化准备了条件。

1. 基础研究

基础研究是指以发现自然规律、增加科学知识和建立科学理论为目的的研究活动。基础研究又可以分成两部分:一部分是没有预期应用目的的理论研究,另一部分是根据一定时期的社会需要来确定研究方向的定向基础研究。基础研究在整个科学研究体系中处于基础地位,它为应用研究和发展研究提供具有指导意义的基本理论,对科学体系的发展有着举足轻重的作用。基础研究与生产离得较远,其目的也并不是直接应用于生产。但是,从宏观上看,人们改造自然的活动必须以对自然的正确认识为指导,因此,一旦基础研究取得突破性成果,将推动社会生产迅猛发展,产生巨大的社会经济效益。例如,牛顿力学的建立和完善,为蒸汽机的发明提供了理论指导,从而导致了第一次工业革命;法拉第对电磁感应定律的揭示,则为发电机的研制打下了基础,最终导致了第二次工业革命;而相对论、量子力学的建立则为新技术的兴起奠定了理论基础。

2. 应用研究

应用研究是指探讨理论的应用价值及其实现途径、条件和方式的研究活动,在整个科学研究体系中起着中转和桥梁的作用。它以应用为目的,对基础研究的成果作进一步的深入研究,形成具有通用性的一般技术理论,用来指导发展研究的开展。同时,基础研究对社会产生的巨大作用,也需要经过应用研究向发展研究的传递及发展研究向生产领域的传递才能实现。如果缺少了应用研究这一环节,人们对自然规律的研究就无法转化为改造自然的技术能力和生产能力。

3. 发展研究

发展研究是指以基础研究和应用研究的成果为指导,来设计和研究新工艺、新装备、新产品的研究活动。在科学研究体系中,发展研究担负着把基础理论知识和技术理论知识具体化为新仪器、新工艺、新装备，使之与生产过程相衔接的重任，是科学技术向生产领域转化的最后一个环节。以和平利用原子能为例，人们最早进行的是探索原子核内部结构及其规律的基础研究，结果发现原子核中蕴藏着巨大的能量。而后人们进一步通过应用研究，来探讨如何释放原子能，从而形成了重核裂变的技术理论。在此基础上，人们又进一步来研制利用核裂变和核聚变发电的装置和工艺，这种研究就是发展研究。

由此可见，在科学研究体系中，三类研究之间有着明确的分工，其作用是不能互相混淆且不可互相代替的。同时，它们之间又是互相联系、互相依赖、互相促进的。打个形象的比喻，科学研究体系好比是大树，基础研究是树根，应用研究是树干，发展研究则是树枝、树叶。整棵大树，只有根深、干壮，才能枝繁叶茂，而枝繁叶茂又可以给树根、树干输送更多的养分，使科研之树茁壮成长。

（二）科学研究体系的结构

在科学研究活动中，基础研究、应用研究和发展研究之间相互联系和作用的特定方式，构成科学研究体系的结构。科学研究的结构对于科学体系发展的速度、水平和规模有着长远而深刻的影响。在其他条件相近的情况下，不同的研究结构，将导致不同的科技实力对比。因此，世界各国都把建立合适的科研结构作为本国科技发展战略的一个核心问题。那么，怎样才能建立一个合理优化的科研结构呢？一般说来，需要解决好两个问题：一是投资费用在三类研究中如何分配；二是三类研究的成果怎样才能一环扣一环地迅速向生产领域转化，即转化渠道是否通畅、协调机制是否有效。具体分述如下。

第一，三类研究的投资比例问题。要建立合理优化的科研结构，首先必须保证三类研究有一个适当的投资比例。世界上一些科技强国在处理投资费用比例方面的做法，值得我们研究与借鉴。苏联素有注重基础研究的传统，曾把大部分科研力量用来搞基础研究，忽视了应用研究和发展研究，再加上军事科研的畸形发展，结果影响了科学技术发展的速度。20世纪70年代以后，苏联开始转向，动员一部分从事基础研究的人员转向应用研究和发展研究，并相应增加了这方面的投资，使情况有所改观。日本提倡走"技术立国"的道路，把重点放在应用研究和发展研究上，在大量引进先进技术的基础上，加以消化吸收和综合创新，使之迅速转化为生产力，用了约 20 年时间就实现了经济腾飞。日本的弱点在于基础研究较为薄弱，为了改变这种状况，日本在 20 世纪 60 年代曾一度把基础研究的投资比例增加到整个科研投资的约 30%，后因效果不佳，又进行了调整。美国历来重视应用研究和发展研究，以此作为强大杠杆来推动经济的高速度发展。在短短数十年间，美国超过法国、德国、英国等国，成为世界上经济最发达的国家。第二次世界大战后，美国开始加强基础研究，进入三类研究并举的发展时期，一直保持着科技领先的地位。

综上所述，对于一个国家来说，三类研究的比例不是一成不变的，在不同的历史时期和不同的国力条件下，应该有所侧重。一般说来，在经济和科技发展的初期，要根据应用研究和发展研究实用性强、周期短、见效快等特点，着重抓好应用研究和发展研究，以此为杠杆促进经济实力的增长。随着经济的发展，则应当不断加强基础研究，以此来带动应用研究和发展研究比例的进一步提高，形成三类研究互相促进的良性循环。

第二，三类研究的协调与转化问题。合理优化的科研结构，除了要求三类研究要有适当的投资比例以外，还要求三者之间要有畅通的转化渠道和有效的协调机制，以便把三类研究紧密衔接起来，使研究成果能够一环扣一环通行无阻地转移扩散，最后转变成社会的生产能力和经济效益。在美国、日本和西欧等国家和地区，科研体制中对三类研究的分工通常是，基础研究由政府或基金会资助的大学和科研机构来进行，发展研究由企业来承担，应用研究则由政府与企业分担。对三类研究进行协调与沟通的机制表现在三个层次上。第一个层次是企业的自行调节。企业根据市场与利润的需求，来组织协调企业的科研活动。应用研究提供各种成熟的技术储备，发展研究则从中选择那些本企业最需要、最能获得经济效益的技术作为自己研制开发的对象。这就在本企业的范围内有效疏通了应用研究向发展研究转化的渠道。当研究活动超出了单个企业的范围之后，市场调节（其中包括价值规律、专利制度和技术贸易等内容）就在第二个层次上发挥作用。价值规律的作用在于保证人力、物力和财力的投入，朝向那些最有可能带来经济效益的研究领域，从而加快三类研究之间沟通与转移的步伐。专利制度和技术贸易不仅可以保障发明者的利益，而且通过有偿转让进一步将不同国家不同地区的应用研究与发展研究紧密衔接起来。协调机制的第三个层次是国家的干预和调节。当研究项目涉及全社会的需求和整个国家的利益时，就要由国家统一组织调配全社会的科研力量和各种资源进行攻关，从而在相当广泛的范围内保证三类研究的紧密衔接和递次转化。三个层次的调节与沟通综合起来就形成了一整套较为完善的协调机制和转化渠道的网络系统。它对于建立合理优化的科研结构，加速科学技术的发展起着积极的推动作用。

我国是社会主义国家，具有以计划为主的科研体制。这就决定了我们不能完全照搬西方国家的科研协调体制，而是要根据我国国情，充分发挥社会主义市场经济在协调三类研究、疏通转化渠道方面的优势。我们在原子能、人造卫星、人工合成胰岛素、青蒿素、北斗系统、超级计算机、可重复使用试验航天器、世界首颗量子科学实验卫星"墨子"、世界最大单口径射电望远镜"中国天眼"、5G通信设备等方面所取得的一系列成就，就是国家统一组织、正确协调的结果。同时也应看到，我们的调节机制还有些缺陷，需要吸取西方发达国家科研协调机制中的合理成分，来进一步改进我们的工作。

第二节　技术的体系结构

技术体系是现代科学体系里不可缺少而又十分重要的部分，研究技术体系的结构，对于研究应用科学的功能具有很重要的现实意义。

一、技术的分类

现代社会中存在的各种技术，都是相互渗透、相互联系的，孤立的技术根本不存在，技术联系的紧密性给技术分类带来了困难。按照我国社会经济发展的实际情况，可以把整个技术应用领域和产业进行层次形态分类。除了这种分类方法以外，还可以按技术的不同功能进行分类，例如生产性技术和非生产性技术；按劳动手段在劳动过程中的作用和地位不同，可分为直接劳动手段的技术、间接劳动手段的技术和劳动对象的技术；按人与自然关系的不同，可分为直接利用自然的技术和广义的加工技术等。

研究技术体系的结构，不仅要知道技术体系的组成，更重要的是要了解技术之间的结合或联系方式。技术与技术之间的联系不是任意的，首先，必须符合自然规律，其次，必须符合技术目的，二者的统一，可称为符合目的的自然规律性。这种符合人的目的的自然规律，就是技术原理。正是技术原理，确立了实现特定目的的过程、手段和方法，也规定了技术之间的结合方式。人们把这种各技术之间相互结合的具体形式称为工艺。工艺确定了实现目的的具体过程，以及在这一过程中物质手段的时空位置。由此可见，技术工艺是技术之间互相联系的纽带。

不同技术之间的横向联系主要有以下几种形式（图1-1）。

第一，依存关系。一种技术的出现和应用，必须以另一种技术的存在为前提，否则该技术就不能成为现实的技术，这种关系叫作依存关系。例如，白炽灯的发明与碳丝/钨丝技术、燃气轮机的发明与耐高温叶片材料制造技术等都属于这种关系。

第二，渗透关系。一项技术可以应用到几种生产劳动过程中，促使过程中的各种技术互相渗透。例如，蒸汽机、内燃机、电动机的应用引起工业技术体系的变更，主体技术与辅助技术就是渗透关系。

第三，连锁关系。一项技术的出现引起其他技术的连锁出现。例如，产业革命初期，飞梭技术的发明和应用，引起了纺织技术、印染技术、动力技术的改变；印染技术又引起制酸技术、制碱技术的出现和应用。

依存关系	一种技术的出现和应用，必须以另一种技术的存在为前提
渗透关系	一项技术可以应用到几种劳动过程，从而促使过程中的各种技术互相渗透
连锁关系	一项技术的出现引起其他技术的连锁出现

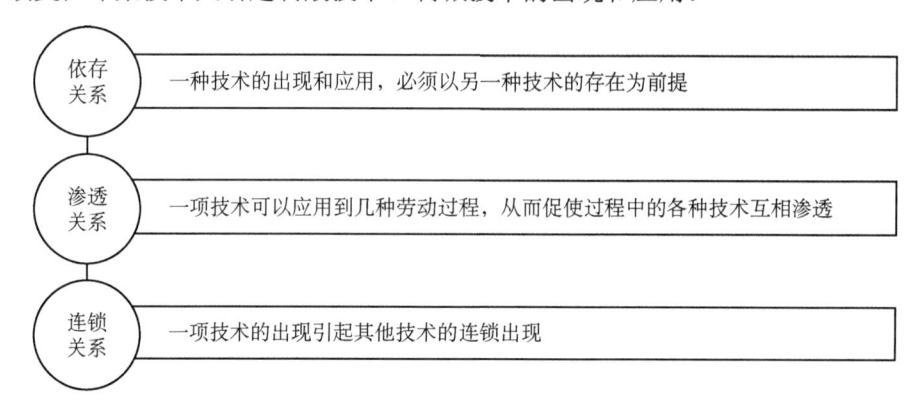

图1-1 工业生产过程中各项技术的横向联系

各种技术之间不仅有横向联系，还有纵向联系。纵向联系的方式主要表现在一种新技术、尖端技术在出现以后，并不能马上代替旧技术或传统技术，往往会出现新技术与原有技术、尖端技术与传统技术并存或相互结合的情况。

二、技术之间的结合原则

技术之间的结合原则，是技术分类的基本前提和条件，包含了它的目的、功能、效率和社会之间的关系等要素。下面，我们将讨论技术之间的结合原则是如何决定技术分类的。

（一）技术目的的同一性原则

技术目的是一个相对的概念，一个国家、地区、技术体系、一项技术均有各自共同的目的。根据这一原则，我们可以将技术分为三个级别。

第一级为四种基本技术。技术的对象是自然界，技术的基本作用在于改变自然界的运动形式和状态。这四种基本技术是：①广义的机械技术，它被用来改变自然界的机械运动状态和自然物的形态；②物理技术，它被用来改变自然物的物理成分和形态；③化工技术，它被用来改变自然界的物质成分；④生物技术，它被用来改变生命运动的状态和性质。

第二级为八类生产劳动过程中的技术。四种基本技术只有在生产劳动过程中才能产生现实的作用，日本技术论专家星野芳郎将生产劳动过程分为七类，再加上其七类未含的农牧业生产，相应的则有八种以生产劳动过程划分的技术。①采掘技术。包括空气、水、太阳能、矿山等的采掘技术。其特点是以自然界为对象，并随着自然界的变化，生产劳动过程的形态也随之发生变化。②原材料生产技术。即从天然资源中分离乃至人工合成所需要物质的技术。这里不仅需要机械技术，更需要物理和化工技术。③机械生产技术。机械生产不仅指机器和装置的生产，而且指同衣食住行密切相关的消费品生产。④建设技术。建设就是要改变自然的地形与地貌，以形成直接进行生产和生活的地点和空间，而且在设置之后不能再随意改动。⑤输送技术。这一系统技术的特征就是改变人员和物质的时空位置。⑥信息处理与传播技术。信息处理与传播技术的功能是对社会物质与精神生产过程的控制与管理。⑦能源生产技术。它通过机械的、物理的、化学的甚至是生物的方法，把自然界所储藏的能量释放出来，并在各生产劳动过程中加以运用,成为其他生产劳动过程的动力。⑧农牧业生产技术。推广农牧业生产技术有利于提高农牧业产量,推广农牧业科技文化成果。

第三级为产业技术。各种产业技术,实际上是与八类生产劳动过程的不同组合。把技术按产业分类,有助于理解不同技术在历史上的发展状况及其在社会中的作用,也有助于从横向角度了解科学技术间的关系。下面介绍主要的产业技术。①栽培技术:主要运用于农业、林业;②捕获技术:水产业的基本生产技术;③饲养技术:这种技术既运用于畜牧业,也同样运用于水产业;④采掘技术:此技术包含石油、煤炭和矿业等行业;⑤材料技术:这是金属冶炼、石油精炼中的常用技术。另外,第一产业、第二产业、第三产业又分别有其对应的第一产业技术、第二产业技术、第三产业技术。

以上三级分类方法,从技术角度看是互相独立的,在整个社会的技术体系与任意一个技术体系中,必须保持目的上的一致性。上一层次的技术目的,需要通过下一层次的技术手段来实现,下一层次的技术手段又是更下一层次的技术目的。由此而形成的目的与手段的连锁关系,促使了各种技术的相互结合。

(二)技术功能的匹配原则

在同一个技术系统中,各种技术的功能要相互适应,相互匹配。功能不相互匹配的技术,不能稳定地存在于一个技术系统之中,在现实的技术系统中,为了使技术功能更好地匹配,应不断地进行技术革新并形成新的技术体系。

(三)技术生产效率的平衡原则

劳动过程中的各种技术之间必须在生产效率方面保持平衡,否则将引起生产过程的不协调。通过改变结合方式以及用新技术替代落后技术,以达到新的平衡。

(四)技术与社会文化的协调原则

任何国家的现存技术体系,都是经过社会选择的结果,不仅与该地区的地理条件、资源条件和生态环境有关,而且与生产力水平、教育体制、文化传统和管理能力联系着。因此,技术之间的结合原则,除了考虑自然因素以外,还应与社会文化相协调。

第三节 科学发展的规律

科学知识体系、科学研究体系和技术体系互相联系、互相作用，构成了现代科学的系统体系。这个体系已经形成，并且还在不断地分化、综合和迅速地发展。

现代科学的系统体系结构，随着科研活动的深入而有规律地变化发展着。所谓规律，就是事物发展过程中的本质联系和必然趋势。科学同其他事物一样，时间和空间是它存在的基本形式，运动是它的根本属性。科学作为一种社会现象，在其发展的时间过程和空间结构中必然与促使它发展的各种因素发生广泛的客观联系，从而决定着科学自身发展的方向、速度、特点和趋势。规律的核心是联系，科学发展的规律，按其联系的特点可分为：科学发展的动力性规律、科学发展的指数增长规律、科学中心转移规律和带头学科更替规律。下面就每一类规律的主要内容做一简要的介绍。

一、科学发展的动力性规律

科学体系的发展是通过科学研究来实现的。在科学研究的过程中，存在着科学理论与科学实验的矛盾，不同学术观点、学术派别的争论以及不同学科之间的相互渗透等。这些矛盾的运动，推动着科学体系的发展。同时，科学体系作为整个社会大系统中的一个子系统，其发展又必然受到各种社会因素诸如物质生产、社会制度和文化习俗等因素的影响。这些因素也是推动科学发展的动力。科学发展中，内部与外部动力交互作用，构成它的动力系统。科学体系正是在这个动力系统的推动下不断向前发展的。

（一）科学发展的内在动力

科学发展的内在动力直接来源于科学理论与科学实验的矛盾、正确与否的客观标准。经过科学实验的检验，正确的理论得到证实，错误的理论将被推翻。建立在科学实验基础上的科学理论，反过来又对科学实验起着指导作用。任何一种科学实验，都是在一定的理论指导下，有目的、有计划地进行着。从实验课题的选择、实验方案的设计，到实验结果的分析与评估，都离不开科学理论的指导。实验手段的改进和实验技术的提高，也需要科学理论的参与。例如，对高能加速器的研制，就要综合运用高能物理、电磁学、化学、计算机、机器制造等多方面的科学理论知识。

科学实验与科学理论这对矛盾的不断产生和解决，推动着科学体系的不断发展。人们在科学理论的指导下，进行科学实验，在实验中常常会发现一些用规范理论解释不了的新事实，从而暴露了原有理论的局限性。为了解决这一矛盾，需要在理论上作新的探索，提出覆盖面更宽、能够统一解释已知事实和新事实，并能预测未知现象的假定性理论解释——假说，然后把新假说拿到实验中去检验。如果得到证实，它就转化为新的科学理论。新理论反过来又指导和促进科学实验的发展。科学实验与科学理论就是这样互相作用、互相促进的，共同推动着科学体系的加速发展。

1. 不同的学术观点和学派的争论

首先，在科学发展的历史长河中，各个时期、各个领域内都存在许多不同的学术观点和学术派别，它们之间的争鸣和论战，从整体上来说，从古到今从来没有停止过。例如，天文学中"日心说"与"地心说"之争，地质学中"火成说"与"水成说"之争，生物学中"渐变说"与"突变说"之争，化学中"燃素说"与"氧化说"之争，物理学中"热素说"与"分子运动说"之争，光学中"波动说"与"微粒说"之争，量子力学中爱因斯坦、薛定谔与哥本哈根学派之争，现代遗传学中孟德尔-摩尔根学派与米丘林学派之争，等等，都是科学史上著名的实例。一部科学史，同时也是一部不同学术观点和学派争论的历史。考察产生这些不同学术观点和学派的原因，主要是人们在认识客观对象的过程中，所掌握的事实材料不同、思考问题的角度不同、认识的水平不同、研究方法和实验手段不同，以及世界观不同，导致了不同的学术见解，形成了不同的学术派别。科学领域中不同学术观点和学派的争论，对于推动科学事业的发展起着巨大的作用。首先，它可以帮助人们用比较正确的理论来代替错误的理论。通过争论，真理越辩越明，谬误得到澄清，双方力量对比也会随之改观。历史上盛行一时的"热素说"和"燃素说"被"分子运动说"和"氧化说"所取代，就是这方面的实例。

其次，争论又可以促使人们用比较全面的理论来代替片面的理论。人们在争论中进一步理清思路，可以更清楚地认识各派理论上的缺陷和片面性，从而有助于克服片面性并得出更加全面的理论概括。在人们认识光的本性的过程中，曾经出现过牛顿"粒子说"与惠更斯"波动说"两种观点的长期对立。双方都得到一些事实的支持，又都有解释不了的现象。后来人们综合了双方的真理性，克服了各自的片面性，建立了量子力学理论，达到了对光的波粒二象性的全面认识。

最后，不同学术观点和学派的争论，还有助于人们用更加普遍、更加深刻的认识代替原有的认识。争论的双方为了使自己立于不败之地，就必须在实践中进行更细致的探索，从理论上进行更严密的推敲，这样就把人们的认识不断引向深入，大大加速了科学发展的步伐。

可见，不同学术观点和学派的争论，是通向科学真理的重要途径，是繁荣科学事业的必要条件。如果压制不同的学术观点，打击不同的学术派别，造成学术上的一统天下，会打击人们的创造精神，阻碍科学事业的发展。因此，对待不同的学术观点和学派，不宜采取行政命令的强制手段去处理，而是应该发扬科学民主，保障学术自由，提倡互相学习、取长补短、共同提高。只有这样，才能促成科学事业的兴旺发达、繁荣昌盛。

2. 各门学科之间的相互渗透

自然科学研究的对象——自然界，本身是一个无限多样而又相互联系的有机整体，对于社会科学研究的人类社会，其政治、经济、意识形态、文化艺术、教育等各个领域也是互相联系、互相作用的有机整体，并且自然界与人类社会彼此也在互相作用，因而科学的各门学科之间也不是彼此孤立、互不相干的，而是互相渗透、互相作用的。一门学科取得重大突破往往会令其他学科产生连锁反应，它的原理、概念、研究方法和实验手段也会被应用到其他学科中去，从而推动这些学科的发展。各门学科在其发展过程中几乎都从其他学科汲取过有利于自身成长的养分。这样，各门学科之间的相互渗透，就成为科学体系发展的又一重要推动力。

学科间的相互渗透主要表现在以下几个方面：一是原理概念的渗透。把一门学科中较为成熟的原理概念，移植到另一门或几门学科中去，将会大大促进这些学科的发展。例如，物理学家薛定谔把量子力学理论运用于生物学领域，用来解释生命现象，使人们对生物的认识由原来的细胞水平深入到分子水平，推动了分子生物学的建立。美国学者维纳等，通过对反馈机制的剖析，把目的性行为这个生物学特有的概念赋予机器，从而突破了生命与非生命的界限，创立了控制论这门崭新学科。二是研究方法的渗透。把一门学科的研究方法移植到其他学科中去，同样会促进这些学科的发展。例如，古希腊学者欧几里得早在约公元前3世纪首先运用公理化方法，写出了数学史上的名著《几何原本》，建立了欧氏几何学的完整理论体系。千百年来这种方法的影响远远超过了几何学的范围，其他学科的科学家纷纷效仿。像牛顿、拉格朗日、克劳修斯等人在创立自己的理论体系时都运用了这种方法。如今，现代科学中的大多数学科在建立本学科理论体系时，也都运用了公理化方法。三是实验手段的渗透。随着科学的进步，实验手段的作用显得越来越重要。实验手段的移植，给许多学科带来了新的活力，有时甚至导致了新学科的诞生。如加速器原是核物理研究的实验手段，把它运用于化学、光学、生物学、医学、机械学中去，大大促进了这些学科的发展。又如把射电技术应用于天文学，就产生了射电天文学这一新的学科，把激光技术应用于生物学和医学，就促使了激光生物学和激光医学的产生。

（二）科学发展的社会动力

科学的发展，不是在真空中进行，而是在社会大系统中实现的。因此，除了科学自身的动力以外，它还要受到社会物质生产、社会制度和哲学思想等诸多因素的影响。这些因素构成了推动科学体系发展的社会动力。

1. *物质生产对科学发展的巨大作用*

物质生产是人类社会赖以生存和发展的物质基础，也是科学产生和发展的基础。在社会诸因素中，物质生产对科学的推动作用是最主要和最根本的。首先，物质生产是科学产生的前提。人类对自然界的认识，是从能够制造和使用工具、进行生产劳动的时候开始的。原始人在同自然界做斗争的劳动过程中，对某些自然现象有了初步的认识，逐步掌握了一些简单的生产技能，这些知识就成为科学的萌芽。随着生产范围的扩大和物质生活资料的增多，脑力劳动和体力劳动之间有了分工，开始出现专门从事研究的知识分子，这才使古代科学的产生成为可能。因此，科学的发生一开始就是由生产决定的。其次，物质生产的需要决定着科学发展的方向。从科学史来看，确实如此。生产的需要构成了科学发展的强大动力，推动科学朝着生产所急需的方向发展。古代最先发展起来的是天文学，那是出于农牧业生产确定节气、掌握气候变化的需要。随后发展起来的是数学，那是由于天文学需要数学，丈量土地和测量水位也需要数学。随后，根据建筑业、手工业、航海、水利工程等的需要，力学也发展起来，近代热力学、机械力学率先得到发展，则是因为近代资本主义大生产是以蒸汽机为动力的机器生产，为了提高蒸汽机和其他机器的效率，需要热力学和机械力学的理论做指导。现代电子计算机科学发展非常迅速，源于现代自动化生产的特别需求。最后，物质生产提供了科学发展的物质基础。生产的发展，不仅向科学提出了大量的研究课题，而且还提供了研究这些课题的日益丰富的事实材料，以及相应的科学实验仪器设备。特别是在现代科学中，实验仪器设备的作用日益增大。如果没有精密复杂的实验设备，没有高能加速器、射电望远镜、电子显微镜、电子计算机以及现代宇航工具，也就不会有现代的高能物理学、宇宙天文学、量子生物学以及智能科学等，而所有这些实验设备都是由现代化工业生产提供的。从这个意义上可以认为，如果没有生产的发展和现代实验设备的制造，也就没有现代科学的发展。一般说来，在科学的发展过程中，人力、物力、财力的投入与科学成果的产出是呈正比例发展的。投入的人力、物力、财力越多，所取得的科学成果一般也越大。人力、物力、财力的投入，又是由物质生产的能力与水平来决定的。只有生产发展了，才有能力拿出更多的钱来办教育，培养出更多更好的科技人才，才有可能大幅度增加用于科学研究的物资和经费。因此，科学发展的速度、规模和水平与物质生产的关系极大。

2. 社会制度对科学发展的重要影响

科学的发展总是在一定的社会制度下进行的，因此它不仅要依赖于物质生产，而且还受到社会制度的影响。一定的社会制度是在一定的物质生产基础上建立起来的，而物质生产的发展又离不开科学的协助，因此任何社会制度也都需要发展科学，以便来为自己服务。但是，社会制度性质不同，对科学发展的影响也是不同的。一种社会制度,当它处于上升阶段时可以促进和推动科学的发展;当它处于腐朽没落阶段时则会阻碍和束缚科学的发展。当然,这种对科学发展的阻碍和束缚是不可能长久的,一旦达到某种激化程度就会引起社会革命,导致对旧制度的变革。历史上社会制度的每一次变革,都使生产力获得一次大解放,也使科学获得一次大发展。新兴的奴隶制度代替原始公社制度以后,促进了生产的发展,产生了古代科学的繁荣。新兴的封建制度代替奴隶制度以后,也带来了科学的发展和繁荣。资产阶级变革旧制度的革命,更是与近代科学的产生和发展息息相关。从15世纪后半叶开始的欧洲文艺复兴运动,沉重打击了封建专制和宗教神学,使近代科学冲破层层阻力,破土而出,茁壮成长。社会主义制度是建立在生产资料公有制基础上的先进社会制度。它的诞生为科学的发展开辟了广阔的道路。社会主义国家把不同学术观点、学派的争论以及不同学科的相互渗透等矛盾的运动,视为科学体系发展的自生动力。发展社会生产力,不断改善人民的物质文化生活须放在首位,必然要极其重视科学事业的发展。社会主义的计划经济体制,对于统一组织和协调社会各方面的力量来发展科学起着十分重要的作用。社会主义制度能够充分调动广大科技工作者和人民群众的积极性和创造性,使科学真正成为人民群众自己的事业。社会主义制度具有资本主义制度不可比拟的优越性,能够释放科学生产力,推动科学事业的繁荣。

3. 哲学思想对科学发展的指导作用

哲学思想是对整个世界最一般规律的概括和总结,各门科学则是对世界各个领域的特殊规律的概括和总结,哲学与科学的关系是一般与特殊、共性与个性的关系。这种关系,一方面说明哲学必须以科学为基础,必须不断用最新科学成果来丰富自己;另一方面又说明哲学对科学具有指导作用,哲学是全部科学研究之母。开展科学研究一刻也离不开哲学思想的指导。从实验课题的选择、实验方案的设计,到实验数据的加工整理,都要运用一定的理性思维方法,也必须遵循一定的思维规律。这些思维规律和思维方法,都属于哲学的范围。而且,对实验结果进行理论概括,作出理论解释,也必然要受到一定世界观的支配。世界观也属于哲学的范围。因此,科学研究总是要受哲学思想的指导,所不同的是有些人是自觉接受某种哲学思想的指导,有些人是不自觉地接受某种哲学思想的指导。科学史表明，凡是有成就的科学家和科技工作者在实际工作中总是遵循了正确的哲学思想。他们承认自然界及其规律的客观性和可知性，并把科学实验作为检验科学理论正确与否的客观标准。正是这一根本立场的确立，才使他们有可能在科学上作出自己的贡献。爱因斯坦曾经认为，科学的任务是要从各种复杂的现象中认识到它们的统一性。正是从这种正确的哲学思想出发，爱因斯坦发现了牛顿力学把时间空间与物质运动相割裂的错误，揭示出物质、运动、时间、空间的统一性，从而促进了狭义相对论的创立。

一百年来自然科学的发展充分证明自然界是普遍联系、不断演化的，科学研究要揭示自然界的辩证本性，就更加需要辩证唯物主义哲学的指导。世界上许多著名科学家像德国化学家肖莱马、苏联化学家谢苗诺夫、英国生物学家霍尔敦、日本物理学家坂田昌一等，自觉学习和运用辩证唯物主义哲学，在各自的研究领域取得了重大成果，就是很好的例证。因此，每一个科技工作者都应该努力学习和掌握辩证唯物主义哲学，成为自觉的辩证唯物主义者。只有这样，才有可能为祖国的科学事业作出较大的贡献。

二、科学发展的指数增长规律

科学体系在其自身动力和社会动力的推动下，不断向前发展。随着时间的推移，这种发展在量的方面表现为指数增长，在质的方面表现为科学革命。科学的发展是从量变开始的。在量变阶段，科学知识随着时间的推移，呈现出按指数比率加速度增长的规律性。恩格斯最初提出了科学加速度发展的思想[1]。后来，恩格斯在《自然辩证法》一书的"导言"中又进一步发挥了这一思想，把加速度发展作为科学的一条客观规律提了出来[2]。一百多年来，有人对有关科学的图书、刊物和论文等进行了各种定量统计，结果证实了恩格斯论断的正确性。1944年美国人赖德对美国十多所主要大学图书馆的藏书情况进行了调查，结果发现这些图书馆的藏书量也是按指数规律增长的。后来美国科学史家普赖斯又把这一发现加以扩展，他在《巴比伦以来的科学》一书中，以科学杂志和学术论文作为知识发展的重要指标，描述了科学的加速度增长。普赖斯认为，世界最早的科

---

[1] 马克思,恩格斯. 马克思恩格斯全集 第一卷[M]. 北京: 人民出版社, 1956.
[2] 恩格斯. 自然辩证法[M]. 中共中央马克思恩格斯列宁斯大林著作编译局编译. 北京: 人民出版社, 1971.

学杂志是 1665 年出版的英国皇家学会的《哲学汇刊》。随后，大约有三四种同类的杂志在几个欧洲国家的科学院出版。1700 年全世界出版的科学杂志不到 10 种，到 1800 年就增加到 100 种，1850 年为 1000 种，1900 年是 10 000 种，到 20 世纪 80 年代全世界科学杂志竟多达 100 000 种。[①]所以，普赖斯根据他的定量研究，得出了一个科学发展按指数增加的规律。普赖斯在《小科学，大科学》一书中，进一步对各种科学指标的增长情况进行了概括整理，得出每过若干年总数翻一番的结论。

科学的指数增长率是一个相对真理，即在一定的历史时期内成立，而在另一段时间里又遭到破坏。若把这种规律限定在一定的历史时期内，将会看到，它的确是一个不以人们意志为转移的客观规律。在科学社会学中，把这种科学知识的"总量"按指数比率作加速度增长的现象，叫作科学知识的指数增长规律。

三、科学中心转移规律

科学发展的空间结构性规律，还表现为地区发展上的不平衡，即在不同的历史时期，各个国家或地区的科学事业也并不是同步发展的，总是有某个国家或地区走在最前列，成为世界科学中心，并对世界科学发展的基本方向和各个国家的科学发展进程产生重大影响。例如古代希腊和唐朝时期的中国曾是世界科学文化中心，对世界科学的推动作用是十分显著的。

15 世纪下半叶以来，欧洲近代科学获得了迅速发展，但这种发展在不同的国家也是不平衡的。科学社会学创始人贝尔纳在《历史上的科学》这一名著中，用图表形式描绘出近代科学活动的主流在世界范围内运动的概貌。日本科学史家汤浅光朝在此基础上，进一步对约 400 年的 2000 多项重大科研成果进行统计分析，提出了科学中心转移的理论。他认为，如果一个国家在某个时期内取得的重大科研成果超过了世界同期总数的 25%，则表明这个国家已经成为科学活动中心。按照这个标准，近代科学诞生以来，曾先后在五个国家之间进行了转移，其顺序如下：意大利、英国、法国、德国、美国。汤浅光朝还推算出，科学活动中心的兴旺周期约为 80 年。美国成为科学中心是从约 1920 年开

[①] 田夫，王兴成. 科学学教程[M]. 北京：科学出版社，1983.

始的，照此推算，2000年前后美国应不是科学活动中心，但美国凭借其军事、政治、经济、科技等力量，在一段时期内还是科学活动的中心。

科学中心的形成和转移，是同上述国家的政治、经济条件和整个社会的科学创造能力密切相关的。研究历史上一些科学中心兴衰的经验教训，可以为我们制定正确的科技政策创造条件、积蓄力量，对重新振兴我国的科学事业有着积极的意义。

四、带头学科更替规律

纵观科学发展的历史，各门学科的发展总是不平衡的。在某一历史时期，由于社会的需要，以及自然科学自身发展条件的逐步完备，某一门或者一组学科能够率先正确地作出对自然的解释，走在其他各门学科的前头，它的理论和方法成为当时其他学科的解释性基础和方法论范例，因而能对其他的学科起到推动作用，那么这一门或一组学科就成为该时代的带头学科。例如，17—18世纪，经典力学理论取得了辉煌的成就，它的理论和方法成了人们解释各种自然现象、研究各种实际问题的理论基础，并且推动着其他学科的发展，因而力学成为这个时代的带头学科。

苏联科学院院士凯德洛夫研究了近代以来自然科学发展的历史现象，提出了科学发展的带头学科更替模式。现代以来，第一门带头学科是机械力学，它经历了从16世纪到18世纪末200多年的时间；第二组带头学科是化学、物理学、生物学，这组学科产生在18世纪末，在19世纪末完成了带头学科的使命，其间经历了约100年；第三门带头学科是微观物理学，如果从1895年发现X射线算起，至1945年原子弹爆炸，正好是50年；第四组带头学科是控制论、原子能科学、宇宙航行学，它们从1945年起经历了25年的发展，已经在20世纪70年代出现被其他学科替代的趋势。凯德洛夫预测第五、第六门带头学科将是分子生物学和心理学。[①]凯德洛夫认为，带头学科持续时间存在着倍减率。但如果科学周期无限缩短，势必出现分不清哪个学科是带头学科的情况。因此，这一模式也只是在一定范围内适用的。

然而，带头学科更替模式毕竟反映了科学发展的某些规律性。带头学科

---

① 张少华，侯书山. 科学学简明教程[M]. 开封：河南大学出版社，1986.

有三个特点：第一，更替性。即一门或一组学科完成带头学科职能后，必定让位于其他带头学科。第二，更替学科的加速性。即带头学科所延续的时间不能缩短。反映了科学发展的加速化趋势。第三，巨大的影响性。表现为带头学科走在前面，并决定和影响其他学科的发展，成为整个科学进步的先导。如果作更长远的预测，人体科学和思维科学可能成为未来新的带头学科，带动整个科学的发展。

第四节　科学发展的模式

科学发展模式就是关于科学发展的基本规律、基本趋势，以及科学知识增长的动因和机制的形式化概括和描述。它要揭示科学发展的规律性、主要特征和内在机制，因而一个成功的科学发展模式不仅能合理地解释科学发展的历史过程，而且能从本质上深入地揭示科学发展的规律性。

一、波普尔证伪主义的科学发展模式

英国科学哲学家波普尔把科学发展看作是一个永无止境的、不断证伪的发展过程。从证伪主义的观点出发，波普尔认为，证伪主义解释是由大胆的怀疑开始，提出问题，通过证伪或反驳，实现不间断革命的过程。这个过程可以概括为一个动态模式，即 P1→TT→EE→P2，其意思是科学从问题（P1）开始，经过试探性理论（TT），又经过批判性检验，排除错误（EE），进而提出新的问题（P2）。这几个环节循环往复，推动科学不断前进。波普尔把"问题"作为科学发展的动力，问题既是起点又是终点，是矛盾和不一致。这种不一致不仅是新的观察事实与旧理论的不一致，也是理论与理论之间的不一致，还是同一理论内部的不一致。波普尔把这些科学发展中的矛盾和不一致归结为科学问题，这些问题引导人们去研究，成为科学探索的主攻方向。第二个环节是提出试探性的理论，也就是要进行大胆的猜测，这种猜测既不受理论约束，也不受感觉经验制约。猜测意味着可能出错，而科学要更好地预测未来，就不可能总是追求最可靠的知识，而应该追求可能错误但覆盖面却很大的知识。波普尔反对科学

是在经验材料基础上归纳概括的结果,而强调思想、灵感、直觉在形成科学假说中的作用。在通过猜测而提出各种试探性的理论之后,首先要进行前验性评价。即通过演绎逻辑的方法,从每一个试探性理论中推导出若干结论,然后将这些结论在理论之间以及其他有关的陈述中加以比较,从中选择可证伪度最高的理论,波普尔认为从逻辑上可能性上不能被证明的理论就是非科学。经过前验性评价的理论仍然是一种试探性的理论,它或许(部分或整体)是错误的,还有待于排除错误。

排除错误(EE),也称后验评价。即经过前验评价后,用演绎方法进行推理,如果理论的推断与观察实验的结果不一致,那么该理论因被证伪而被淘汰;如果理论的推断与观察实验的结果一致,那么该理论因被确认而得以保留。然后在所有被确认的理论中,选择出确认度最高的理论。波普尔认为,对理论的所有真正的检验是证伪、反驳它,科学史是一部不可靠的猜测史或一部错误的历史,因为科学是试探性的事业,错误不可避免,科学家不要怕犯错误,要从错误中学习,科学的方法就是批判的方法,批判是理论发展的动力,是"革命"的精神。任何理论不管经受了多么严格的检验,也不管获得了何等的成功,最终总是会被推翻的。经过严格确证的理论一旦被推翻,便有新的问题出现。[1]波普尔的科学发展模式就是这样一个从"问题"开始,经过猜测和证伪,过渡到"新的问题"的不断循环的过程。科学在这种动态循环中向更高层次跃进。然而,实际的科学进程并不像波普尔所描绘的那样通过"不断革命"而发展,其间也包含着量变渐进的过程。随后的科学哲学家们修正、完善、发展了波普尔的科学发展模式。

二、库恩的科学革命发展模式

科学的发展,除了量的指数增长以外,还表现为质的飞跃。量的积累和增长达到一定限度,就不可避免地要引起质变,爆发科学革命。西方科学哲学中,历史主义学派的代表人物之一库恩,在长期研究科学史的基础上,发现科学的发展是常规科学与科学革命的相互交替、新旧范式不断更替的过程。他用反常

---

[1] 卡尔·波普尔. 猜想与反驳: 科学知识的增长[M]. 傅季重, 纪树立, 周昌忠, 等, 译. 上海: 上海译文出版社, 2005.

和危机解释科学发展的内在机制，主张用历史的方法从动态角度勾画出一种符合科学史实际的科学发展模式，并在《科学革命的结构》一书中提出了他的科学革命论的科学发展模式，即前科学→常规科学（形成范式）→反常→危机→科学革命（新范式战胜旧范式）→新的常规科学……其中范式（paradigm）是理解这一模式的重要概念。

库恩的"范式"概念，其含义有多种解释，基本上是科学家集团的共同信念、共同传统、共同理论框架以及理论模式、基本方法等。

所谓前科学阶段，即一门学科的基本原则还处于尚未定向、众说不一的混乱时期。随着争论的深入和研究活动的进展，某一种理论逐渐得到科学界的支持而占据优势，形成一套由假说、概念、定律、模型、方法和哲学观点所构成的科学范式，作为进行该学科研究活动的基础和手段。

有共同信念这一范式的科学家们形成一个科学共同体（范式的形成标志着一门学科的定向和成熟），于是便进入常规科学阶段。常规科学时期，科学共同体根据公认的范式进行研究活动。随着常规研究的发展，会遇到某些"反常"现象，研究者在使用原有范式时遇到了无法解释的困难，迫使常规科学家们对旧范式进行补充和修改。但是，出现反常现象的频率越来越高，对旧范式的偏离程度越来越深，为适应这种情况对旧范式进行修补的规模越来越大，程度也越来越深，结果使旧范式日益复杂化，变得矛盾重重，混乱不堪。于是，"危机"出现了，旧范式（经验研究）迅速失去了控制能力，传统的常规研究随之结束。人们越来越多地去寻找克服危机的出路，科学革命发生了。一些受旧范式束缚较少的学者，毅然抛弃旧范式而创立新学说，使新、旧范式展开激烈的斗争；新范式从各个战线驱赶着旧范式，并由于新的科学共同体的"皈依"逐渐取得了统治地位，从而开始了新的常规科学研究时期。同样，新的常规科学研究也会遇到反常而走向危机，爆发新的革命，产生出更新的科学范式。

前科学阶段是科学的"早期发展阶段"。在这个阶段，从事同类学科研究的科学工作者对所共同研究问题的基本观点很不一致，即没有形成该学科的范式。然而，随着科学活动的深入，理论的互相竞争会导致某一理论由于成功解释了某些现象及其推论能够更多地被实验所验证，从而战胜其他理论，被该学科越来越多的成员拥护，这样就出现了公认的范式，公认的范式把大家统一为一个科学共同体。范式的产生是一门学科达到成熟的标志，这种形成范式的成熟学科就属于常规科学。

常规科学是科学共同体根据公认的范式进行解难题的正常科学活动。它的目标并不在于发现新的事实或理论，而是定向聚焦，只研究范式内部肯定有解的难题。范式总为这样的难题留有充分的研究余地。在常规科学阶段，经验材料不断得到积累，范式在理论上变得更为精确和完善，也就是说，常规科学追求的目标是使科学知识稳步地扩大和精确化。随着科学研究的进一步深入，意料之外的新现象会出现，这些现象是研究者从未见过、范式难以解释的，于是使人感到"反常"。反常，就是出现了与现有范式相矛盾的客观现象。库恩重视反常，认为研究反常可能打开新的境界，检验长期公认的信念，可产生新的科学发现，反常现象成了科学发展的一种内在动力，对原有范式是一种破坏性的革命因素。反常的偶然出现，开始并不会对范式构成立即威胁，因为范式有很强的韧性，它总是千方百计抵抗反常，企图消融反常。可是当常规科学试图解决反常，屡遭失败时，反常的频繁出现便势必构成对范式基本原则的打击，导致危机。在危机阶段，人们逐渐怀疑范式，责怪范式，动摇对范式的信念。共同体于是开始分化，一些保守的科学家一方面不能否认和忽视反常，另一方面却又死抱着旧范式不放，总是企图设法对旧范式做一些修补，来勉强解释和消化不可能消化的反常。但同时也会有些科学家开始探索新的解决办法，这些人思想解放，并且有创新精神，不盲目迷信旧范式，而是创立新理论、新范式，取代旧理论、旧范式，以解释和吸收反常。所以，危机孕育着理论和范式的重大变革，孕育着科学的革命。

科学革命，就是冲破旧理论，创立新理论，就是新范式战胜和取代旧范式，是一种质变、飞跃的过程，在这个过程中，各种新理论会涌现出来。科学家不仅就新理论和旧范式进行争论，而且也就各种新理论进行激烈争论。相互竞争的理论通过实践选择，最后会产生新范式。所以科学革命不是个别科学家，而是整个共同体的转向。科学革命的完成，使科学发现进入新的常规科学……[1]

---

[1] 托马斯·库恩. 科学革命的结构[M]. 金吾伦, 胡新和, 译. 北京: 北京大学出版社, 2003.

库恩所揭示的科学发展的整个过程，就是这样一个不断循环，并因新旧范式的转换而不断进步的过程。科学发展既有常规科学的"逐渐积累"的持久阶段，又有科学革命的"激烈变革"的短暂阶段，是渐进和激进、量变和质变两种发展状态相互渗透、相互交替的动态结构。库恩的科学革命论的科学发展模式，包含了不少合理的因素。然而也有一定的缺陷，如新的和旧的范式具有不可比性；并把他的模式看作所有科学发展的唯一模式，否认科学发展模式的多样性等。

三、拉卡托斯的"科学研究纲领"模式

伊姆雷·拉卡托斯是英籍匈牙利人，伦敦经济学院逻辑学教授，当代西方著名科学哲学家。拉卡托斯作为波普尔的学生，原属证伪主义学派，后来由于受到库恩哲学的影响，汲取库恩哲学中的合理因素，从根本上修改了波普尔的证伪主义，建立了精致证伪主义理论，并针对库恩范式理论的相对主义特征和范式选择的非理性问题，提出了科学研究纲领方法论。他的科学研究纲领方法论主要由"硬核—保护带模型—正反启示法"概念组成。

拉卡托斯认为，任何科学研究纲领作为一个相互联系着的理论体系，一般都是由以下四个相互联系的部分组成的：①由最基本的理论构成的"硬核"；②由许多辅助性假设构成的"保护带"；③保护硬核的反面启示规则——"反面启示法"；④改善和发展理论的正面启示规则——"正面启示法"。

（1）硬核。拉卡托斯认为研究对象不再是单个的理论，而是理论的序列，这一系列理论拥有着一个共同的核心——基础假设和基本原理，即"硬核"。硬核是构成科学研究纲领的基础理论部分或核心部分，它是坚韧的、不许改变和不容反驳的。如果硬核遭到反驳，整个研究纲领也将受到反驳。拉卡托斯认为他的"硬核"与库恩的"范式"是十分相似的，两者有明显的共同点，这就是：二者都是科学理论系统的基础和核心，都对整个理论系统起决定性作用。

（2）保护带。保护带是指科学理论系统中的辅助性假说，因而又称为"辅助假说保护带"。其任务和功能是保卫硬核，尽可能地不让硬核遭受经验事实的反驳，从而使其成为名副其实的不可反驳的硬核。一个科学研究纲领系统，

它的硬核不与经验事实直接接触，具有不可证伪性。保护带则与经验事实直接接触，由于理论的基本公设与具体假说之间分离，保证了硬核的不可证伪的特征。保护带通过把经验反驳的矛头主动地从硬核引向自身来保护硬核。它不是让硬核，而是让构成这个保护带的辅助性假设来承担错误的责任，并通过修改和调整这些辅助性假设来保护硬核，以使它不受经验的反驳。一个研究纲领是由一系列具有共同硬核的理论组成的，因此一个纲领的进步也就是一个理论体系不断修正辅助假设、不断发展模型的过程。

（3）正反启示法原则。一个科学研究纲领不是静态的，它同样是一个动态的发展模型，它本身蕴藏着纲领继续发展的内在动因。拉卡托斯提出了"启发力"这个概念，"启发力"是研究纲领不断发展的原初推动力。出于对科学纲领结构上的考虑，拉卡托斯把启发力分为"正面启发力"和"反面启发力"两种。任何一个科学研究纲领，内部都蕴含着这两种相异的推动力。任何一个科学研究纲领在发展过程中，都必然存在正面启发法和反面启发法这两种情况。一种情况是纲领的辅助假说和推论不断完善，得出更多能够被经验证实的推论。这时就要用正面启发法以保护硬核为基础，不断地完善和修改纲领的推论，扩大对经验事实的预测能力。另一种情况是在不改变研究纲领的内核前提下，修改辅助假说，改变推论，目的是使纲领的推论与经验事实之间无冲突，使内核不至于被破坏掉，这就是反面启发法，这两个力都围绕着纲领的内核发生作用，此消彼长，任何一个科学研究纲领的发展过程都经历着从正面启发法占主导地位转变到反面启发法占主导地位的过程。

当一个纲领的正面启发占主导地位时，经验内容增加了，能对经验事实作出更多的预言和解释，这个纲领是"进化"的；而当一个纲领的反面启发占主导地位时，这个纲领就是"退化"的。科学研究纲领的进步可以分为理论上的进步与经验上的进步两个方面。所谓理论上的进步，就是说在经过保护带的调整后，理论上比调整前能作出更多的预言。所谓经验上的进步，就是说这种理论的预言经受了观察和实验的检验。如果一个研究纲领在理论上和经验上都是进步的，我们便称它为进化的，否则便称它为退化的。所以，"进化"与"退化"的评价成为拉卡托斯科学研究纲领的评价标准。只要有理论的或经验的进步，任何数量的预测失败都是可以容许的。研究纲领的消失是由于它们被较进步的纲领所取代,而不是由于它们被事实所推翻。①

拉卡托斯的科学研究纲领也存在一些不足之处:其一,拉卡托斯虽然提倡科学家应有批判精神,但对"硬核"是例外,他认为要批判的不是"硬核",而是"保护带"。这反映了他认识上的局限性。其二,他存在着贬低实践(观察和实验)在科学发展中的作用的倾向,他因此不能对科学发展的机制作出深刻的回答。

第五节 技术发展的内在机制

技术和技术体系都有其发展变化的过程。技术发展既可以是劳动工具和工艺过程的不断变化和完善,也可以是能带来社会经济效益以更好地满足人们需要的技术变化。研究技术的发展,就要研究技术发展的内在机制、分析影响技术发展的内在因素及其相互关系、探讨技术发展的动力,揭示技术发展的内在特征和规律性。

一、技术目的与技术手段

技术是人类把关于自然界的认识与社会物质生活紧密结合的产物。因此,技术目的与技术手段的矛盾,是影响技术发展的一对基本矛盾。技术首先是因为社会的需要而产生和发展的。社会需要促进技术的发展,技术的最终成果,总是对社会需要的满足。这种社会需要既可以是个人生活的需要,也可以是产业发展的需要,还可以是社会公共事业、国防军事等方面的需要。无论多么杰出的技术构思和设计,倘若不存在社会需要,以及应用它的社会经济条件,它就不会被社会所接受,难以转化为现实的技术。但是如果有了某种社会需要,却缺乏满足这种需要的有关知识以及用以实现某种技术构思的技术条件,那也不会产生出相应的技术发明或满足社会需要的产品。例如,古代人就想腾云驾雾、探访月球,但直到最近几十年才有宇宙飞船、航天飞机。可见,要把社会

---

① 周林东. 科学哲学[M]. 上海: 复旦大学出版社, 2004.

需要转化为技术发展，必须通过技术目的的设定，才能实现。

技术目的就是在技术上为实现社会需要而对技术发展的方向和技术系统的功能所作的设定。它既要考虑到社会需要，也要考虑科学技术、社会经济条件的可能性。它规定了人们技术活动的指向。由于社会需要与技术发展的相互影响，人们又会不断地提出新的要求，产生更高一级的技术目的。新的更高一级的技术目的，体现了人的自觉能动性。然而依据一定技术原理所形成的任何一项技术都不可能是万能的，它都有其固有的功能极限。例如，技术的经济性、安全性、可靠性、效率等都有极限，由此产生了新的技术目的与原有技术手段之间的矛盾。这种矛盾构成技术发展的内在直接动力。

技术目的与技术手段之间矛盾的产生，一般是由于社会需要使原有的技术条件和水平不能与之适应，于是设定新的技术目的。新的技术目的是现有技术手段所无法实现的，从而产生了技术目的与技术手段之间的矛盾。这一矛盾必须通过发明创造新技术、新工艺、新设备、新的组织管理方式，以及对原有技术的重组和综合来加以解决。例如，当人们对黑白电视机感到色彩单调，需要体现自然物体五彩缤纷的电视画面时，工程技术人员便设定了生产彩色电视机这一新的技术目的。为实现此目的，就要解决彩色显像管技术及相关技术，并对原有技术进行改造，通过新的技术手段来实现新的技术目的，即生产出彩色电视机。

在技术目的与技术手段的矛盾运动中，技术手段因新的技术目的的实现而获得更新。但人们不能就此认为技术目的是唯一的积极主动的方面，事实上，在一定条件下，技术手段反过来也会推动、唤起新的技术目的和新的技术手段的产生。例如，航天技术的发展，引起冶炼在失重条件下特殊性能材料的新技术目的，而这种特殊性能材料的制作，必将"创造"出新的社会需要。正是技术目的与技术手段之间的矛盾不断产生，又不断解决，推动了技术的发展。技术目的与技术手段的矛盾运动成了技术发展的直接动力。

二、技术转移与技术综合

技术转移是指技术从拥有者向其需求者的流动。对技术拥有者而言是技术转让，而对技术需求者而言，则是技术引进。技术转移是技术发展的一个重要途径。在技术转移中，由于技术是附着于它的载体的，依其载体的不同，技术有硬技术与软技术之分。所谓硬技术，主要是机器设备、专用器材和特殊构筑物等；软技术主要是技术设计、工艺、制造、安装、调试、检测、维修、管理等的专利说明、图纸、资料、计算机软件、技术标准、技术诀窍、技术示范、技术指导和技术培训等。从技术转移的发展趋势来看，近代早期注重硬技术的转移，现在正转向软、硬技术结合起来转移，甚至侧重于软技术的转移。

技术转移是大经济时代经济活动科学化和技术化、社会化和国际化的重要表现。技术转移的必然性就在于，技术发展的不平衡性导致了不同国家和地区，乃至不同部门和企业之间的"技术差"，这是技术转移的"势能"，而技术的商品属性，又使它具有流动性。对于技术转让方而言，一方面，技术贸易具有高经济效益，技术的日益商品化，刺激并加速着技术的转让；另一方面，当代新技术更新周期缩短，新技术的"贬值"现象愈加明显，迫使技术转让方尽快出售技术，收回成本和利润，以便投入更新技术的开发和研制。对于技术引进者而言，则完全有可能在引进外部的先进技术和自身消化吸收能力的基础上，使本国或本地区的技术在较短的时间内走完别国或地区在较长时间内走过的技术发展路程，从而实现技术的跃升。

技术转移的方向不仅是从技术水平较高的国家和地区向技术水平较低的国家或地区转移，而且还包括企业之间、部门之间的技术转移。从我国现存的技术分布状况来看，在技术转移实践中，还应注意技术由实验室向生产单位的转移、由军工单位向民用单位的转移、由沿海向内地的转移等。只有通过大量的、有效的技术转移活动，才能在现有技术水平较低的基础上实现技术的跃升。

技术发展与科学发展一样，也沿着分化与综合的辩证统一，并且在不断分化的基础上又以综合为主的方向发展。人们在改造自然的长期实践中，形成了门类众多的，关于个别对象和领域的专门的技术学科，表明人们改造自然的手段和方法越来越具体和深入。但当人们改造自然的范围从局部扩展到整体，技术综合便能实现技术的整体功能，成为技术发展中的重要趋势。技术综合具体表现为：①技术内部各分支学科之间的综合。如机械加工技术的形成，就是动力技术、加工技术以及控制技术的综合；②不同技术部门之间的综合。如机械加工技术和电气技术的综合形成了机电一体化的新技术；③针对同一研究对象而实现不同技术的综合。例如，空间开发技术就是火箭技术、空间飞行技术、新能源技术、通信技术等的综合。

技术在不断分化的基础上又不断综合，体现了技术不断发展的过程。技术通过综合，打破了原有技术部门的界限，使技术在不同范围、不同层次上构成新的有机整体，实现了技术体系的整体功能，从而使人们更为有效地改造自然。20 世纪 70 年代以来，技术主要沿着综合和转移的途径发展，许多技术发明都是技术综合的结果。其中规模最大的要数阿波罗登月计划的实现。这一计划的总指挥韦伯指出："阿波罗计划中没有一项新发明的自然科学理论和技术，都是现成的技术的运用，关键在于综合。"[①]综合就是创造。技术转移实质上也是一种技术综合。通过综合，技术得到创新和发展。

三、技术发展的模式

（一）技术发展的基本形式

技术发展同科学发展一样，既有连续性的特点，又有间断性的特点。从技术史的考察来看，任何技术都是人们长期积累的结果。例如，人们发明创造的电脑，如果从算筹、算盘开始，已有几百年的历史，即使从莱布尼兹的加法器算起，也有几百年的历史。实际上任何一项技术若考察它的来龙去脉，都将呈现出一个枝叶繁茂的谱系树。技术的发展是积累的结果，有其连续发展的历史，这就是技术发展的连续性。但技术的发展过程中又有连续性的中断，即间断性。没有真空管式电子计算机，就不会出现晶体管式计算机，这反映了计算机发展的连续性，但晶体管应用于计算机，则是计算机技术发展连续过程的飞跃。技术的发展是连续性与间断性的统一。

技术发展的连续性与间断性产生了技术发展的两种形式，即技术发展的渐进形式和跃进形式。技术发展的渐进形式是指在本技术基本原理不变的情况下的局部性改良。无数次的小改革，使某项技术完善、成熟起来，这也就是人们所说的技术革新。技术发展的渐进形式对于促成技术的成功和应用是十分重要的。因为任何一项新技术在其形成期是不完善的，这种新技术的优越性还不能

---

① 弗雷德里克·温斯洛·泰勒. 科学管理原理[M]. 居励, 胡苏云, 译. 成都: 四川人民出版社, 2017.

充分体现出来。只有逐渐对形成期的技术加以改进，克服各种缺点，才能使新技术成熟起来，使新技术得到成功的应用。然而正是成熟期的技术表明它已到达自己的功能极限，这时，就要求对技术原理进行变革，实现技术的跃进。

技术发展的跃进形式，是指技术原理的根本变革。仅就一个技术系统来说，技术原理的改变是带有革命性的变革，也可以叫技术革命，属于技术发展的跃进形式。如在炼钢技术中，从搅炼法到坩埚法再到平炉、转炉炼钢法，都带有技术原理的变革，所以称之为冶金技术革命。技术发展的跃进形式，表明新技术代替旧技术，从而使技术从低级向高级发展，实现技术发展的突破性变化。

技术发展的渐进形式和跃进形式既有质的区别，又互相联系。渐进性发展是对技术进行局部性改良，跃进性发展则是对技术原理的变革。但这两者的区别又是相对的。由于技术原理存在层次性，在低层次看来是原理性发展，从高层次看却可能是局部性的改良，如从蒸汽机到内燃机到燃气涡轮机，相互之间确有原理性的发展，但同蒸汽机到电机这个飞跃相比，则不过是技术基本原理的局部改良。技术发展的渐进形式和跃进形式的相互联系，表明技术发展就是技术的原理性发展和局部性改良的交替前进的过程，表现了技术体系的发展过程。技术发展的这两种形式是辩证统一的。两种形式不断变化，不断前进，推动了技术不断向前发展。

（二）技术发展模式的类别

研究技术发展的模式，就是要根据技术发展的内在机制，通过技术史的研究，探讨技术发展的规律性和共同特征。它是技术哲学的重要内容。目前技术哲学还不是十分成熟，对技术发展模式的研究不如科学哲学中对科学发展模式的研究那么深入。但目前已有几种技术发展模式，被用来描述技术发展过程中的规律性。

1. 技术发展机制的一般模式

我们已经知道，技术目的与技术手段之间的矛盾是技术发展的根本动力。解决这一矛盾就要发展新技术。其过程就是工程技术人员考虑各种社会因素后，为寻求实现技术目的的最优解而发挥创造力，在头脑中创造出某种观念结构，并逐步将其具体化，形成技术说明、设计方案、绘制图纸，并通过试验与研制，完成某种技术发明。实际上，上述过程即使完成了，还要经过社会的选择，才能使一项新的技术进入劳动过程，变成现实的生产技术，这时，目的与手段的矛盾才算解决。由此得到技术发展机制的一般模式：当原有的技术 A 不能满足新的技术目的的要求时，便开始了技术 B 的研究；通过技术 B 的研究，并不断由潜在技术向现实技术过渡，终于在劳动过程中用技术 B 代替技术 A，开始了技术 B 的正常发展过程，完成由潜在技术向现实技术的转化；在发展中又孕育出新的矛盾，于是又有技术 C 的出现。其具体过程可用图 1-2 表示。

技术 A 不满足新的技术目的 ➡ 开始技术 B 的研究 ➡ 通过不断由潜在技术向现实技术的过渡 ➡ 技术 B 取代技术 A ➡ 技术 B 开始发挥作用

图 1-2　技术发展机制的一般模式

上述模式表明，技术协调了人与自然的矛盾，又不断产生甚至激化了人与自然的矛盾。比如 DDT 的发明，解决了虫害问题，提高了粮食产量，但又孕育着新的矛盾，即产生了药害，于是又促进了无毒农药的研究与发展。人与自然的矛盾，就是这样不断地通过新技术的研究与发展来解决的。技术目的与手段的矛盾不仅来源于人与自然的关系，也来源于生产与消费的关系。市场供求关系是生产与转化的度量器。因而市场需求是潜在技术向现实技术转化的社会条件。技术工作者必须具有较强的市场观念，才能使社会需求真正开始成为技术发展的动力。解决技术手段的矛盾，重要的一步在于发现这个矛盾，并运用新的科学知识，构思设计出新的技术。这就要靠技术工作者的创造性和想象力了。没有技术工作者的努力，社会的需要将会长期处于被压抑的状态，而新技术也将长期不会出现。新的技术目的的设定，从根本上说取决于社会的需要，但反过来，技术的发展又会产生新的社会需要，推动社会需要的发展。影响潜在技术向现实技术转化的因素有两方面：一是技术本身的因素；二是社会因素，以及地理、资源、文化传统等因素。

2. 技术成长的 S 形曲线模型

任何一项重大技术，都要经过产生、发展和不断完善的过程。通过对许多重大技术成长过程的考察，人们发现，一项重大技术的性能特征（如速度、功率、零部件的数量）或水平随时间的变化，是有一定规律的。这个规律大致呈现一条 S 形曲线，如图 1-3 所示。

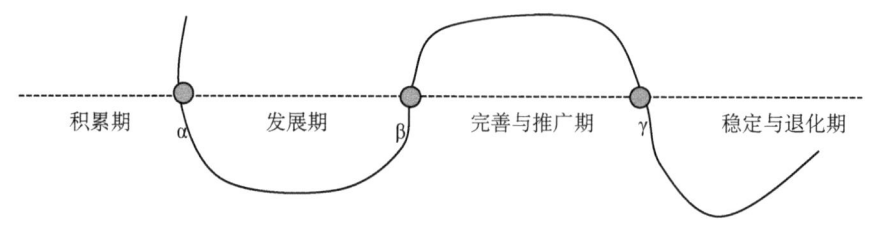

图 1-3　技术成长的 S 形曲线模型

曲线有几个转折点，即 α、β、γ，可以把某项技术成长过程分为四个阶段，分别称为积累期、发展期、完善与推广期、稳定与退化期。在积累期，一项技术刚刚形成，其特性提高较慢，但由于特性基数低，其特性提高是服从指数规律的。在发展期，特性继续按指数规律提高，并且提高较快。在完善与推广期，特性提高受到各种条件的限制，变得缓慢。在稳定与退化期，特性不再提高，趋于稳定或者退化。退化往往是由于其他新技术的产生，并以极高的特性取代旧技术，新的技术又将开始以 S 形曲线模式成长。一系列 S 曲线的包络线又呈 S 形。这种模式反映了技术发展的某种规律性。

3. 技术体系发展模式

上述两种模式，反映了某一基数或某一技术系统发展的规律性。但技术的发展，除了指某一基数、某一技术系统的变化发展外，还指整个技术体系的变化发展过程。这里所说的技术体系是指在一定历史时期存在的受自然规律和社会各种因素制约的、由一系列技术构成的、有特定结构和功能的技术系统。技术体系是由多种技术按一定关系组合而成的，我们可以根据一个主要的指标（工作机的发展水平）和三个辅助性指标（材料、能源、控制）以及与这些指标相关的科学发展水平，将近代以来的技术体系的发展分为三个阶段来考察，相应地形成了三个技术体系。

第一个技术体系，从 1765 年纺织工作机的出现起至 19 世纪末达到成熟期，20 世纪初进入衰退期。它以用于机械加工的工作机为中心，形成了由工作机、动力机、传动机组成的机器体系。其中传动机有特殊作用，其能源是由煤的燃烧提供热能或蒸汽动力；其利用的基本材料由铁变为钢；控制方式为手工控制与机器控制相结合；在这一时期得以应用的主要发明有如纺纱机、自动织布机、蒸汽机、火车、轮船以及高一平炉或转炉炼钢系统等。这些发明主要是经验积累的结果。科学（主要是力学、热学和化学）对技术创造起辅助作用。

第二个技术体系，从19世纪中叶开始到20世纪60年代达到成熟期，随后进入衰退期。它以钢铁、化工等装置和机械加工的工作机为中心，同传动机、动力机结合，并产生了电器控制装置；其能源是由煤、石油产生的热能经转换而成的电力和内燃力。基本材料由以钢铁为主转向了有色金属、有机合成材料；控制方式从机械控制转向电气控制；这一时期的技术发明，如电机、内燃机、橡胶、塑料、合成纤维、电话、无线电通信以及汽车、飞机等，都是科学指导的结果，科学成了这种技术体系的先导。

第三个技术体系，从20世纪中叶开始，目前正处在形成发展中。这一时期特别引人注目的成就是电子计算机的发明、实用化和普及化，并由此形成了由工作机、控制机和动力机组成的自动化机器体系，传动机正式沦落为次要部分。新材料（复合材料）、新能源（如可控热核聚变），还有待于获得突破性进展。信息技术成为主导技术，并与生物技术、新材料技术、新能源技术、航天技术、海洋技术等组成新的技术群，构成第三个技术体系。它正处于蓬勃发展之中，科学的先导作用地位，将更加突出。

第二章　科学技术与社会的互动机制

在一般的社会结构理论中，可以简单地将社会系统划分为政治、经济和文化三个组成部分。政治部分由权力系统组成，就是说，该系统使社会能做出有效地约束自身的决策，并从中铸成社会的历史命运。经济部分由生产系统构成，社会依靠这一生产系统，通过向组成社会的个体提供保证他们生物意义上的生存、他们之间的相互作用以及他们参与公共生活（包括最抽象的形式，如科学研究或符号行为的方面）所必需的商品与服务，努力解决自身的生存问题。文化部分可由保证社会生活的信息环节，作为语义媒介方面的运转系统组成；它主要包括价值、规范、陈述系统、不同的技能、表达系统和符号系统等。

从系统理论的观点来看，上述三个组成部分就成为社会大系统中的三个子系统，这三个子系统又可再划分为次一级的子系统。所有这些系统主要由我们所限定阶段内的群体行为模式或个体间的相互作用模式组成。但在分析社会生活时，必须考虑为了保证组成社会各要素的相互作用而提供相应的物质形式和客观设施。从广义物质形式的观点来看，这些设施不仅包括用于经济活动中的工具、机器、工厂等，而且包括"思想工具"，如语言、逻辑和数学系统，以及更一般地包括获得和扩展知识的一切理论。从这种意义上讲，科学与技术又属于上述文化系统中的子系统：科学作为知识体系，与理性思维的特殊标准相适应；技术则作为一系列"技艺"，它的作用既是经济活动的通道，也是文化本身特有的传播途径。但从另一个角度看，以科学与技术的现状而言，可以有理由认为它们形成了基本自主的结构，并构成一种具有自己生命的客观实在而独立于社会生活。按此推理，我们应该认为，科学与技术属于所形成的客观设施中的一部分，而不是社会生活本身的特征。这样，下列论题就被提出了：假设以科学与技术形成的封闭体系为一方,以形成特定社会系统一部分的文化系统为另一方,两者之间何以互动?也就是说科学技术如何引起社会系统状况的变化?

按照一般的系统理论,科学技术要使社会系统产生变化,它必须作为该系统的要素或环境而参与系统的行为。那么,科学技术是否具备这样的条件呢?这必须从科学技术的发展历史来分析,在人类社会发展早期,科学只是少数孤立的个人或非常封闭的集团如科学院的事情,近年来才成为自主的、范围广泛并在公共事务中举足轻重的社会现象。所以,科学技术在现代社会中已经形成了自己特殊的研究组织和机构,并作为社会系统中的要素,参与了社会大系统的构建,由此可见,科学技术已经进入了由政治、经济、文化子系统组成的互动网络。以下将从三个方面讨论这种相互作用的机制问题。

第一节　科学技术与经济的互动机制

科学技术系统与社会系统的三个方面常常是通过科学技术的社会组织而相互作用的。在这些相互作用中,科学技术与经济的相互作用非常明显,这是因为很大程度上由企业组成的经济单位在应用技术资源时,相当一部分技术研究成果会直接付诸应用而产生经济效益,这是非常重要的部分。因为现代技术与科学紧密关联,在这里可以说与技术有关的一切,也同样适用于科学,至少适用于对技术进步有直接意义的那部分科学。所以,很难先验地说明科学知识的某个特殊部分有朝一日不会转为具体应用。科学技术应用于物质生产,可分为两个领域,一是应用前景渺茫甚至不可能的领域,二是其应用就在眼前或可能性很大的领域。

显然,科学技术与经济活动在这两个领域都会产生相互作用。一方面,若一项技术能适应某种潜在的需要,那么,这项技术一旦用于消费品生产或特定的服务项目,经济机器就开始运转起来。如果由这项技术所产生的这些商品或服务很容易满足某种潜在需要,就很容易为它们找到买主,它们的生产不会有任何资金问题。例如,人们通常认为内燃机的发明为汽车的大规模生产提供了必要的基础，但是如果内燃机的发明不能与人们对快速交通的潜在需要相一致，这项发明就没有社会经济价值，也就不会产生新的经济活动。所以，当新生产的内燃机刚出现，就足以使人们潜在的需要显示出来。而且，内燃机特别令人信服而有效地解决了由马车运输带来的存在已久的问题。因此，潜在的需要从本质上来说是存在的，但尚未被广泛接受，或只是间接地与所提供的商品和服务相联系，大量的时间和精力就需要花费在使潜在的需要转化为在足够大范围内的实际需要。任何需要皆有其动机，同时，任何动机，无论怎样间接，归根结底都与某种不确定的深层需要有关，这种需要可以通过迥然不同的形式表现出来。要创造一种新的需要，就必须寻找一条途径，将一种非常个别的表面的需要与模糊不清的深层需要联系起来。实际上，企业的功能之一，就在于使人们产生与它要提供的商品相一致的专门的需要。这样来说，一台自动洗碗机并非仅仅为了适应一种非常直接的需要。在感到自己能支配的时间和精力太少的情况下，当要应对多种活动时，人们倾向于使一项发明与一种深层的人类潜意识联系起来，人类的这种潜意识能将可用的能量用于纯粹无偿的活动或娱乐之中。例如，不少人会轻易地离开相对来说令人生厌的工作，以更自由地支配自己的时间与精力，并且认为将时间与精力用到更好的地方去了。在这种情况下，商业服务广告有时会创造出实际的需要。所以，当企业提供的产品表面看来越来越复杂且不断超越时尚的要求时，广告的作用与日俱增也就不足为奇了。但客观上来讲，广告充其量只是"媒介"，它用一些尽可能有诱惑力的论据，以及使用肤浅的刺激，甚至利用唤起无意识癖好的心理联想来推出一种产品。其中关键因素是演示效应：一件器械之所以有人要，是因为它呈现出的作用。这么说来，证明它的有用是由于它自身，由于它的呈现方式和操作方式，以及它在买主眼中确切的有用性。需要进一步补充的是，当前各种器械数量的增长使人们不仅在实际需要方面，而且在心理方面越来越离不开它们。

从相反的角度考虑，经济活动在发展中日趋理性化，从而仿效与它直接相关的科学技术的组织与管理方法。经济计划不是仅仅旨在维持某种特殊生产过程的静止不变的规划，而是基于产品类型而变化的计划。一个企业的规模越大，能力越强，经济计划可能就越不专一，更为广泛，因而也就变得更加抽象。一名工匠可能不会梦想着去制造超越经验与传统教给他去做的事情。但是，一个大企业在选择其目标时具有巨大的可塑性,同时它也必须考虑到一定的制约因素:工厂资本、雇员的专门技术等。于是经济活动就必须对技术提出要求:经济活动本身提出问题,技术研究必须对此提供答案。不论这一研究是由提出问题的企业来具体承担,还是企业委托其他机构,在研究过程中的某一阶段,都有可能产生初始计划的变动或对计划的更清楚的阐述。归根结底,初始计划不过作为假设而已,随着研究与计划的整个反馈过程的发生,最终产生一个程序,它将使新产品的大批生产成为可能。

一般说来,科技与经济因素相互作用越来越呈现如下特征:科学技术的应用越来越不依赖于偶然的条件(如发明的极不连续和偶然的特性),相反,会变得更有条理和协调一致,并且独立于促使发生这些变化的人的个性。技术的应用成为经济发展计划中的一个课题,这一计划不仅受到经验而且受到观念分析的制约,要协调大量完全不同的经济活动与组织,同时兼顾具有高度普遍性的目标,兼顾必须在时间上逐一部署与事先仔细制定的次序相一致的行动步骤,在此意义上,技术的应用就具有越来越多的理性特征。

第二节　科学技术与政治的互动机制

科学技术与经济因素相互作用的同时,其与政治因素的相互作用也变得日益明显,因为科学政策实际上既与纯科学研究有关,也与技术研究有关。第二次世界大战以来,人们已经认识到,科学通过依赖于它的技术在社会生活中已变得日益重要。正是由于科学技术对社会公共事业的重要作用,国家才如此重视科学技术。科学技术的这种政治因素在军事应用上尤为明显,原子弹的研制便是一个典型例证。科学技术的发展规律对现代政治社会产生很大影响。具体说,有赖于科学技术,有用的商品与服务日益增加,劳动生产率得以提高,于是人的一部分有用的精力便可用于生产劳动之外的其他活动。

尽管如此,科学技术与政治权力是相互作用的。一方面,科学研究涉及专业技术人才和资源的调度,政治权力不可避免地发挥作用。另一方面,科技发展虽然受到政治权力的制约,但这一制约本身又是有限制的。首先,由于个人的创造性、想象力，以及机遇等因素在研究中起着重要作用，以高效益为宗旨的单位在进行组织调度安排时一般需要给科学家及其所属单位以充分的理由，在高度基础性研究领域尤为如此。基础研究是指为了获得关于现象和可观察事实的基本原理的新知识（揭示客观事物的本质、运动规律，获得新发现、新学说）而进行的实验性或理论性研究，它不以任何专门或特定的应用或使用为目的。加强基础研究是提高国家原始性创新能力、积累智力资本的重要途径，必须为了增长人类知识系统而给予基础研究大力的经济支持。再者，不管政治势力意图何在，会形成怎样的目标和计划，科学技术无法实现的成果是无法达成的；相反，必须遵循科学规律，提出科学可行的计划。科学政策的基本路线是要遵循科学发展规律的，科学政策要做的是鼓励某些研究路线而不是规定某一条特殊的研究路线。科学政策制定者清楚地知道，在完全忽略某一时期被认为是无利可图的项目时，他们是冒着某些发展代价的风险，而这些发展或许能提高国家未来的创新能力。

第三节　科学技术与文化的互动机制

科学技术与文化的相互作用，在社会中常常表现出直接效应和间接效应。直接效应之一产生于一个社会通过科学技术形成对现实与自身意象的心理陈述系统。事实上这一心理陈述系统由神话要素、符号系统要素、信任系统要素和价值系统要素等不同要素组成。科学刚开始与上述表达系统的联系很薄弱。随着科学在社会生活中变得日益重要，科学知识开始在大众中传播。在知识经济时代，科学技术越来越居于核心地位。在大学这一级，科学方法几乎占领了包括那些原来按"人本"方式施教的所有领域。例如，在艺术教育中，科学语言的地位日益重要，甚至文学批评也热衷于寻求科学的分析方法。即使是在那些偏重技术训练的场合，不论是中等的还是高等的水平，也大都基于专门的科学训练。除了正规教育之外，科学技术还通过大众媒介尤其是电视向大众提供现代科学技术的基本知识。

通过这些不同的渠道，科学的世界观不断进入文化表达系统，使这个系统发生变化。以科学为基础的技术的发展主要从两个方面对文化系统产生影响：一方面，有赖于技术，专门人员可被训练为能操纵借助现代技术生产出来的设备与机器；另一方面，在对技术产生的机械的使用过程中，新的立场和观点会产生。由于同科学知识的密切关系以及高度的理性特征，新的立场日益清晰地显示出来，又会造成对传统技能领域的冲击，以及尔后对文化中其他方面的影响。技术的影响与科学的影响结合起来，可能让整个文化领域产生剧烈变动。

然而，不仅要考虑科学技术与文化互动产生的直接效应，还要考虑间接效应，还要考虑由科学技术活动的其他方面作用于文化领域的效应。特别是价值因素，它们一方面与文化直接相关，另一方面同时也对政治和经济领域的活动起到一种调节作用。这不是说价值因素独立于这些领域，在某种意义上，它们甚至只是在评价行为的层次上，反映出从这些领域派生出来的功能要求。因为这些价值因素还依赖于信仰，后者的特征是存在某种程度上的自主，甚至达到迫使价值改变、可能会走向与具有经济或政治特征的功能要求相反的程度。因此，在经济领域内或在政治领域内可能发生的变化，由于不同领域在价值范围内的相互作用，对文化领域会产生影响。科学和技术复合体分别与政治和经济机构之间形成的密切的相互作用，会对规范与价值产生影响。

第四节 科学技术对社会文化系统的破坏与重建效应

科学技术的发展与工业化进程联系紧密。近现代化是由传统农业社会向工业社会的变迁过程。在这种转变过程中，一开始，技术仅起相对有限的作用。但是工业化使技术迅速发展，而这种发展对科学的发展产生了重要影响。

工业化在产生重要的积极作用的同时，对某些国家或地区来说又会产生痛苦的后果，因为工业发展并不是在世界各地同时同速度发生的，而是始于某些国家或地区，然后逐步波及全球。不同国家或地区工业化开始的时间间隔可能不过是几十年，然而这一时间间隔不管如何短促，都产生了巨大的影响。在业已工业化的国家，工业化的初始阶段相对比较缓慢，工业生产模式与小生产方式可能长期共存。社会虽因工业化发生了大的变动，然而这种变动毕竟是渐进的过程。实际上，工业化生产模式尚未扩展到所有活动之中。另外，在那些直至晚近才受到工业化浪潮冲击的国家，震撼是非常大的，因为这些国家是突然面临早已强有力地组织起来并已取得极大成就的工业社会体系的。一边是人们逐步引入新技术，另一边却是人们一下子感受到强大的五花八门的新技术的存在。一边是旧的生活方式随时间流逝逐渐地并且合理平衡地发生变化，另一边却是传统的生活方式与输入的新制度之间突如其来的尖锐对立。可以这样说，这种尖锐对立的结果在工业化来得较为迅猛并有一种依附形态的地区，较之工业化以自主性的形态逐步发生的地区，所带来的创伤更大。尽管如此，这一现象仍具有全球化特征，如果我们在一定距离之外来审视这样一幅画面，我们会看到如下场景：由科学技术形成的工业化地区开始对传统社会产生破坏效应且此效应在一段时期内持续存在。这一效应在突然受到工业化浪潮的袭击并处在依附地位的国家或地区表现得更显著，例如受殖民统治的国家。但实际上，在最先工业化的国家同样可以见到这一效应。在这些国家，破坏效应平衡地、逐渐地发生，因而不太为人注意，然而它却是存在的。实际上人们至今尚未揭示它的全部后果。也可以说，在对工业发展进行过慎重抉择的国家，比如社会主义体制的国家中，破坏效应相对较小。另外，这种破坏效应使公众或多或少被动地卷入分裂过程之中，但这一过程又成为一个政治目标，成为走向新社会的必备条件。

　　从社会系统的观点来看，在工业化现象向社会系统渗透的过程中，社会文化是一个非常敏感和复杂的子系统，这是由于它向社会体制（指政治或经济领域）提供行为准则或规范，提供辩解与方法（以信息、知识与符号意义的方式）。作为一个复杂系统，只有在它对来自内部或外部的干扰都能以适当的方式恢复其结构与内部机制的完整性时，这一复杂系统才能作为一个系统继续存在。如果一个社会系统既能显示出不平衡，又能提供必要的信息以纠正这种不平衡，那么，一般是社会文化起到了调节与协调的作用。为使这种作用卓有成效，这些不同的要素必须以一种互补与协调的方式起作用，相互支持，并以形成自动平衡的整体方式组织起来。同时，在文化系统中，价值观念在调节子系统中起到了重要作用。因为规范是建立在价值的基础上的，并由此获得合法地位。价值本身只有被整个置于某一协调系统之中才能发挥其功能。总而言之，价值体系受到干扰，不仅对整个文化，而且对社会生活的其他方面都会产生很大影响。

综上所述，较之传统文化，伴随工业化而产生的科学和技术可能被看作是陌生的东西，然而与此同时，科学和技术却表现为现存文化必须予以考虑的系统。既然它们不能在传统文化集合中占据一席之地，就导致一种破坏性的互解作用。这一现象有三个突出方面：科学对表达系统的直接影响；由技术带来的人为环境的间接影响；以及对未来科学技术的规划或设计的日益接受，同时建立相应的世俗形式。

然而，科学和技术对社会文化的种种破坏效应不可能充分说明科学和技术对文化的全部影响。我们还应考虑科学技术系统对社会文化业已产生的积极贡献，而且这种贡献不仅是在文化的外围，甚至达到文化最核心领域。要真正弄清科学技术系统与社会文化系统之间的积极互动关系，需要阐明下列三个问题：①这些积极的相互作用是如何产生的？②科学和技术由此向文化输入什么新的要素？③这些要素能否重新创造真正的文化统一体？

对于第一个问题，经验主义哲学认为：真实的世界与价值的世界是彼此完全独立的。如果我们照字面接受这一观点，它就会使我们相信，科学只能向文化提供认识方面的要素，而技术则只能推出新型的技艺，只是属于方法范畴。这样我们就有可能将目的与方法分开来讨论。科学行为的目的将取决于价值，价值又将建立在信仰或"形而上学"的体系之上，或主观的"效用尺度"，或集团、阶级"利益"的基础之上，而不是基于科学的洞察力。因此，这些都不属于理性的范围，或至少不在科学的理性领域之内。另外，科学方法则尽可能建立在严格意义的科学理性的基础上，应用科学提供的信息（以获得关于对象和所运用系统的知识）与科学的分析或处理方法（以应用行动所需要的知识）。从这一角度看，科学与技术的贡献将是改变我们认识目标的方法。科学技术保证这些方法更适合于现实，保证这些方法本身更合理地组合，而目标本身则完全独立地建立在其他基础上。由此观念还可推知，基于科学知识与运用有效技术的专门知识领域与政策领域是根本不同的，在政策领域中，价值的考虑左右着决策的具体内容。

在更深入的考察中，我们就发现情况远非表面现象那样简单。事实与价值的对立实际上反映了一个重要问题。科学揭示世界上确实发生的事情，它的方法都围绕这一目标而形成，它无意也无能力捍卫任何专门的价值体系。至于技术，无疑这是一种行为，但它在于按一确定的模式提出实际操作，这些操作的成果就作为新的事实在世界中取得地位。另外，在最终与事实相联系的科学命题中，得到具体评价或规范文化特征的命题。因为评价概念涉及评价尺度，它本身又涉及一种规范，因此只有在科学的目标和方法中产生。规范与必然性不同，它与义务有关，这样由科学方法所形成的社会规范自然就是一种新的文化。通过上述分析，我们能够发现具有价值论特征的指令与以科学为基础、以技术为特征的指令惊人地相似。实际上我们可以用下述方式解释技术问题：不履行指定的操作必然导致功能的丧失，甚至在某些场合造成系统的破坏。这一阐述不过是以否定形式描述一个肯定的指令：如果使这样或那样的系统正确地发挥功能，这就是应采用的唯一程序。自然，在技术"规范"的情形中，要求得出上述联系的依据是我们关于使该系统发挥功能的条件的知识。对于"自然"系统或"人工"系统都是如此。但这会使人们联想到价值规范有一个科学基础，因而从信息（或事实）领域直接过渡到价值领域。实际上，这一类似几乎使我们直接联想到由科学规律的命令向行为规律的命令，即规范本身就是价值的转换。这里应该指出，随着科学和技术活动向其他活动的扩展，组织与控制科学和技术活动的内在规范有一种日益强化并逐渐变为明确的专门价值的趋向。这种价值充分说明了科学技术活动在社会活动中，正占有日益主要和显赫的地位，以及作为科学技术活动基础的规范的第一位重要性。更确切地说，这种隐含社会事实的科学规范只有在向全社会有效传播时才能由规范转为价值。由此，我们也看到了现代科学技术的基本操作特征最终决定了科学技术影响价值系统的方式。在科学和技术高度发达的社会，固然还存在未受其影响的价值与文化模式，然而科学与技术的发展本身似乎有这样的力量，以至于它已经并继续将它的价值强加于它作为基础的主导价值之上，并注定要扫除"传统"价值的沉渣浮沫。因此，在科学和技术的影响下，旧的生活方式中增添了新的内容，或诞生了断然摒弃现存模式的前所未有的各种生活方式。

第三章 科学技术的社会运行及控制

社会运行是社会学的一个重要概念，它是指社会有机体自身的运动、变化和发展，表现为社会多种要素和多层次子系统之间的交互作用以及它们多方面功能的发挥。社会运行的基本内容包括纵向和横向两个方面：纵向运行是社会变迁和发展，表现出继承、变异和中断等三种关系；横向运行是指社会发展的某一阶段社会诸要素之间相互作用，体现为交叉渗透、制约、促进和转化等关系。科学技术的社会运行是把科学技术作为一个整体，讨论它如何在社会大系统中运行，阐明它运行的特点与机制，并从宏观角度探讨科学技术的社会运行规律及其保障问题。

第一节 科学技术的社会运行

一、默顿的科学社会运行模式

罗伯特·金·默顿，美国社会学家，是科学社会学的奠基人之一。他早期研究的重点是外部社会环境对科学的影响。他考察了17世纪英国的情况，得出了两个假说：新教（尤其是清教）伦理精神的潜功能促进了科学的兴起；经济、军事和技术的需要促进了科学的发展，后期他转而对作为社会一个子系统的科学内部的社会现象进行研究，讨论了科学精神气质与科学共同体以及它们之间的关系。科学精神由客观性和创造性两个价值标准来表现，从中又产生出构成科学共同体社会结构的规范标准：普遍性、共有性、无私利性和有条理的怀疑性。默顿认为，科学共同体还有自己的组织结构，他区分了科学的交流、评价、防范和奖励系统，研究了科学共同体的社会分层及马太效应（科学家的名望越高，越容易获得更好的研究条件，也就可以得到更高的名望）。他认为，科学内部社会系统既不能脱离整个社会环境，又应该有相对的自主性，这是科学的认知结构所提出的要求。这也是默顿的科学社会运行模式的主要内容。[①]

默顿的科学社会运行模式包括三个方面的要素。

（一）科学的社会建制

科学的社会建制及其规范是默顿的科学社会运行模式的核心所在。在这里，默顿提出了两条基本假定：第一，将科学看成是一种独立的、与社会其他部分相区别的社会建制，它有自己的建制目标、建制规范及社会控制机制；第二，作为一种策略，人们在考虑科学中的社会过程时，可以暂时不考虑科学的实质内容，要把科学家的社会行为与他们的"产品"的各种技术细节区别开来。默顿认为，科学是一个因含义极为广泛而易引起误解的词语，它可以指称各种虽有关联但又截然不同的事项。它通常用来表示：①一组确证知识的独特方法；②通过应用这些方法而得到的累积知识的集合；③一组支配科学活动的文化价值和准则；④上述各项的任意组合。我们这里初步关心的是科学的文化结构，这乃是科学作为一种建制所受局限的方面。因此，需要考虑的不是科学的方法，而是束缚这些方法的戒律。确切地说，方法论准则往往既是实用的技术策略，又是道德的强制命令，而我们这里所涉及的只是后者。[②]

第一条基本假定意味着在一个比较民主的社会秩序中，在一个能够容忍科学有相当自主性的氛围里，科学建制形成后才可以相对地稳定下来。一旦科学的建制化已经完成，那么就要用这种建制所具有的各种功能特性来解释其成员的普遍行为，这种建制也因此成为一种行为模式，而不能只简单地用人类的天性、社会时代的特征等来做这种解释。在默顿的著作中，他曾多次批驳后一类观点。例如，在科学发现的优先权问题上，他就批驳了把优先权之争归于人类的普遍自私天性的观点，以及把优先权之争看作我们这个时代所特有的竞争意

[①] R. K. 默顿. 科学社会学：理论与经验研究（全二册）[M]. 鲁旭东，林聚任，译. 北京：商务印书馆，2003.

[②] R. K. 默顿. 科学社会学：理论与经验研究（全二册）[M]. 鲁旭东，林聚任，译. 北京：商务印书馆，2003: 125.

识在科学共同体中的反映的观点。在论述科学的无私利性规范时，默顿清楚地阐释了自己的观点：无私利性不应与利他主义相等同，私利行为也不应与利己主义相等同。这样的等同混淆了建制层次的分析与动机层次的分析。求知的热情、无邪的好奇心、对人类福利的无私关怀及其他许多独特的动机都曾被赋予科学家，但是与其说这种对公众不同的动机的探索似乎是误入歧途的，倒不如说是一种在广阔的范围内对动机进行建制控制的模式，与众不同地刻画了科学家的行为特征。因此，一旦建制责成其成员从事无私利的活动，那么遵守这一规范就是符合科学家的利益的，否则就要以受处罚为代价，而在规范已被内化的情况下，则要以心理冲突为代价。[1]

默顿还特别指出将建制命令与一般动机区别开来是马克思主义社会学中隐含的一个关键概念。所以在默顿看来，重要的不是去寻求空泛的人性解释，而是具体地分析科学建制规范的内容和建制控制的机制。

关于默顿的第二条基本假定，长期以来一直存在争论，尤其是库恩的《科学革命的结构》一书出版后，这种争论变得更加激烈：如果不特别涉及科学的内容——它的概念、数据、理论、范式以及方法，就不可能充分理解科学成长的性质和方向。因为只有这样才能减少在特定时间内必须考虑的心理变量数目。

（二）科学的精神气质

科学的精神气质作为科学的社会建制的规范，又是默顿的科学社会运行模式的构成要素之一。默顿认为，科学的精神气质虽然从未被系统整理，但是从科学家在习惯中、在无数论述科学精神的著作中、在对触犯精神气质的行为道德谴责中所表现出某种道义的一致性，可以推断出它的存在。[2]默顿把这种精神气质归纳整理为四条规范，它们大致可分为两组：无私利性和公有性是指引科学家如何对待自我的规范；有条理的怀疑主义和普遍性是指引科学家如何对待他人的规范。所有这些规范都是为科学的建制目标——"扩充牢靠的知识"服务的。

无私利性规范要求科学家为了科学本身而研究科学，要把对真理的追求看

---

[1] R. K. 默顿. 科学社会学：理论与经验研究（全二册）[M]. 鲁旭东，林聚任，译. 北京：商务印书馆，2003: 221.
[2] R. K. 默顿. 科学社会学：理论与经验研究（全二册）[M]. 鲁旭东，林聚任，译. 北京：商务印书馆，2003: 225.

得比由这种追求可能带来的荣誉、财富或其他功利收益更重要。如我们将要指出的，如果科学的奖酬制度正常发挥功能，它会把荣誉自然地授予那些为追求真理作出了实质贡献的人，但奖酬不应成为科学家本人所追求的压倒一切的目标。这条规范的正功能是明显的，通过将科学家的兴趣引向追求真理，将有助于防止研究中的急功近利、浅尝辄止、以次充好的现象发生。

公有性规范要求科学家公开自己的研究成果，而且在公开后，不能主张自己对其成果享有所有权，必须允许其他人在其研究工作中运用自己的新发现。这条规范有助于避免重复劳动，加速科学知识的积累。它的适用性明显只限于基础科学、应用科学和技术开发中的保密制度和专利制度，因为这些制度都与公有性规范不相符合。

有条理的怀疑主义规范要求任何知识，无论它是源于科学研究还是出自政治、宗教和其他权威的判断，在被接受为牢靠的知识之前，都必须接受仔细的审查和评价，看它是否与已有的牢靠知识相一致，以及它是否与经验证据相符合。这一规范对科学家的行为有深刻影响，使他们养成了爱提问题、不盲从于习惯以及始终保持敏锐的分析头脑。

普遍性规范要求在评价科学家的研究成果时，研究者本人的种族、民族、性别、年龄、宗教信仰、社会声望及社会地位等，均不应予以考虑，只能用学术或技术性的标准来衡量所提交的成果的真理性和相对重要性。当出现严重违反普遍性规范的情况时，科学的发展会受到严重的妨碍。如果社会科学真像某些人所相信的那样具有阶级性，那么它从原理上说就不可能与自然科学相统一。

默顿对于科学规范的描述最容易引起争议的地方，在于它没有考虑科学知识的内容。不同意默顿观点的一些学者认为，科学的精神气质与社会其他部分没有什么不同，把科学与社会的其他部分区别开来的是科学家们共享的专业知识，或用库恩的话来说是一种"范式"。由于范式是与科学知识的内容相联系的，所以可以解释科学发展变化和科学革命的发生。技术性的规范足以在科学的社会组织中提供秩序和社会控制。人们普遍认为库恩《科学革命的结构》一书提出了一种新的科学的社会学模式，有人甚至认为这一模式优于默顿的模式。对此，默顿学派的反应是，默顿模式与库恩模式是互补的，它们涉及的是不同的方面。默顿所描述的是科学的社会运行，而库恩所描述的是科学内容的变化过程。库恩的科学革命也许会导致对于默顿的某些规范的暂时放弃，但这并不意味着这些规范就不重要了；牢靠的知识也许会由于新发现而变为不牢靠的，但这些新发现本身又成了牢靠的知识。默顿模式正是想分析科学共同体达到牢靠知识的条件，也许它更适用于描述常规科学阶段。与此同时，默顿学派也承认现在已经到了需要将科学的社会结构与科学知识的内容结合起来考虑问题的时候了，要研究科学知识是如何创造出来的，而不能把科学活动简化为只有输入和输出的"黑箱"。

需要说明的是，无论是默顿模式还是库恩模式，都还有待经验的证实。关于它们的讨论虽然已经很多，但它们仍然是很好的可以利用的分析工具。

（三）科学的规范结构

勾画出科学的规范结构只完成了默顿模式建构的一半，它尚未解释科学家为什么会自觉地去遵守这些规范。在这一模式中，尚缺乏产生驱动力的"能源"。实际上，科学中的社会化过程有助于培养科学家对科学价值规范的服从心理，但是这种社会化毕竟是有限度的，不能提供长久的动力。科学的精神气质与整个社会的价值系统有时不吻合。例如，公有性和无私利性规范似乎明显与欲求旺盛的西方资本主义文明的日常规范相抵触；普遍性规范虽被奉为圭臬，但违背的时候似乎比遵守的时候还要多；有条理的怀疑主义如果认真实行起来，往往会由于对神圣事物的触犯而引起社会的敌视。为了保证科学家不受外界的干扰，为科学自身的目标而专心工作，科学建制需要某种社会控制机制来补充社会化的不足，这种控制机制在很大程度上由科学的奖酬制度所提供。阐明并分析科学建制中奖酬制度的存在和重要性，是默顿对于科学社会学的又一大贡献。他是在1957年宣读的《科学发现的优先权》一文中首先引入这一概念的。至此，推动科学机器运转的"能源"已经找到，默顿模式也臻于完善。

按照一般社会学理论，任何社会集团都要有一定的社会控制机制来防止背离集团目标和规范的越轨行为。为了有效地发挥作用，社会控制不仅采取消极的制裁和惩罚手段，而且也采取表彰和奖励的积极措施。就科学建制而言，其社会控制方式的与众不同之处，在于它极少采取正式的消极控制措施。如果说宗教团体有各种森严的教规；经济制度有其高度发达的、几乎渗透到经济活动各个方面的法律条文，而家庭作为一种建制也需用法律加以维护的话，那么相比之下，科学对其成员却没有任何明确的法律约束，也没有诸如科学法庭之类的正式控制机关。这当然不是说科学家不受任何制约，没有任何规矩可循；他们要受科学道德的约束，且时刻处在同行的严密监督之下，科学共同体中的每一个成员都是一个潜在的警察。一旦违反科学道德的行为被发现，当事人将会受到不同程度的处罚：名声扫地，失去同行的信任，乃至被永远开除出科学界。所有这一切都只不过是不成文的惯例的结果。

默顿对于越轨行为（deviant behavior）的一般理论解释在社会学中是非常出名的。当他具体考察科学建制时，他发现科学史上很少出现严重的越轨行为（如弄虚作假、伪造科学事实和科学发现等），这与其他活动领域中的记载相比较似乎是个例外。他照例提醒人们对此不应该用科学家们的个人品质去进行解释，因为这意味着进入科学界的人总是一些道德异常高尚的人，而应该从科学所具有的与众不同的特点中去寻求答案。

那么科学作为一种职业有哪些与众不同的特点呢？

第一，科学对于扩充自己的专业知识更感兴趣，而不是像法律、医疗等专门领域那样更强调对专业知识的推广应用。

第二，由于科学最关心的是对自己的专业知识的扩充，所以它的成员所提供的"服务"的直接"消费"对象正是其专业同行。科学是一个专业自足体，它与社会只发生间接的关系。在这一点上它与法律、医疗等不同，后者直接与外部社会发生关系，对非专职人员提供服务。

第三，一般职业都采取收费服务方式，法律、医疗等服务性行业通常采取可变通的收费服务方式，即对于贫穷者减费提供服务；而科学作为一种非服务性内容，则采取"礼物赠送"（gift-giving）的方式提供"服务"；提交给同行的科研成果几乎是赠送的，几乎不需要给予物质报酬。

礼物赠送对于科学是非常典型的。首先，由于科学是一项非营利的公益性事业，它虽不为社会提供直接服务，却又必须由社会来扶助，保证其价值的实现；所以在研究资源的分配上，一种最经常的模式就是礼物赠送，这是从美第奇时代一直到洛克菲勒、福特基金会的时代都成立的一种模式。其次，科研信息也是赠送给科学共同体的：提交给科学期刊的手稿被称作"贡献"，它们事实上是礼物。作者通常得不到稿费或者其他补偿，而其所在单位甚至要向期刊提供财政资助。

科学职业的上述特点为理解科学中的社会控制提供了依据。尽管科学建制中缺少正式控制的机制，而科学中又存在激烈的竞争和对于创新的鼓励，从而具有诱使作弊发生的潜在动机；但是，由于科学是一个专业自足体，科学家不像医生或律师那样面对外行，所以不存在利用外行的轻信、无知和依赖性进行欺骗的可能性。所有科研成果都要受到具有同样知识水平的同行的检查，作弊成功的可能性极小。又由于科研成果的检验者同时也是这些成果的"消费"者，所以一旦作弊行为被发现，同行是不会犹豫不决而不去揭发它们的。

尽管如此，却不能排除会发生某些轻微的越轨行为的可能性，而在某些非常情况下，则会出现严重的伪科学（如李森科主义）。分析在什么样的条件下更有可能发生越轨行为，正是科学社会学实证研究的任务。美国另一位社会学家加斯顿指出，在一些偏冷的研究领域，在一些声望比较低的科学期刊上，更易出现某些弄虚作假的"成果"。默顿对此又有不同的看法：当科学家和外行之间的关系变得非常重要时，逃避科学准则的诱惑就产生了。当合格的同行所施加的控制结构变得无效时，滥用专家权威和炮制伪科学的现象便应运而生。[①] 摆脱了控制的伪科学变成了为其他目的服务的有力控制工具。

以上我们分析了科学中的消极控制机制。那么科学中的积极控制，即奖励机制又是怎样发挥作用的呢？

科学职业的特点之一是它所提供的服务是免费的。像在一切礼物赠送的行为中一样，作为赠予者的科学家是包含有某种潜在的、渴望得到报答的心理的。但这种潜在的愿望不能公开表达出来，因为一旦公开表达出来，礼物赠送就终止了，很可能继之以契约交换。科学家大都否认寻求承认是他们研究的动力，但这当然不等于说他们不存在寻求承认的动机。当所希望的承认没有来到时，潜在的动机就会显现出来。例如，有些科学家抱怨别人没有充分理解自己的工作。另外，也像在所有礼物赠送行为中一样，礼物的接受者（科学同行）要对赠予者承担某种道义责任，必须给予一定的回报。正是这种赠予者与接受者之间的相互联系，将

---

① R. K. 默顿. 科学社会学：理论与经验研究（全二册）[M]. 鲁旭东，林聚任，译. 北京：商务印书馆，2003：159.

科学家与其所在的专业共同体联系起来,使科学中的控制机制在一种交换的基础上发挥作用:科学家用他所提供的成果来换取同行的承认。

正是寻求获得承认的愿望驱使科学家遵守科学共同体的规范,将其成果写出来并加以发表(把成果写出来有时被认为是科研过程中索然无味的一个环节)。不仅如此,这种愿望还直接影响科学家对于研究课题和研究方法的选择。有些科学家爱选择那些容易引起巨大反响的课题,选择那些易于使其工作为同行所接受的方法。

由此可见,科学中的奖励机制是默顿模式的重要组成部分。的确,由这一概念出发可以导出一系列实证研究课题和相关的理论概念,如科学中的社会分层、科学中的评价过程等。科学社会学家是将能直接由科学共同体决定的奖励与并不直接反映科学共同体对一个人的评价的奖励(如职位的提升、工资的增加等)分开来考虑的。一位科学家的研究成果是否得到了同行的合理承认,与这种承认是否与某种外在的物质奖励相一致毕竟是两回事。影响后者的因素很多,不是科学共同体所能做得了主的,因而科学社会学家更注重的是对前者的研究。这方面的主要课题是科学共同体的承认是否能按照普遍性的原则,公正地分配给每个科学家,大量的证据表明这对于调动科学家的积极性是极其关键的。

默顿模式主要是以西方的科学共同体为考察对象概括出来的。它既是一种实证描述,又带有理想的功能分析色彩,因而具有规范性。西方的科学共同体在实际运行中,无疑也会有一些与这一模式的描述不相符合之处。具体到我们中国的科学共同体,出入可能就会更大。但是作为一种理论分析,它对我们无疑是很有启发性的,有助于我们理解科学的社会运行规律。掌握这些规律或许会为科技体制的改革提供某些新思路,会为结合中国实际的科学社会学研究提供新课题。

二、现代科学技术的社会运行机制

现代科学是一个与社会环境紧密相关的开放系统。由于社会环境背景的制约,科学活动的内容和方式都取决于社会对科学的实际需要和支持。谁希望从中获益,谁来支持,对现代科学的发展是至关重要的。因此,对于现代科学的社会运行来说，不仅科学家之间的互动要起作用，科学家与非科学家（如政策制定者、项目管理者、组织管理者、赞助人、社会活动家、新闻记者等）之间的互动也起着重要作用；两者的共同作用构成了现代科学的社会运行机制。探讨现代科学的社会运行机制，可以为深入探讨科学与社会的关系提供理论框架。

这里笔者以科学社会学理论为基础，结合我国国情，并借鉴默顿的科学社会运行模式，构建我国现代科学技术的社会运行机制，即科学技术的社会交换系统、科学技术的社会规范系统和社会奖励系统三个部分相互关联的内在运行规律。这三部分相对独立，各有各的功能，同时又相互作用。三部分的相互作用使得现代科学技术得以持续运行。

第一部分，科学技术的社会交换系统。所谓科学技术的社会交换系统，即科学技术和外部机构通过交换而联系起来的系统。在这个系统中，科学家为外部机构提供服务，作为回报，他们获得外部机构支持研究的资源。交换系统使科学家和科学研究的支持者和赞助者这样的外部机构联系了起来。现代科学具有两个特点：①从知识的发展看，大量事实的积累和分类以及科学理论的系统化，不仅可以使科学知识成为经济和社会发展的储备资源，也可以使其直接在技术和商业上得到充分利用；②伴随而来的是，国家和企业界对科学的需求与支持增强，科学研究成为一种特殊的职业，科学家广泛就职于政府、工业和教育部门，提供专门化的服务。从一定程度上讲，科学的直接用户是政府和工业，间接的用户是社会公众。

社会职业化的特点要求职业和用户的关系必须通过服务-报酬的交换关系来维持。对于科学研究职业而言，可以提供的服务是多样的，从知识理解、解决技术难题到为企业增加利润，同时科学研究的职业活动需要资源的支持（资金、人员、材料等）。获得资金以及使研究项目得到支持是科学家与外界机构进行交换的主要动力，其他因素如把成果物化，提高自身的影响等也在起作用。政府部门以及工业界为了提高生产和公益目标，吸收智力资源，也倾向于与科学家进行交换。这是交换系统得以存在的必要条件。

对现代科学来说，支持科学事业的外部机构的类型不同，对科学的需求和支持方式不同，因此，科学与外部机构的交换类型也不一样，大致可以分为三类。

①自下而上的交换，进行这类交换的外部机构一般是政府和社会公众建立的支持科学的公共基金机构，主要用于支持基础性研究，一般有明确的支持意向。科学家或科研组织对所要研究的问题，先掌握比较明确的信息证据，然后向资助部门申请费用以支付材料、人力等的开支，以进行设想中的研究。这些申请经过特殊程序的评定，然后按学科内容、现实意义和申请者成功地完成其项目的预估能力排序，提供基金并给出研究截止日期，对研究者的要求是完成报告和出版物。②自上而下的交换，进行这类交换的外部机构一般是政府和工商业的组织，他们有一些认为值得努力的研究领域，或感到通过研究可以得到很好解决的非常突出的实际问题，于是委托一个有研究能力的组织进行研究。外部机构的研究目标可能很明确，也可能还在考虑中，需要与承包组织商议才能确定。目标确定之后，外部机构对承包组织提供支持，并要求承包组织按期提供研究成果。③准市场的交换，进行这类交换的外部机构一般是工商业组织。工商界需要解决的问题是多种多样的，对科学研究者来说可能获得的资金来源是多渠道的，而两者的交换关系常常是通过类似市场供需关系建立的，因此可称之为准市场的交换。这种交换系统能否成立，首先取决于双方在供需信息上能否达成一致的理解。科学家要与外部机构进行交换，不仅需要技术能力，而且要了解对方所需的信息，并由此对自身活动作相应调整，以期能把对方所需的实用信息构成一个科学问题来解决。外部机构不仅要了解科学家以往的成就、现在的力量，以增进了解和信任，也要对对方解决问题的想法有较深入的了解。这就需要双方进行广泛的信息交流。通过交流，科学家得以认识对方所需的问题是否能解决，外界机构了解科学家想解决的问题是否是他们所需要的。但是达到兴趣上的一致，只是交换系统得以成立的必要条件。要使交换系统得以最后建立，还需双方对各自期望得到的回报满意，即利益分配要合理。这有赖于双方的协商。这种交换系统的建立以双方签订合同或建立其他正式合作形式为标志。

无论是哪种交换类型，交换系统建立的共同之处，都在于双方对供求信息达到充分的相互理解。这样，从开始进行信息交换到建立交换关系都需要双方反复交流、沟通。交换系统建立的开始在很大程度上依赖于个人和组织的首创性，最初常常是非正式的活动，之后逐渐过渡到正式的交往。因此，对于科学家来说，需要多种渠道，以多种方式与外部机构进行主动的、广泛的交流活动，在这过程中充分发挥自己的能力和资本。

交换系统的实质是通过服务和报酬的交换,使科学研究更有效地满足国家和社会发展的需要。由于现代科学的生产力功能越来越显著,从总体上看,交换系统的建立使得科学家的兴趣和力量趋向于社会的实际需要。这不仅体现在研究内部的很大部分都是社会性的,也使得科学家愿意去从事一些与研究活动关系并不十分密切的边缘性活动,如担任顾问、提供咨询服务等工作。

第二部分,科学技术的社会规范系统。从结构功能主义的社会理论来看,规范即达到目标所遵守的适当规则,是实现目标的手段。现代科学研究在总体上是一种在社会经济利益框架之内,目标高度定向和直接受控的活动。一旦研究课题确定,不仅研究内容基本确定,所需的时间、投入和预期要求也基本能够确定。为完成研究课题,需要规范系统来保障。现代科学技术的规范系统一般由四部分构成。

(1)技术规范。不论科学研究的具体内容如何,科学研究本质上是一种认识活动,认识的目的是获得自然规律的知识。为达到这个目的,就需要遵循科学认识活动本身的规范,如经验证据的充分性和可靠性、理论陈述的逻辑和谐性。

(2)行为规范。行为规范是普遍认为对科学发展有利的、应该遵循的行为规则。例如,无私利性要求科学家最好是为科学研究本身而研究,而不是为自己的私利;有条理的怀疑性要求科学家对待别人的成果要仔细考虑;公有性要求科学家公开其发现,其他人运用该发现时应表明出处,或对其有用性适当标明。

(3)群体规范。在研究活动中,知识的产生往往是在研究团体这样的群体内部,从有意义问题的确定、技术的选择、研究达到的标准到工作的方式,都需要通过成员协商达到一致。研究团体内在的动力与和谐关系已成为研究活动的一种宝贵资源。要维持这种群体的内在动力与和谐性,需要成员遵守适当的规范。

(4)组织规范。由于现代科学是一种组织化行为,组织规范在研究活动中起着重要作用是不言而喻的。在课题的选择、计划和实施中,组织管理者和科学家共同起作用。尤其在课题计划安排中,科研组织需要根据已有的资源,有效地组织人力、财力和物力，完成确定的课题。这就要求科学家要遵守一定的组织规范，而不能仅从自己的兴趣出发。

对现代科学研究者来说，这四种规范同时起着作用。技术规范是必须遵守的。行为规范是科学长期发展中形成的传统规范，被普遍认为是值得提倡的。群体规范则是调节研究组中人员行为的规范，以保持研究组织的和谐性。群体规范常常并不是明确的规定，而是由研究组织成员协商得出的。组织规范是保证研究人员服从组织目标的规范，常常以明确的形式规定。对科学家个人来说，这四种规范之间也可能产生冲突，如群体规范强调的保密性和行为规范的公有性之间矛盾，组织规范强调的为组织目标服务和行为规范提倡的无私利性也不一致。因此，对科学家来说，如何保持规范之间的和谐性是很重要的问题。

规范系统指明科学家采取什么样的行为是适当的，规范系统对行为起着指导和控制作用，其方式是多种多样的，如规定、准许、偏爱和排斥。它的功能则在于使研究群体中的研究人员的行为达成共识，以有效地完成研究课题。

第三部分，科学的社会奖励系统。科学的社会奖励系统是美国学者杰里·加斯顿在其著作《科学的社会运行》中提出的，也是该书探讨的主要内容。科学界的奖励是根据科学家工作的贡献而对科学家担当其科学家角色的承认。科学家的贡献基本上是由从事相似课题的科学家，即科学共同体，根据其学术成就来评价的。对于现代科学而言，由于科学家至少要与某些非科学家发生必要联系，这些不同的行为者都可能基于自己的价值观对科学家给予相应的承认和奖励，这些承认和奖励并不一定与科学规范相符。另外，对于科学家来说，学术上的承认尽管重要，但是不充分，也需要其他方面的承认。概言之，对科学家的奖励是多重的。

第一，学术承认。即基于科研成果对科学知识进展的贡献而给予科学家的承认。科学研究最基本的要求是推进知识进展，提出新思想、新方法和新手段。然而，这种获得的新知识是否可靠，必须由其他科学家检验、评判。这样，科学活动本身的逻辑要求科学家进入科学的公共领域，与其他科学家交流研究信息，向其他科学家公布自己的研究成果。因此，科研成果的学术重要性程度是由交流联系起来的科学共同体来评价的，科学共同体根据科学家贡献的大小给予科学家不同程度的承认。学术承认的一般形式有论文发表、论文引证和荣誉奖励等。

第二，用户承认。这里所讲的用户是指与科学家建立交换关系的外部机构，它是科研成果的直接使用者。用户对科研成果的评价常常不是根据成果的学术性和纯技术性，而是基于技术的相关性和可操作性等实用标准而得出的。

第三，组织承认。科研组织根据组织的目标会对其内部的科学家给予承认，如职位提升、荣誉和物质奖励等。这种承认多是综合科学家的各种贡献给出的，如学术成绩、争取来的课题经费、人才培养的成绩、为单位和社会承担的学术服务、团结协作精神等等。为了组织的目标，有时候奖励某些学术成就不大，但在其他方面做出贡献的人员也是合宜的。

第四，社会承认。职业上的承认常常会给一些科学家带来社会承认，如提高社会知名度、与某些机构建立信任关系、受聘到某些部门兼职、从事咨询和其他技术服务工作，以及参加政府的社会工作和其他社会活动等等。

奖励系统的基本功能是鼓励科学家做出独创性的贡献，以促进科学知识的发展。奖励的多重性的更广泛功能则在于鼓励科学家把科学知识服务于社会。

以上我们论述了现代科学社会运行机制的三部分内容，这三部分之间存在着内在的关联。通过交换系统，科学家获得资源，从而确定课题，进入规范系统；通过规范系统，科学家做出成果，进入奖励系统；通过奖励系统，就研究成果与科学共同体和用户进行交流，科学家得到承认，从而增加了自身的研究资本，使科学家能更容易地进入交换系统。这样，在这三部分的相互作用下，科学社会得以循环运行，如图3-1所示。需要强调的是，这三部分是一个紧密相连的整体，每一部分的运行情况都会影响到其他部分。

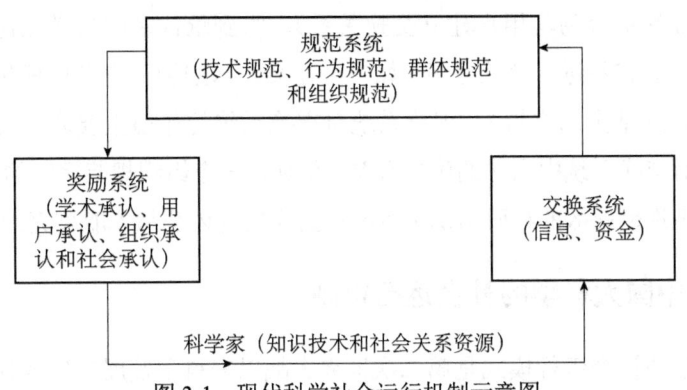

图3-1　现代科学社会运行机制示意图

现在我们对这三部分之间的相互作用作简要分析。交换系统主要是通过课题的研究内容和要求对规范系统发挥作用的。例如，如果课题是公共基金支持的基础研究，那么科学家就可以按照自己的思路，严格遵守技术规范和行为规范进行研究，即坚持成果的学术性和公有性。如果课题是工业界支持的技术创新问题，科学家就要遵守保密性和竞争性规范，而不会提倡公有性规范。因此，科学家希望得到何种类型的奖励对其遵循相应的规范影响甚大。例如，如果一个科学家很重视学术承认，即使他做一个实用性课题，他也不会仅按实用要求完成研究任务，而会尽可能按技术规范和行为规范完成其研究成果，并把最有学术价值的部分整理出来，与同行交流。

规范系统对奖励系统的作用表现在：奖励不仅基于科研成果的重要性，有时也基于成果的研究方法和程序。例如，学术界不会给予明显不遵守行为规范的科研成果以很高的评价（如不注明所参考的前人成果），用户显然会高度赞扬遵守保密性规范所做出的成果，科研组织则更倾向于承认那些遵守组织规范的人所做出的成果。交换系统对奖励系统的作用主要体现在科研组织对科学家的奖励上。科研组织常常基于这样的问题给予科学家奖励：为了使科学家更容易地进入交换系统，应给予科学家什么样的奖励？这一般是根据科学家的特长和水平，但往往也参考科学家其他方面的才能。

奖励系统对交换系统的作用表现在：奖励系统有助于使科学家进入交换系统。对科学家的承认，是科学家能力和信誉的体现。在某些方面得到承认的科学家显然比没有得到承认的科学家更容易进入交换系统（如得到实际用户承认的科学家显然更容易与用户建立交换关系），得到承认多的科学家比得到承认少的科学家更容易进入交换系统（如一个在某一基础领域有多项成果的科学家容易得到公共基金的支持）。规范系统对交换系统的作用主要表现在：规范系统有时会对交换系统中课题的确立有益。例如，一个组织规范严密的科研组织，显然比组织规范松散的科研组织更容易拿到需要群体智慧才能攻克的大项目。[①]

三、中国大科学的社会运行机制

大科学的社会运行模式是第二次世界大战以来科学发展的现代模式之一。

---

① 杰里·加斯顿. 科学的社会运行[M]. 顾昕, 等, 译. 北京：光明日报出版社, 1988.

科学在20世纪以来的迅猛发展极大地影响了人类社会的结构和人类生存方式。世界规模的军事需求，急迫地将现代科学与军事技术紧密结合起来。科学技术成为发展综合国力和战争取胜的重要前提。曼哈顿计划的实施与"成功"成为"大科学"到来的重大标志和"大科学"体制的第一个成功案例。国外科学社会学家和科学史家对于"大科学"的发展给予了充分的注意，进行了一系列理论探索和案例分析，普赖斯的《小科学，大科学》是这一系列研究的卓越代表。然而，对中国大科学的形成、运行机制及特点的研究，现在还缺乏较深入的研究。笔者将根据上述理论观点，以中国的"两弹一星"研制过程为案例，探讨总结中国大科学社会运行的基本规律和特点。中国的"两弹一星"之所以取得成功，从科学社会学方面看，在于科学共同体之间的开放、互动与高度整合，在于科学共同体内的高度认同，在于科学共同体与社会之间的良好互动关系。

（一）大科学运行的社会协同机制

社会分工、协作的不断发展，专业化程度的不断提高，是大科学时代的必然趋势。在原子弹、导弹等尖端技术的研制过程中，科学技术的复杂性、综合性和劳动的集体性空前地提高了，科学共同体之间的开放、互动与整合上升到了国家的层面。中国"两弹一星"的研制，正是通过组织全国的科技力量，全国一盘棋，运用一体化调节手段，打破部门和行业的界限，多方联合攻关才取得了举世瞩目的成功。实践证明，这是在中国的特定历史条件下，解决重大科学技术课题的有效组织形式。

中国科学共同体之间开放、互动与整合的具体表现，便是"两弹一星"研制过程中大力协同局面的形成。"大力协同"的口号是在1962年正式提出来的。当时，第二机械工业部①的领导经过反复讨论后，向党中央提交了一个报告，并制定了一个争取在1964年，最迟在1965年上半年爆炸第一颗原子弹的两年规划。毛泽东于1962年11月3日给予了要大力协同做好这项工作的批示。

应该指出，毛泽东批示大力协同，是他基于战争年代对军事实践活动的深刻认识。毕其功于一役；伤其十指不如断其一指；集中优势兵力，各个歼灭敌人，都是毛泽东的成功指挥经验。当他将这些经验准则应用到"两

---

① 第二机械工业部当时主管核工业和核武器的生产与制造，1982年改名为中华人民共和国核工业部。

弹一星"的研制目标上，自然也就要求科学共同体互相开放，实施协同作战。

1962年，毛泽东关于大力协同的指示发出后，规模空前的整合工作的第一步，是成立了一个15人的专门委员会，由周恩来、贺龙、李富春、李先念、薄一波、陆定一、聂荣臻、罗瑞卿以及国务院和中央军委有关部门负责人赵尔陆、张爱萍、王鹤寿、刘杰、孙志远、段君毅、高扬组成。专门委员会的任务是提高对原子能工业建设和原子武器研究、试验工作的整合水平。除周恩来外，专门委员会成员中的7位副总理、7位部长级干部都是国家政府、军队、工交、财贸、科研、文教卫生各方面的负责人，他们参加专门委员会，就可根据中央的要求，动员各方面力量展开协同攻关，从而保证了原子弹研制的成功。

"两弹一星"研制过程中的整体协同是在两个层面上展开的，一是核工业、航天工业系统内部的协同，二是全国范围的协同。在核工业系统内部，协同体现在地质勘探、矿山开采、工业生产、武器研制、科学研究、设备制造、工程建设、运输通信、安防保健等各个环节上。每个环节又按照限定时间内实现核武器爆炸这个总目标。将各项任务进行分解，分系统、分层次落实到各部门、各单位。在航天工业系统内部，主要是航天产品的研究、设计、试制、试验的协调，特别是在通用的专业技术和基础技术方面，如空气动力、环境试验、强度试验、工艺材料、发动机试车、专用元器件、计算技术、计量测试技术、标准化、科技情报等，形成了若干技术中心，面向整个航天战线，甚至对全国开放。这样，既保证了各专业科学共同体之间的开放，又发挥了各专业科学共同体的作用，避免了重复建设。

在全国范围内，为集中力量突破以原子弹为重点的尖端技术，国家组织起国防科研机构、中国科学院、工业部门、高等院校和地方研究机构这几个方面的资源，根据已有的条件，发挥各自的优势和特长，分工协作，互相支持，组成了规模空前的整合网，展开了一场大范围的科研协同攻关活动。如在原子弹研制过程中，全国先后有26个部（院）、20个省（自治区、直辖市）包括900多家工厂、科研机构、大专院校参加了攻关会战。在尖端技术研究、专用设备和新型材料的研制方面，中国科学院所属 20 多个研究所、国防科学技术委员会、冶金部、化工部、石油部、机械部、航空部、电子部、兵器部、邮电部[①]、清华大学、南开大学等，都做了大量工作，攻克了近千项重大技术难关。当时中国人民解放军各总部、各兵种、中国人民解放军军事科学院防化研究院、军事工程学院、军事医学科学院，都参加了首次核试验，核武器研制单位所在地的地方政府机关也在物资和人力上给予了大力支持。

　　与美英等国相比，中国在以"两弹一星"为代表的尖端技术发展过程中展开的大力协同，有其自身的特点。中国科学共同体的开放与协作并没有超出国家的范围。在研究英国核武器的发展时，人们往往忽视了这一点，即在英国的科学家有些是英国人，有些则是流亡到英国的外国人。1940 年秋天，代号为"穆德"的一个由英国科学家组成的委员会，同美国一个相应的委员会建立了秘密联系，而 1941 年 7 月的《穆德报告》则对于美国的曼哈顿计划起了很大的甚至是决定性的作用。同时，参加曼哈顿计划的某些科学家如约翰·科克罗夫特和威廉·彭尼等也为英国在战后发展自己的核武器积累了非常宝贵的经验。但是，中国作为苏联核武器计划的伙伴，没有获得丰富的经验。苏联对中国核事业的援助是有限的，是单方面的科技援助，而不是一种共同合作者之间的联盟，中国难以了解到苏联核武器的核心机密。

（二）大科学共同体的社会价值认同机制

　　"大力协同"是科学共同体之间的高度整合。科学共同体之间的这种高度整合的动力，来自大科学共同体内部及其对社会基本价值的认同。这种认同，主要是以集体主义的方式体现出来的。

　　当年从事"两弹一星"研制工作的广大科研工作者，都怀着一种崇高的使命感投入到这些大科学实践中。他们都把能参加到这样的大科学共同体中来（目的是国家利益），作为一种政治上的"待遇"，政治上的"评价"，政治上的荣誉。这种光荣感与使命感保证了大科学共同体成员在基本价值倾向上的完全认同。这里所说的共同体的同质性主要指共同体成员思想的高度认同。由国家利益所带来的政治荣誉感与使命感，构成了大科学集体主义的最高目标，而共

---

① 以上机构名称是当年的政府部门名称，现在的政府部门设置均发生重大改变。

同体政治思想的高度认同，构成了中国大科学集体主义精神的思想基础。导致中国大科学共同体中思想的高度认同的主要因素，首先来自当时的社会政治条件。在当时特殊的社会条件下，经过严格政治审查而选出的大科学共同体成员无疑为大科学的同质性提供了强有力的组织保证。在这个基础上组成的大科学共同体又配备了成套的政治思想工作系统，从而进一步保证了共同体成员自始至终的认同感。

对大科学共同体的成员来说，国家利益使他们有了一个共同的目标，而这种目标又与他们的政治信仰高度一致，这是科学共同体成员中的集体主义精神的源泉。集体主义在共同体成员的互动中，集中地体现在他们的行为方式上。在共同体内，科学家之间有着良好的合作关系，每一个成员都在为集体的利益做出贡献。这种集体主义充分保证了默顿科学研究规范的无私利性这一原则。在这种集体主义导向下，科学家尽心竭力贡献自己的才智。他们不但不计较自己的学术成果能否发表，而且做好了充分的准备，长年默默无闻地工作。这种现象在中国国防科研共同体中是普遍存在的。

中国大科学之中有许多技术思路的分歧，经过反复探索，一次次走向成功之路。但迄今为止，虽然"两弹一星"研制过程已逐渐解密，但这些分歧仍不被世人所了解，很少有科学家因为自己的正确思路最终被采纳而将其作为自己的资本。也有一些科学家已经脱离科研第一线，但仍不愿提及自己当年的工作成绩。这些做法可以视为是当年价值观的延续。

上述科学共同体成员互动中所表现出的种种集体主义行为，对默顿"科学发现优先权"的理论提出了挑战。默顿认为，科学研究的动力是对创新的承认，体现为荣誉分配。然而中国大科学的经验至少说明，政治荣誉性（国家利益）可以成为科学研究的原始动力。

（三）大科学运行的社会动员机制

把群众作为重要的科技人力资源，开发其中的科学创新潜能，这无疑是一种大胆的设想，而这种超越常规的设想，由于毛泽东特殊的政治地位的影响，转变成一种政策，并大规模地付诸实践，这无疑是科学有史以来的独特经验。正因为如此，客观地研究中国大科学实践中群众参与的现象有其独特的意义。

群众与专家在一定程度上是困扰中国科技政策制定与实施的一对独有的矛盾，政治上的群众路线推演到科技政策上也只能采用群众路线。这就为中国群众科学的尝试提供了理论上的合法性。美国的科技政策专家萨特米尔将这种以群众科学为特色的科研体制，称为"动员体制"。

核能在世界各国无疑都作为一种高度专业化的事业得以发展，而我国却采取了一种完全不同的方式，在决定发展核能技术的同时，迅速采取了全民动员的方式。中国科学院成立了"原子能知识普及讲座委员会"，钱三强等20多位科学工作者组成宣传团，到全国各地宣讲原子能，出版《原子能通俗讲话》一书，发行20万册，出专著、拍电影等等，采取了群众运动的方式。1958年为了配合"两条腿走路"的方针，当时的第二机械工业部先后提出了"全民办铀矿""大家办原子能"的方针，后经中央批准，在全国加以推行。"全民办铀矿"的口号极大地推动了群众探铀矿的运动，使许多人学会了使用计数器，湖南南部的农民甚至发展出一种"买卖"，把铀矿石提纯成粗制的黄饼，卖给核工业部。由于铀的及时获得，中国在原子弹的竞赛中缩短了完成时间。正因为此，刘易斯和薛里泰将中国的第一颗原子弹称为"人民炸弹"。

还应指出，在中国大科学实践的运行之中，科学共同体一直保持着对参与工作的群众的开放性，尽管这种做法不是科学共同体的自主选择，但无论从政策上还是在运行中，这种面对公众的开放都必然地构成中国大科学的一个重要特点。

在世界范围的专家治国、技术引导政策的趋势中，中国的群众科学实践，无疑引起世界范围的重视与研究。"中国的群众科学"甚至被当作一个十分成功的典范而引起国外的赞许，有人认为中国的群众科学能够避免世界范围内普遍存在的唯科学主义，是一项"了不起的成就"。

群众科学对于大科学的意义，在于大科学共同体对群众的开放性，而这一点恰恰是国外科学社会学研究所忽略的。大科学的系统性及技术问题的多层次性对群众参与有着必然的要求，这也就使中国的大科学共同体有了一个更全方位的开放性。对群众智慧的开放，无疑为中国大科学运行之中的许多"低"技术和非技术问题的解决提供了新的智力资源。群众参与在理论上也使中国大科学共同体与社会有了更直接的联系。或许群众的主动精神和自信心是一种只有在中国大科学中才有的动力资源。科学共同体面对群众的开放无疑是科学运行的大胆尝试。中国的实验为科学社会学提供了一个绝无仅有的、有待深入研究的范例。

第二节 科学技术的社会控制

一、科学的社会控制

科学的许多社会影响是间接的而不是直接的，科学只是通过其他的社会因素产生互动影响而不是科学本身发挥作用。例如，在最近的几百年间，许多科学的影响是以在工业与新技术中新的社会安排的形式发生的。由于科学的作用是间接的，许多人没有意识到对科学发展的方向、过程及其后果进行社会控制。在现代社会中，科学对不同群体的影响是不相同的。例如，对低层产业工人的影响与对富裕阶层人群的影响是不同的。当然，少数社会理论家和社会活动家，确实看到了科学对社会的某些特殊的影响，也看到科学的新力量对社会发展的重要意义。但是，对于科学的可怕的社会后果的警告，并没有引起他们的注意，甚至对于科学家本身来说也是如此。尽管如此，人们盲目对待科学所产生的社会后果的时代过去了，再没有人无视科学对于社会现状与未来的影响力了。

随着时代的发展变化，人们需要与时俱进地以一种新的方式对科学进行社会控制。有的人在寻求理解科学的利弊关系，他们认为，科学有点损害了他们而不是帮助他们。一些人在科学中看到解决问题的办法，而另一些人则在科学中看到邪恶的最大来源。一方面人们在谈论"科学的挫折"和"对于制订科学计划的需要"，另一方面人们要求"暂停发明与发现"。科学对于我们中的许多人已变成了一种"社会问题"，就像贫困和少年犯罪一样，人们想要"解决一下这个问题"。

我们如何解决这个问题？除非我们真的确实理解科学及其社会影响的本质。对于作为一种社会问题的科学（人们对此有强烈的道义感情，而且他们对此可能采取激进的行动），我们知道些什么？科学的社会后果是不可避免和不可控制的吗？科学的影响已受到社会其他部分怎样的控制？科学造成的什么影响导致有些人呼吁现代社会对科学进行"抵制"？如同我们已经说过的那样，它对哪些群体有利，对哪些群体不利？我们是否可以说科学对某一给定的社会群体总是只具有不利的或只具有有利的影响呢？我们能够预测发明和发现，并因而控制我们可以预见的影响吗？如果我们限制科学的影响，我们有可能抑制科学或使之遭受挫折吗？诸如此类的问题，不得不使我们重新审视和评价科学的社会功能、作用以及后果。然而，在对科学进行审视和评价的过程中，我们不能只描述科学对社会的影响状况，而要从科学系统的内外部结构关系、科学发展的过程，进行全面剖析，从分配上找到科学"问题"的症结所在，进而深入研究解决这些问题的社会控制机制和方法，这是社会学对科学的社会问题进行研究的基本思路。

（一）科学系统的自控机制

科学和政治、经济、文化一样，是一个功能和结构完备的社会系统。

所谓社会系统，主要是指人们在社会活动中所形成的一种特定的有机联系。科学形成一个独立的社会系统，是人们在知识生产中建立起一种特定的社会联系，形成一种特定的价值观念和行为规范的结果，也是科学具有特定的社会结构和社会功能的结果。在科学系统中，人们以追求真理真知为其知识生产活动的目的。在这种社会活动目的的指导下，人们建立起一种特定的社会联系，形成了一种特定的价值观念和评价的标准。一些特定的行为规范也制约着人们对知识生产活动目的的正确追求。在一般意义上，这种科学系统内的行为规范主要表现为以下四个方面。

（1）普遍性行为规范。这种行为规范主要强调检验科学真理标准的客观性和科学知识的国际性。检验真理标准的客观性，主要表现在它不以任何非科学的价值标准作为评判真理的尺度。这种行为规范，严禁人们按照知识生产者的社会地位、出身、宗教信仰、人种、党派等等作为附加条件和价值标准来评价所生产的知识。真理面前人人平等，就是检验科学真理标准客观性的最重要的要求。科学知识的国际性，是指检验科学真理的客观标准在任何时候和任何地方都是适用的，它不以不同的地域、不同的生活方式和不同的社会制度为转移。

（2）公有性行为规范。这种行为规范主要强调科学知识是人类的共同财富，科学上的发现都是社会协作的产物。因此，它要求知识生产者共享科学财富，公开交流科学成果。这种行为规范，坚决反对人们把知识占为己有，反对在知识生产中相互保守秘密。这种行为规范要求人们在知识生产中自觉地将自己的知识产品公开，以出版物或其他公开形式毫无保留地呈现给科学界。这一行为规范实质上也反映了知识财富的独立性，它由各个不同的知识生产者的劳动成果组成，并通过出版物等形式公开地、客观地反映出来，为整个科学界所运用。由于科学的发现都是社会协作的产物，同时又是在前人知识基础上的发展，科学上的一切进步也总是包含着老一代人和新一代人的共同努力和合作。所以，这种行为规范同时还要求科学家们在知识生产中保持谦虚的态度。

（3）有条理的怀疑主义行为规范。这种行为规范要求人们在知识生产活动中用理性的态度来评判任何知识产品，这就是说，要用严格的逻辑推理和实验验证一切科学假说，要用否定的态度对待一切科学的理论。因为，科学家们的任务并不总是去证明什么，也不是试图去否定什么，只有在否定和批判的基础上才能产生新的东西。只要我们能够从错误中学习，批判性地对待我们自己的理论，而不是顽固、呆滞、死板地维护这些理论，那么，我们就能够推动科学进步。

（4）无私利性行为规范。这种行为规范要求科学家们以科学知识的生产为己任。以追求真理真知为最大最高利益。这种行为规范反对将科学作为牟取私利的敲门砖，反对在知识生产中把追求权力、金钱、地位作为目的的任何社会行为。这种行为规范的社会功能就在于保持科学的真正价值，维护科学系统的整合。因为任何一个社会系统的专业化，总是通过其价值观念和行为规范的专业化而实现的。一个特定社会系统的行为者，也总是依据特定的价值观念和行为规范使其社会化，从而使自己的社会行为自觉地符合特定的社会系统。无私利性行为规范规定追求知识生产的目的是知识生产者行为的唯一方向，要求他们的行为以此为准则的社会化，以此为标准的自我认同，这就使得科学价值的保持和科学系统的整合成为可能。所以，从根本上说，无私利性行为规范是其他三种行为规范的基础和核心。

上述四种科学系统内的行为规范是科学家们在知识生产活动中社会行为的最高准则，也是科学系统内部控制的主要手段。这四种规范保证了科学系统本身的认同，并使其专业化，制约了科学家们在知识生产活动中的社会行为，是有效率的知识生产，从而成为科学进步的必要社会条件。

（二）政治系统对科学系统的外部控制

政治系统对科学系统的外部控制，主要是指国家与政府对科学的发展，利用行政力量在人力、物力、财力上所施加的影响。在今天，主要有三个方面的因素使政治系统对科学系统的外部控制成为必需。

（1）从科学发展的速度上看，在当前，科学发展很快，科学成果也在迅速地运用到社会的各个领域，变为生产力。科学飞速发展的这一现实，促使人们从社会的各个角度对科学加以控制，使其更快地变为社会生产力，高效率地为社会谋利益。

（2）从科学的发展对社会的影响上看，科学的发展以其巨大的力量促使社会经济、政治、文化结构及人们的生活方式、价值观念等方面都发生巨大的变化。一方面，科学的发展为社会的进步和经济的增长提供了基础和有力的武器；另一方面，它也给社会政治、经济和文化的发展带来不良影响，使科学自身异化。比如，核裂变释放高能量的科学发现，为人们和平利用原子能创造了良好条件，但人们利用这一科学发现来制造原子弹，却又同时提供了一种威力巨大的毁灭性武器；宇航科学的发展，标志着人类科学技术上的巨大进步，但同时又提供了超级大国之间核军备竞赛升级的可能，产生了战争的更大危险；遗传工程研究的深入，试管婴儿、无性生殖的成功，都将极大地造福于人类，但同时也带来很多危险，造成人们道德、伦理、价值观念和行为规范上的混乱。所以，不少国家都通过各种行政立法来限制这些研究。这一方面说明政治系统不得不干预科学系统的领地，科学系统的领地不是无限制地扩大，两大系统之间的界限会推移；另一方面也说明了科学的发展已经到了非由社会进行控制不可的地步。

（3）从科学的发展对社会的依赖上看，今天的科学已由小科学发展到大科学，其耗资以数十万、数百万、数千万元计等。这种发展趋势，使科学在人力、物力、财力上对社会的依赖度越来越大，争取社会对科学的理解和承认，争取使社会看到科学的价值,已经由本来不是科学家们的任务变成了他们知识生产的一个组成部分。随着知识生产的不断深入,科学越来越需要借助外界的力量来实现其自身的目标。另外,国家和政府则从政治的、军事的、经济的、文化的、外交的等各方面的需要出发,审慎地对科学进行巨额投资,使科学为其政治的、军事的、经济的、文化的、外交的目的服务。这种根据一定时期内社会经济发展的战略需要,有选择、有重点地对科学进行人力、物力、财力上的再分配,集中地反映为一定时期的科学政策。科学政策的出现是科学与社会相互依赖的产物,它恰恰也说明了科学外部控制的必要。

政治系统作用于科学系统,体现为两大系统之间的社会互动关系,它的目的是尽快使科学进步,高效率地为社会谋利益,政治系统对科学系统控制的战略意义就在于:它使人们有意识地确定一定时期和一定区域内的发展重点,对科学生产的方向进行战略引导,为形成一定区域内科学、经济、社会的全面振兴服务。由于政治系统和科学系统的结构和功能不同,所以,政治系统对科学系统有效的控制就必须要正确地把握住两大系统之间相互作用的机制。

按照社会系统理论的一般原则,一个社会系统总是具有由内部结构决定的"系统语言"。在科学系统中,这种系统语言主要表现为科学专业语言,人们为了追求各自专业上的真理,需要与社会进行交流。这种在知识生产中特定的追求,也就形成了特定的专业语言,并以此为通信媒介把人们从四面八方连在了一起,形成了一种特定的系统结构。系统语言所反映的是一个社会系统内各方面的社会关系,它的基本功能是作为通信媒介调节系统内的这种社会关系。就政治系统与科学系统的关系而言,政治系统不可能也不应该将其政治意志强加于科学系统,而必须要经过一个必要的转换过程,将政治的意志翻译成科学语言,从而进一步变成科学家在知识生产中的社会行为。在 20 世纪 60 年代,我国政府根据当时国内外形势,提出了要加强国防的战略任务。中国科学院、国防科学技术委员会等有关科研单位的科学家科学地论证了这一政治意志,并把它具体地"翻译"成了一个个科学研究项目和计划,在广大科研人员的努力下,我们在一段不长的时间里就成功地制造出了原子弹,为加强国防、保卫祖国做出了贡献。这一事例充分说明,政治系统与科学系统之间的相互作用与影响不是简单的、直接的,它必须以不破坏对方的独立性为前提,将本系统的专业语言经过一个必要的转换过程,"翻译"成能为对方所理解,并且符合对方内部结构特点的语言信号,这也就是说,政治系统与科学系统之间发生的不是一种硬性关系,而是一种经过转换、处理而成的柔性关系。

那么,政治系统对科学系统语言翻译的一般过程是怎样的呢？一般来说,首先是存在着一些社会问题,如环境污染、犯罪等等。这些社会问题逐渐增多,形成社会公害,人民群众日益不满。国家和政府开始意识到问题的严重性,并把这些社会问题纳入国家与政府的议事日程,这样一来,社会问题就变成了政治问题。由于这些问题,直接关系到社会的安定、人民群众的利益乃至整个政权的巩固（比如,国防强弱影响国家安全、环境污染严重影响生态平衡和人民群众的身体健康等）,所以,国家与政府就试图利用科学的力量来解决这些问题,一些科研管理的职能部门就把国家与政府的政治意志和要求变成一定时期内科学研究的重点,并用技术政策的形式反映出来。规划部门通过论证,把这些研究重点纳入相应的科研规划,科学家们则具体地把它们变成了一个一个科研课题,科学研究在国家与政府的人力、物力、财力的资助下进行。而后,国家与政府则依据科学家的科研成果,通过制定一些新的政策法令来解决社会问题。就这样循环往复,政治意志不断地变成了科学家们在知识生产中的社会行为,科学家们知识生产的成果也不断成了政治决策的依据。

政治系统和科学系统之间语言翻译的社会意义在于,它使科学成了任何政治战略决策的依据,使政治决策合理化、合法化、科学化,从而避免政治决策的盲目性以及由此可能带来的一些社会冲突。

（三）科学作伪与社会控制

1. 科学作伪的社会因素

现代社会的各种建制中,科学的建制也许是进化得最为完善的建制之一。在科学建制的内部,历来奉行着论功行赏的原则,存在严格的等级制度,从事科学研究的人们只有依靠其对科学的贡献,才能从低的等级跃迁到高的等级。科学建制有了原则,有了制度,大多数科学家才能遵循原则,沿着等级制度的阶梯,一步一步地攀登科学的高峰。

然而,我们也应当看到,仍有不少投机取巧、弄虚作假的人通过剽窃、篡改、修饰数据等不规范行为，发表大量的文章，在等级制度的阶梯上不光彩地向上爬着。于是，有人认为，科学作伪是科学界的一种普遍现象。原因之一大概应归咎于一些科学家的片面论断。如个别科学家认为，诚实不取决于科学家个人的品德，而是受到制度方面的制约，即科学家的活动受到在其他领域的活动所无法比拟的严格管制。这种管理即为科学共同体一致认同并严加恪守的4条职业行为规范：普遍性行为规范、公有性行为规范、有条理的怀疑性行为规范和无私利性行为规范。正是这些规范的约束，使得科学家比知识界其他人在道德上更受人尊敬。但铁的事实是：科学园地并非一块净土，不仅青年科技人员中作伪严重，就连诺贝尔奖获得者及历史上的个别科学大家也造过假。

当然，客观地说，科学家作为生命机体的个性存在和社会机体的一分子，总会受到各种外在的历史传统、社会经济、政治纲论和本身的价值观念、文化心理、利欲取向等因素的制约和驱役，致使科学道德和科学精神在献身与利己、求实与务虚、劳作与"巧取"的两难选择中显得苍白与无奈，加之那种其他领域的活动所无法比拟的严格管制在操作中并非始终有效，体制上的某些痼疾、管理上的某些疏漏、监督上可能存在的乏力，客观上导致了有些科学作伪的恶作剧以"地下"手法编导，并得以在地上舞台公演。事实上，科学活动中作伪案的发生，往往既有主体因素的驱使，又有外部因素的诱导。为了弄清科学作伪的真正原因，从而采取有效的社会控制办法，杜绝科学作伪现象的发生，维护学术界公平竞争的原则，以最终达到净化学术界的目的，我们将在进一步描述科学作伪的特质基础上，运用科学社会学的相关原理，试图就科学作伪的外部因素作详尽剖析，进而研究社会调控的方法和对策。

虽然科学家在向社会提供各种科学劳动的同时，社会也以名和利两种回报实体使科学家的劳动得到补偿，但是在这一互动过程中，如果科学家和认可者任何一方违背科学原则以及监督失控，都可能导致作伪的发生。这里，我们从以下五个方面分析导致互动过程中科学作伪的社会因素。

第一，偏航误导的价值取向。如前所述，科技人员的待遇与贡献几乎是对等的。但科学上的优先权问题无情地告诉人们，第二名有时得到的不是成功而是苦果。另外，随着竞争的加剧，论文数目多寡、刊物级别高低，不仅仅表征着一个人的能力强弱，还直接关系到他能否营造出一种"卓尔不群"的学术态势，从而最终影响到他的学术生涯。成功者可一举成名，获得某项光彩的奖励，在单位可晋级提升。失败者往往处于一种无形的压力之下，其他的各种待遇也与己无缘。在这样的一种价值取向和竞争氛围下，一些道德意志薄弱者就不会那么甘于清贫、甘于寂寞而踏踏实实、勤勤恳恳地工作了。

第二，不负责任的专家鉴定。本来同行评议是鉴定某项成果实质性价值大小的科学方法，但在国内外的一些实际操作过程中，无法排除的人为因素致使鉴定的客观公正性令人怀疑。科尔曾把经国家科学基金会审阅过的一些经费申请书交给另一组同样合格的评议人重新评议，结果是两组评议对同一份申请书的评分"差别很大，反之亦然"。也就是说，评议人在评审过程中常有很强的主观随意性。至于碰到一些公认的老好人或有一点私人关系的专家就更麻烦了。

第三，盲目轻信的工作方式。科学共同体在认可过程中，往往对知名大学、知名科研机构、知名科学家及其学生有种天然的轻信，满以为这些部门出来的成果中，不会有造假劣迹。其实，在一些大学的博士和硕士研究生中，也有个别学生在其毕业论文中存在剽窃他人成果的现象，由于有些学校的个别导师和答辩委员会把关不严，有少数学生蒙混过关，后来论文挂在网上，经别人发觉举报后才做了严肃处理。

第四，迫于无奈的上方压力。有些作伪者起初并不想造假，但面对上方压力，迫于无奈而不得不篡改数据。

第五，苍白乏力的监督制度。一项成果本可以通过论文审核、成果查新、重复试验、舆论压力以及严厉的惩罚等多种形式的监督措施加以防范。但在实际的操作过程中，由于杂志社的编辑（包括特邀编委）不可能全面了解该领域的研究实况，加之日益增加的科技刊物种类，致使论文审核与成果查新工作难度很大，这就使剽窃成果者有机可乘。有的作伪者甚至利用"时间差"将几年前的成果据为己有。

2. 科学作伪的社会控制手段

针对上述科学作伪的外部因素，我们认为，应当从以下几方面进行社会控制。

1）尽力营造良好的社会氛围

科研事业，如同其他的人类活动，以信誉为基础。科学家相信其他科学家的研究成果是可靠的。社会相信这些结果反映了科学家诚挚的愿望——精确而无偏见地描述世界。高度的信任，体现了科学的特征和科学与社会的关系的特征，促进了一个科学空前繁荣时期的产生。的确，科学研究是一项十分严肃的活动，它需要科学家以严谨的态度、求真的精神和诚实的劳动去进行操作和探索。科学家是时代脊梁，其思想代表着人类文明的发展方向，其行为当成为全社会成员仿效的楷模。

但是，如同其他道德规范一样，科学道德的作用有其自发性和自觉性，而要让漂泊不定的自发作用转向稳定长恒的自觉遵守，就需要通过各种新闻媒介和行政、科研机构的宣传教育，强化科学家的职业特色教育、科学态度教育和社会责任感教育，弘扬科学精神，努力营造出一种良好的社会氛围，使科学家尤其是刚步入科研领域的硕士研究生、博士研究生们能正确对待优先权、竞争压力以及光彩诱人的名利实体。同时要弱化科技成果数量等于贡献大小的价值取向，不能完全将论著与实际的工资、奖金、职称、住房等待遇挂钩。对于成果少但却在自己的领域默默耕耘、诚实劳动的科技人员也应积极鼓励，充分理解，不应以成败论英雄。

2）极力挑选负责的同行专家

我国现有的同行评议专家库成员或者一个科研团体、一所大学的学位委员会与职称评定委员会成员的挑选，往往侧重于看其是不是这方面的权威，或是不是院士、博士研究生导师或知名教授，即一般从专业水平的角度来遴选同行专家。平心而论，专家也是人，他们也无法避免专业以外的各种非学术因素的干扰。因此，作为一个负责任的评议专家应最大限度地消除这些不良因素的干扰，严格遵守评议原则，公平公正地做出评议。

3）大力提倡严谨的工作方式

每位专家都应本着认真负责、严谨求实的态度对待评审，以科学成果本身的价值作为评判的唯一尺度，严禁把科研人员的年龄、性别、学历、行政职务、师徒关系、所在单位等个人因素作为附加条件，坚决杜绝同行专家将评审权利作为追求金钱、讨好上司、卖弄人情的工具。

4）努力健全完善调控体系

任何一项科学研究，从选题、研究、发表论著直到成果认可等各环节上，如果研究者素质低劣、修养较差，或认可者不负责任，都可能导致作伪。因此，在积极从正面教育着手以期内化主体意识的同时，还须从外部调控方面严格加以管制。如申报选题时应要求作者说明思想缘由，以防剽窃。发表论著时应要求作者对其实验结果的客观可靠性做出承诺，必要时应提供原始数据以便检查核实。论文署名的规则也应法规化，如什么人可以署名，什么人为第一作者，什么人只能在文中致谢等都要有硬性规定，署名者的具体分工情况也应交代清楚。

二、技术的社会控制

技术发展使人类不断获得征服自然的新力量和财富，并享受到技术进步带来的种种好处，但也使人们面临着技术的挑战。一方面，技术的发展使人们面临不少困难选择：核能可为人类获得无穷无尽的能源，但核装置的爆炸，可以使数十万人瞬息丧生；基因工程的问世，可以为人类带来取之不尽的财富和改造自然的新手段，但人工新物种的出现和重组 DNA 在生物体内自我复制一旦失控，其后果远比原子弹爆炸对人类的危害大得多；计算机的高速发展和广泛应用，使高效率成为现实，但也带来了更为复杂的治安和犯罪问题……以上只是技术对社会产生影响的几组特写镜头，实际上，技术发展给社会带来的负面效应远远不止这些。种种事实表明，技术发展的社会后果具有与生俱来的双重性。另一方面，技术自身的迅速发展及其对社会的深刻影响，已构成了极为复杂的社会关系系统。从国家对科技事业的宏观管理，到技术人员具体的研究开发活动；从研究开发的成果权属确认到成果推广应用中的利益分配，其间的各种社会关系都反过来影响到技术的发展。于是，通过一定的社会控制手段，对技术发展的社会后果进行适当控制，以保障技术进步，充分实现技术的功利，同时加强对技术活动的监控，防止技术进步的负面效应，自然受到当今社会的普遍重视。

（一）技术发展的社会后果

技术发展的社会后果包括两方面的含义：一方面是指技术在发展过程中对社会经济环境所产生的影响，另一方面则指技术发展对社会生态环境产生的消极作用。

技术在发展过程中对社会经济环境会产生一定的影响。技术是在一定的社会环境中生长的，技术自身又受到社会组织、人际关系、技术工作者的精神状态、社会对技术的认知程度、社会道德等因素的制约。这些社会因素从技术内部和外部牵制着技术的活动和发展状况，如果这些因素之间关系处理不好，就会严重阻碍技术的发展，并对社会经济产生消极影响。这些消极影响分别在技术发明、技术应用、技术改造和技术引进等四个阶段中不同程度地表现出来，严重制约了社会经济的全面发展。

第一，从技术发明的过程来看，一项技术发明成果若想得到社会承认，被社会所接受，还必须考虑技术发明的特性与其应用的社会环境相适应。目前我国技术发明成果数量不可谓不多，水平不可谓不高，但在社会接受方面却不尽如人意，其中一个重要原因就是发明创新成果的技术特性与我国的技术社会环境不相适应。我国许多技术成果的创新目标是国内领先、国际水平，这个目标本身无可挑剔，但水平本身不是目的，关键是如何转化为现实的生产力，如果技术发明的水平很高，但缺乏在国内工业领域应用的现实基础，这样的成果只能"束之高阁"。

第二，技术的应用与推广。这同样也是一个社会化过程，因此，必须对它进行有效的社会控制，使技术成果变为与社会相容的技术，否则，就会出现技术自身的毁灭或对社会经济产生不良影响。例如，英国工业的衰落并非由于发明不多，在浮法玻璃和纯氧顶吹转炉炼钢法等方面，英国的纪录并不低于其他国家。但由于社会、政府、经济和文化等因素的作用，许多发明在英国却自生自灭了。目前，我国科技成果在走向企业、走进社会的过程中，出现了一种社会化的"断层"现象，即大量的发明创新成果沉淀，不能用于生产，在从技术发明到技术应用的过程中出现中断。

第三，随着社会生产的发展，技术改造的形式也发生了相应的变革，在科学技术日新月异的今天，以技术寿命为基础的技术改造已成为一种发展的必然趋势。因此，面对这种趋势，我国应该顺应技术改造从低级向高级发展的客观规律性，正视"技术有效寿命"日益缩短的现实。企业技术改造本来是促进技术进步和提高经济效益的重要途径，为何有些企业不但目标没有实现反而造成亏损呢？对这个问题的分析，仅从技术改造本身去探求原因是不够的，同时还必须从技术发展的社会环境去研究为什么技术改造的目标没能在社会中实现。

第四，在现代技术引进中，引进技术的社会相容性如何，能不能实现本土化，往往与技术输出国和技术引进国之间的"技术位差"有很大关联。我国一些大中型企业引进技术情况的调查统计结果表明，引进技术的正常使用率和维持保养率较好，而在消化、吸收和创新指标上却不尽如人意。其原因除了不重视消化吸收以及在这方面的投资费用比例较低外，引进技术的水平和消化吸收能力之间的"技术位差"也是一个重要因素，其道理正如日本的斋藤优教授所讲的那样，即已有的传统产业和原有的技术基础如果与引进技术相差太远，超过了原有技术吸收能力的范围，这种技术引进来也难以消化吸收，因为需要引进的技术几乎很少是与原有技术无关的。

由此可以看出，在技术发展过程中，企业和国家若不注意技术与社会诸多因素的协调，就会不同程度地对企业和国家的经济环境产生负面影响。这种技术发展的社会后果提醒我们，在技术发展的每一环节中，我们必须对相关的因素进行有效的社会控制和社会调适，使技术与相应的社会环境相适应，这样才能从根本上消除技术发展对社会经济环境带来的消极影响。

技术发展对社会生态环境也会产生一定的消极作用。技术是创造人类文明、推动历史和改造社会的力量，这是毋庸置疑的。但是，在技术发展的过程中往往会产生超越技术本身目的的社会后果，并且技术在不同的条件下会产生不同的作用。这些后果有些是积极的，有些是消极的，有些是直接的，有些是间接的。技术给社会带来的消极影响，主要表现在以下几个方面。第一，环境污染。比如工业废水废气、农药、汽车尾气、电磁辐射、核废料造成的环境污染。第二，生物生殖技术所造成的社会伦理问题。例如试管婴儿、器官移植、克隆技术、胎儿性别鉴定等技术各从不同侧面对社会文化产生了十分沉重的消极后果。第三，高技术事故与高技术犯罪。例如，核技术事故（切尔诺贝利核泄漏）、高水坝设计事故（埃及的阿斯旺水坝事故），汽车事故与汽车犯罪、计算机犯罪等。西方学者将上述技术直接或间接对社会产生的消极后果称为"技术灾害"，并且进行了一定程度的研究。

另外，现代生殖技术对我国社会产生的不良后果，必须引起有关部门的高度重视。近年来我国一些城市开展了人工授精术，以解决男性不育问题。但这种生物技术直接会产生下列不良社会后果：①若未采取相应措施，用同一供体的精子受孕，其后代有可能恋爱结婚，造成近亲婚配；②如没有相应的法律程序，会发生男性不承认用供体进行人工授精产出的子女等法律纠纷等。

由以上分析可以看出，西方发达国家随着科学技术与经济的高速发展，技术对社会造成的不良影响和灾害已经成倍地增加。技术越发达，造成的技术灾害也越严重，即技术给社会带来的灾害与福利在一定程度上成正比的关系。技术发展给发达国家造成的这种双重结果，对发展中国家是一个重要的借鉴。我们必须在经济发展的早期，对技术发展做出有效的社会控制，这本身就是在扩大和增强技术对社会的积极作用。

（二）技术的社会控制手段

为了更好地控制技术的社会后果，确定相应的对策，必须建立相应的社会控制机制。

第一，应该在立法机构建立技术评估委员会，对有关行政机构或所属企事业部门所采用或推广的技术进行评估。行政机构也应就某个项目的评价建立部级或局级委员会。这些委员会可以是临时的，也可以是常设的。例如我国要发展轿车、建设三峡电站，可以由有关各部联合建立特设技术评估委员会进行评估，除了技术、经济方面的评估外，应着重进行社会、伦理（包括生态环境）方面的评估。立法和行政的技术评估委员会可就控制有关技术的社会后果制定法律或条例。例如我国拟开展有关优生优育的规划，这是一项社会技术。除了评估在技术和经济上是否可行外，要对这项技术可能产生的社会伦理后果进行评价，并制定相应的控制措施。

第二，要建立从事研究技术评估或与技术评估有关的研究机构。可在全国若干有条件的科学技术和社会研究中心或生命伦理研究所，委托科研人员对若干拟开展或已开展的技术项目的社会后果进行评估，提出研究报告。也应该鼓励他们就技术评估的概念、理论、方法诸问题进行探讨和研究。

第三，在以技术工程为主的大学、学院或研究机构，建立审查委员会。这些单位中的审查委员会可称为技术伦理委员会，在医院中可称为医院伦理委员会，对有关技术进行评估，做出相应的决策。这种委员会可分两种：一种由不同单位的同类技术专家组成，进行评议；另一种由不同单位的不同学科专家组成。从全面考虑问题的角度出发，一般不由本单位的同类专家进行评议。

第四，媒体在社会控制中可以起到很大作用。新闻界对于某项技术使用不当或控制不当引发的事故的报道，即所谓"丑闻"，往往可反过来对技术的社会控制起积极作用。但这要求媒体的记者和编辑拥有科技和社会相互作用的知识，同时要努力独立于技术发明者和推广者的利益，力求报道客观而公正。

第五，法院的作用。技术引起的某些严重社会后果应提起民事诉讼，由法院进行判决。判决适当对技术的社会控制可起良好作用。这要求有关律师和法官对科技和社会的相互作用关系具有一定的理解。

第六，研究准则。有关学会或研究会可以对某项技术的应用和推广制定行动准则。例如医学会可对有关人体实验、器官移植、人工授精等技术的应用为医护人员制定行动准则。

第七，对有关技术专业的工作者和学生进行技术伦理或生命伦理的教育。例如，在本科生和研究生中开设"技术哲学""科学、技术与社会""生命伦理学"等课程，对在职人员，尤其是行政管理人员进行继续教育等。

总之，当今生物技术、网络技术、智能技术等一旦政治化，可能导致人类社会超越"技术异化"，而直接蜕变为简单的动物群落，所以，只有人民群众，尤其是青年人，尽快觉醒和团结起来，建立与生物技术、网络技术和智能技术相适应的政治文明制度，消除现代科技双刃剑的负面作用，把生物技术、网络技术和智能技术等改变人类命运的现代技术用于造福于人类，我们才能实现人类社会的伟大飞跃。

第四章　科技新闻的产生与发展

科技新闻在新闻领域里所占比重虽然不大，但它是人类很早记录的在大自然中的斗争历程的新闻品种。人类在刚开始的生产活动中向大自然索取人类生存的基本用品，但伴随着对自然现象的认识和描述，早期人类把观察到的自然规律进行相互转告，形成了人类早期的科技报道。历史以科学技术的不断创新向前推进，在每个历史阶段，科技及科技新闻都发挥着重要作用。科技新闻的历史，实际上就是推广科学技术的历史。

第一节　口传科技新闻时代

在原始社会，由于缺乏真正意义上的媒介，严格地讲，此时的信息传播还不能叫作新闻。也就是说，人类有了方位和时间观念，口头告知的内容只能称为信息传播，而不是真正意义上的新闻。所以，在报刊诞生之前，种种类似新闻的口头符号和文字信息乃是新闻的雏形。

远古的人类过着狩猎和采集的生活，只会制作简单的工具。当我们的祖先发现石头可以砸成锋利的锐器，对动物产生致命一击的效果时，就开始了一次次简单的探索。后来，人们在一次一次偶然的行动中，把石器打成了碎片。仔细一看，打碎的地方都有尖锐的棱角，这几个碎片居然都成了很好的石刀。那时候他们欢呼雀跃，相互谈论这个新奇的发现。这就是原始科技新闻的雏形。

在新石器时代，人类的科学发现一桩接着一桩。钻木可以生火，黏土能烧成陶器，种子撒在地里会发芽，人们进而驯养植物，将其变成粮食，他们把自己的发现告诉同伴并留传给后代。生存需要为原始的技术信息传播提供了动力，不断扩大的传播范围使人的生产技能一天天提高。由此可见，口语科技信息传播是在生产力低下、尚没有文字出现的原始社会产生的，是人类先祖在茹毛饮血时代传播简单的生产经验的行为。人类最初的传播活动，是在语言产生后开始的。

口语科技信息随着人们的足迹逐步传递，以比较迟缓的速度扩展自己的空间。原始人的生活环境十分险恶，随时都可能受到自然灾害和野兽的袭击，不得不经常迁徙。口头科技信息只有在原始人不断的长途跋涉下，才具有真正的传播意义。由于部落的迁徙，信息流动和科技发现在全球普及开来。在旧石器中期，分布在亚洲、非洲、欧洲的先民们先后懂得用压制方法从石头上取下石片，然后进行第二步加工，原始的手斧退居次要地位。人类学会用陷阱捕捉动物，或将猛兽逼上悬崖使其坠死。这些"新技术"，随着人类在地球上的流动，以及口语新闻的方式，传到亚洲、非洲、欧洲等，使新型工具和谋取食物的方法不断传递，形成了氏族社会初期的原始文化。

农业生产技术也是通过口语新闻得以传播。人类进入新石器时代后，由狩猎和原始采集向农业生产过渡，首先发生在尼罗河流域。大约在10000至7000年前，中国和亚洲东南部的其他国家也从野生植物中选种"五谷"。随着古人类的迁徙，人们不断把粮食品种和陶器及其他农业生产工具传到新的地区。中世纪末，人们还通过口语新闻把先进的农业技术传到地球的另一半，比如玉米起始于美洲，后来传到亚洲和欧洲；水稻最先在亚洲种植，后渐渐传到欧洲和美洲。这些农业技术的传播有的是通过口语新闻实现的，人们边介绍边种植，示范和口传新闻完美结合，推广了先进的生产经验。

在中华民族祖先生活的年代，口头科技信息传播就十分盛行。从几千年流传下来的中国神话中，可以看到我们的祖先战胜自然、征服环境的原始科技活动。当他们的大脑发达到通过思考改变自然物的形态，创造有效地获取温饱的方法时，技术探索就以古朴、粗犷的方式滋生出来。新发明、新发现一旦产生改造自然的效果，人们就以极大的喜悦来口传这种效果，以此获取和积累了世代相传的口语科技信息。

原始人对宇宙形成的理解，一代一代相传下来，成为中国古老的科学传说。

口语科技信息不仅提高了原始人的创造力，而且在流传中把氏族部落联合为整体，提高了人类的生存能力，创造了人类社会。比如，原始人要抬走一棵倒地的大树，大家必须互相配合，巧用杠杆原理，这就需要交流思想，用有声的语言把最省力的方法告诉大家，把人的劳动力技能提高到协调、互补的状态，孕育出最初的生产关系。口语科技信息简单而神奇地创造了人类社会，成为社会发展的重要因素，人之所以做到这点，首先和主要的原因在于手。[1]但是随着手的发展，人类的头脑也一步一步地发展起来，首先产生了对个别实际效益的条件的意识，而后在较好的氏族中间产生了对制约着这些效益的自然规律的理解。口头科技信息是原始社会人类对自然规律的认识，既是对自然规律的理解，也是对这种理解的相互认同。

口语科技信息具有实时性，也就是说，当时的事，历史一旦久远，时间的概念便非常模糊。口头科技信息从远古至电子时代，都是科技传播的重要形式。人类即使发明了最先进的传播手段，也没有用有声语言进行面对面交流那样自然、方便。因此，除了远距离交流，口头科技信息将会不断延续下去，尤其是农业科技信息。

第二节　手抄科技新闻时代

从新闻学的角度来说，只有以文字记载的科技信息才能被称为完整的科技新闻，因为它具备三个新闻要素：何时、何地、发生了何事。文字记录发生的事情，目的是使人知晓发生的事件是什么、事件发生在什么地方，这就具有了新闻的基本内涵。

在中国，今天可以查阅到的手抄科技新闻大约发生在商代。《竹书纪年》载有夏代帝发七年泰山发生地震，夏桀十年（约公元前 1580 年）"夜中星陨如

---

[1] 恩格斯. 自然辩证法[M]. 中共中央马克思恩格斯列宁斯大林著作编译局编译. 北京：人民出版社，2018.

雨"①，是世界上较早记载流星雨的科技新闻。《周易·革》载有"泽中有火"，《周易·未济》载有"火在水上"，表明我国人民在商周之际可能发现天然油气的燃烧现象。周初为了选建洛阳城址，人们曾绘制了洛邑一带的地图（《尚书·周书·洛诰》）。《诗经·小雅·十月之交》生动地记载了公元前780年陕西一带地震引起的山崩及地壳变化等现象："烨烨震电，不宁不令。百川沸腾，山冢崒崩。高岸为谷，深谷为陵。"

另一个古代文明国家埃及，在公元前4000年左右创造了象形文字，在草纸上记录了计数的十进位法，描述了许多人的病状及疗法，报道了尼罗河水涨落带来的自然界变化，这都是世界上较早的手抄科技新闻。手抄科技新闻延续了几千年，横跨整个奴隶和封建社会，把口语科技新闻大大向前推进了一步。

公元前数千年古埃及人建成金字塔，古巴比伦人提出一套数学概念、中国人掌握了完美的冶铜技术时，科技新闻的传播已经十分频繁。考古学家发现，在我国甲骨文问世不久的殷代，就有关于十进位制技术的天干记日法以及对彗星现象的记录。《诗经》不仅记载过日食现象，而且还介绍了种类繁多的植物和动物，对地震等自然灾害的描述也明显增多。最初的文字只有简单的符号，也许是用来记录天文现象、计数和病症的。实际上，文字的起源和科技新闻传播有直接的关系，甚至可以得出这样的结论：象形文字起源于记录自然现象。由于文字是记录生产活动和原始科技新闻的最早符号媒介，而用文字记载政治事件、宗教活动和娱乐则是后来出现了大量意义抽象文字才能办到的事，所以，承担传播社会新闻的任务，是文字抽象化发展的必然结果。

苏东坡不仅是我国古代大名鼎鼎的诗人，还是一位杰出的科技新闻传播者。他对农学、医药学、冶金、机械等均有悉心的研究。他撰写的《物类相感志》中，记载了多种果品的贮藏方法和日常生活的科技常识。他收集的医方，被后人与沈括的良方结集在一起出版，称为《苏沈良方》。英国剑桥大学学者李约瑟博士编纂的《中国科学技术史》一书中称"活塞唧筒"是由传教士在16世纪中叶传入我国的，其实，活塞机器的最早发明和使用不在欧洲而是在中国。《东坡志林》卷四《井河》中记述了苏轼家乡四川省眉山市一带盐工采用活塞

---

① 路甬祥. 走进殿堂的中国古代科技史（上）[M]. 上海：上海交通大学出版社，2009：98-103.

取盐的方法,就是"活塞唧筒"。用多根巨竹相连插入盐井中,构成"竹筒汲卤器"。竹筒底部开孔,孔上悬缀一片加工过的皮线,成了自动开关的活塞阀门。当唧筒深入井下卤层时,由于卤波的压力,因此皮线开启,卤水随即涌入洞内;当唧筒被提举上升时,皮线在卤水重力作用下自动关闭。这是活塞机械原理在我国北宋时期的应用,也是世界科技史上活塞机械工艺的最早发明。[1]

手抄科技新闻以文字记录为特征,传播效果不再由于口语传播环节的改变而发生变化,强化了传播内容的稳定性。口语新闻经过几个人或几代人的传递,难免产生信息变形,内容失真。文字记录使科学发明全部传递到不同社会环境和不同时代,人类的科技创新在更大时空范围内精确地传承下来,不仅传播得更广泛,而且具有更高的精确度。手抄科技新闻的出现,反映了人类社会生活的进步和探索自然现象能力提高的程度。当有越来越多的物质现象被人们所认识,从而发明复杂的生产技术,创造更多的物质成果时,仅用口头语言已是远远不够的,何况不是人人都有良好的记忆和卓越的口才。为了跨越时空传播知识,人类不得不创造文字,运用文字记载科技发现。因此,手抄科技新闻的出现是生产力发展的必然结果,也是人类提高知识传播效果的需要。纸张取代竹简、丝帛成为主要信息媒介以及印刷术普及之后,记载在书中的一些科技信息,已经十分接近后来的报刊科技新闻的形式。这些文字在战国时代的《列子》、战国时期至汉代初的《山海经》、宋代的《梦溪笔谈》、明代的《天工开物》《本草纲目》《徐霞客游记》(后人整理)中都可以见到。

从奴隶社会到封建社会,手抄科技新闻大都以"书籍"的形式传播,记录多种科技发展和奇闻趣事。唐代张𬸦在《朝野佥载》中曾记述过这样一件事,有一个叫杨务廉的巧匠在沁州制造了一个木僧,这个木头和尚手执一碗,自能行乞。当时人们向"他"的碗里投放铜币时,"他"就恭恭敬敬地点头,说出"布施"两字,沁州城居民纷纷前往察看。[2]这是我国制造机器人的最早技术萌芽,这条消息如同这一科技创举一样,使今人无限感叹。《水经注》是一本内

---

[1] 苏轼. 东坡志林[M]. 西安: 三秦出版社, 2003.
[2] 段启明. 中国古典小说艺术鉴赏辞典[M]. 北京: 北京师范大学出版社, 1991.

容庞杂的科技"新闻集",记录了许多科技新发现。比如,公元5世纪南北朝时,"屈茨北二百里有山,夜则火光,昼日但烟。人取此山石炭,冶此山铁。"这是一则古代炼铁的消息。①

在外国的科学书籍中,记载类似的新闻事件也不胜枚举。罗马帝国的普利尼(23—79年)收集奇异的自然现象和各种资料,写出了37卷的《自然史》,采集了丰富的科学发明和自然界的异变。他特别重视自然灾害的描述和分析,记述手工业和农业生产方法及生产工具的使用,还大量记录了化学反应过程、处方、化学元素和化合物等知识。普利尼没有到过中国,据史料记载,当时还没有一个罗马人到过中国,但在他的书中却描述了中国的丝"是一种在树上结成的绒",说明中国的科学技术不知由何种渠道传到了欧洲。普利尼本人不是科学技术发明家,而是科学技术的传播者,他提供的科学信息为欧洲自然科学的早期发展奠定了基础。

第三节 印刷科技新闻时代

总而言之,在报刊出现之前就有了真正的科技新闻。新闻有了导语,概括了事件的发生过程,形成了短小、精辟、明晰的叙事结构。跨国跨洲的手抄新闻是通过书稿传播的,类似今天的"见闻"形式。意大利著名旅行家、探险家马可·波罗(约1254—1324年)曾将在中国的见闻辑录为《马可·波罗游记》(亦称《东方见闻录》),在西欧传抄200多年,直到15世纪才出版。书中记载了不少科技新闻,包括数以千计的珍禽异兽、奇花异草、珍珠宝石等。意大利安科纳市的一名犹太商人雅科贝,于1270年前往中国,后来写了一本名为《光辉的城市》的书,书中叙述了他跨越沙漠、大海和城镇到达中国的非凡经历。这本书在7个多世纪里一直未曾付梓。英国哲学家戴维·赛尔伯恩在1996年2月18日的《星期日报讯》撰文,公布了这一发现,他当时把这本用13世纪的意大利文写成的书译为英文,计划在英国出版。赛尔伯恩说,他是从一位不

---

① 郦道元. 水经注[M]. 陈桥驿, 译著; 王东, 补注. 北京: 中华书局, 2009.

愿透露姓名的老收藏家手里获得这些手稿的。这位收藏家之所以给他，是因为收藏家"不信任"意大利研究人员。这份手稿共约 280 页，写在羊皮纸上，用 18 世纪的绣花丝带系成一本。这本书写得生动，有很多拉丁文和书面及口头希伯来语的痕迹。

虽然古代科学家有把科技信息及时报告给世人的强烈欲望，通过文字尽快让人知晓某时某地发生的自然趣闻，但是，古代在很长一段时期内没有定期出版的报刊，当时的科技新闻无法系统保留下来。所以，用报刊的形式传播科技新闻，实际上是完成了从手抄到印刷物的过渡。中国被公认为是报纸的诞生地，在唐朝（公元 9 世纪）就已出现统称为"邸报"的手抄报纸。这种原始"报纸"从唐代到宋代，再至清初，历经 1000 多年。唐代邸报以手抄为主，实际是"新闻信"，从宋代起开始印刷，其所登载的内容始终是以朝廷"大事"和各路官吏的奏折为主要内容，未给民间千姿百态的科技活动以应有之地。但在臣僚的章奏中，偶尔出现关于自然灾害或某些自然现象的叙述，载入邸报，间接发挥了科技新闻的作用。

清代邸报上的科技报道罕见，不过，从清人著作中仍可觅得一些记载。秦笃辉所著《平书》卷四《物宣篇》中关于地震、神兽的记述即是一例："道光十年庚寅岁，直隶地震。邯郸城外，裂一穴，渐大，有兽从中跃出，大牛数倍，逐人而食，血流满野，刀铳不入，后入深山饿死，皮骨仅存，剥其皮，厚数寸，莫得其名，邸报只曰神兽，形略似羊。孔子谓土之怪曰蟦羊，或此类也。人从其穴，以绳入之数十丈，莫得其底。物遍身泥浆，不知从何着脚，又从何跃出。土人云：物性憨，故易避。"道光十年的直隶地震，也从其他著作中得到了证实。

科技新闻在这类官办官看的"报纸"中可谓寥寥无几，民间的发明创造，邸报上还未见记载。中国不仅有"四大发明"贡献于世，而且还产生了无数自然科学理论和技术上的发明与创造。指南针用于航海、火药用于战争，毕昇的活字印刷术本该在邸报上出现，遗憾的是却被邸报付诸阙如。诸多科技短文，如沈括的记述，本该先在报纸上出现，但由于自然经济状态下，百姓对科技的忽视，再加上官方把民间科技视为淫技邪说，因此很难在邸报上找到一席之地。

第四节　近代社会的科技新闻

近代社会从资本主义萌芽形成到发展壮大，大约经历了三四个世纪。14 和 15 世纪的欧洲，随着生产技术的提高、劳动分工的扩大、商品数量的增多，资本主义意识形态在意大利沿海、德国内部和法国南部首先孕育而出。

从世界范围看，近代的新闻传播最早始于 15、16 世纪意大利、德国等地出现的手抄新闻和新闻书。在中国，公开叫卖并接受订户、相对定期印刷的报纸，是在明代以后出现的。较多地出现在报刊上并有据可考的科技新闻，是在 17 世纪以后出现的。由此，我们认为，参照新闻史学家的意见，把 17 世纪至 19 世纪末这段时期，称作近代报刊时期是比较妥当的，科技新闻就是在这一历史时期成为报刊上的重要新闻内容的。

一、近代西方的科技新闻

约在 16 世纪便有定期的新闻书，在意大利叫"一分钱报"（统称"威尼斯公报"），在荷兰、英国叫"科兰特"（Coranto）。这类报纸有的手抄，有的印刷，经常报道科技消息。约在 16 世纪末 17 世纪初，荷兰一个制造镜片工匠的孩子拿两块镜片玩耍，当把两个镜片重叠起来看时，发现远处教堂的塔尖变大了。这一现象启发了工匠，开始制作望远镜当作玩具出售，"科兰特"刊载了这条消息，是西方较早的科技报道。当伽利略制造了效果更好、能放大 32 倍观察太空的望远镜时，《星际通报》上公布了他观测的结果，这一新闻曾使当时整个欧洲轰动。文艺复兴是"空前未有的知识发酵"，人文主义和科学唯物主义者，同当时的迷信、偏见、经院哲学和神学进行了坚决的斗争，对人文知识和自然知识的探索和创新，在人类知识史上留下了深刻的烙印。英国唯物主义和整个现代实验科学的真正始祖培根明确提出了"知识就是力量"的口号。培根的主张告诉人们，注重科学能够推进人类社会的进步，他认为，必须给人类的理智开辟一条与以往完全不同的道路，提供一些别的帮助，使心灵在认识事物的本性方面可以发挥它本来具有的权威作用。[①]从此，西欧的科学报刊开始问世。近代著名科学报刊诞生在西欧科学技术较为发达的国家，最有名的是1665年1月5日法国参议员德萨洛在巴黎创办的《博学者报》（周刊）。该刊是世界上第一个连续出版的学术定期刊物，主要报道物理、化学、数学以及力学方面的最新发现。1701年该刊一度停办，后再由法国科学院赞助复刊，于1724年改为月刊（出版至今，又译《学者杂志》《法国科学家杂志》）。同年3月，伦敦出现了英国皇家学会的会刊《哲学汇报》。当时的"哲学"是对物理学、天文学、数学等纯自然科学理论的统称，这份刊物连续刊登科学信息。也是这一年，在荷兰的阿姆斯特丹诞生了以科学和文学为主要内容的《荷兰科学新闻》，报刊上出现了"科学新闻"[②]的字样。这三种报刊是世界上第一批刊登自然科学信息（包括书讯）的新闻媒介，产生于"科学复兴"的年代，体现了科学发现和科技新闻发展之间相互促进、共同繁荣的关系。

如果要确定一位科技新闻的积极倡导者，不得不把亨利·奥登伯格的名字写在前边。《哲学汇报》的创办者英国的奥登伯格是科技新闻的开山鼻祖。奥登伯格当时任英国皇家学会秘书。在他创办这份刊物之前，科学界的信息交流主要通过个人交换信件和论文进行。奥登伯格懂得多种语言，把欧洲不同国家的科学发现刊载在这份刊物上，大大提高了科学消息的阅读率。他曾阅读过荷兰服装师安东尼·凡·卢温霍克的上百封书信，并在刊物上报道了该服装师利用显微镜在水滴中看到的奇妙现象。此后，欧洲其他国家一些报刊也相继刊登了这类从书信中翻译过来的新闻。此外，法国的《斯卡文新闻》也刊登地理、化学、植物、天文、建筑方面的消息和文字。俄国的《圣彼得堡新闻报》也是一份大量报道科技新闻的报纸。

18世纪以前的美国处于英国的统治下，美国有些报刊的创办者来自英国。1690年，来自英国的本杰明·哈里斯创办了第1份美国报纸《国内外公共事物》，该报纸对波士顿出现的热病、疟疾、天花等病灾进行了报道。

手工业生产终于导致了以蒸汽机为开端的工业革命的到来，使人类社会发生了根本性的变化，与此相随的科技新闻也开始成为大众报刊的重要内容。

---

① 弗朗西斯·培根. 学术的进展[M]. 刘运同, 译. 上海: 上海人民出版社, 2007.
② 汉语中"科学新闻"意同"科技新闻"，但涉及翻译时，根据具体语境选用其一。

1818年,《美国科学杂志》创刊,把当地科学团体的活动列为主要报道内容。在19世纪,科学与技术以严谨和激情两种形式出现在新闻报道之中。在约19世纪60年代,德国一家刊物《雅典娜神殿》发表了有关达尔文物种起源理论的阐释文章。

19世纪后期,欧洲和美洲的报纸刊发了一些著名科学家的讲演,例如,在1872年,《纽约论坛》就用一个专辑刊载了约翰·廷德尔的物理学演讲,售出5万份以上。1845年创办的《科学美国人》则把注意力集中到创造发明专利和工程技术方面。在世界各地的发明家竞相研究和发展交通工具的背景下,以及世人对机动车辆的需求及积累的技术条件下,汽车终于诞生了。火药引擎在1800年取得专利,而活塞式内燃机则是19世纪的产品。1844年,查尔斯·古达易的轮胎制造取得橡胶硬化的专利权。翌年,古达易轮胎又在英国获得专利权。到了1876年,在费城的百年纪念展览中,他展出一种利用压缩燃油的双循环固定动力机,这部引擎引起了纽约专利权律师赛以特的注意。他申请了美国基本型的专利,在1896年被批准。

1872年《大众科学》月刊创刊,此后不久,1878年出现了《科学新闻》杂志,后来发展成周刊。该刊主编威科夫同时兼任《纽约先驱论坛报》科学会议的报道记者。此时,科技新闻同大众化趣闻戏剧般地糅合在一起。1895年德国科学家伦琴发现了X射线,用来观察人的骨骼和肉眼难以见到的内脏。新闻界大肆报道这一科学发明的同时,还刊登了许多似是而非乃至荒唐可笑的消息。甚至连《柳叶刀》这样的英国著名医学杂志也建议:男性每天早上用小小的阴极射线管照射一下脸,就无须刮胡子了。需要指出的是,到19世纪末,随着交通和印刷技术的进步,科技新闻的传播速度已相当快,以X射线为例,伦琴于1895年年底公开了这一发现,1896年年初的维也纳《新闻报》公布了这一研究结果,几天后,欧美的重要报纸几乎全都刊载。

与此同时,科技新闻也出现了分化:一种是所谓纯科技新闻,主要以职业科技人员为读者;另一种是追求新奇、趣味和刺激的科普趣闻,用来吸引一般读者以扩大报刊发行量。后一种主要出现在大众报纸的版面上,尤以美国的本杰明·戴、赫斯特和普利策等报界巨头所办的报纸为代表。后人称他们刊载的是"哎呀科学"(Gee Whiz Science),即所报道的科学消息让读者吃惊以至于发出"哎呀"声来。这种猎奇倾向不可避免地导致了伪科学报道和编辑记者对新闻事件的夸张。例如,《纽约时报》1835 年曾报道说,天文学家约翰·赫谢尔爵士曾观察到月球上有形似蝙蝠的人类。事后报纸承认这是一条"有欠考虑"的新闻。[1]1844 年,居然出现一则乘气球三天横渡大西洋的新闻;地球变平了;一个有胃的男人可以不吃东西而活,另一个没胃的女人没有消化力却能吃东西;如此等等。

二、近代中国的科技新闻

中国科技新闻见诸报端及科技传媒,始于 19 世纪。西方传教士创办的中文报刊登载的科技新闻,以传播西洋文明为"使命",介绍了大量西方的科学知识和发明。随后,中国人自己办的报刊也开始重视科技新闻。科技新闻传播是科学发展程度的体现。中国的近代科学不是对中国传统科学的继承,而是西方科学传播的结果,这种现象被学者称为"西学东渐"。这一过程大致可分为以下三个阶段。第一,与传教活动相结合的渗透式传播。这种传播有三次高潮,第一次在明末,第二次在清代康熙、乾隆年间,第三次在鸦片战争之后。主要传播者是传教士,传播范围极为有限,传播科学的活动与传教活动混为一体。传教士的合作者是中国的知识分子,不久便与清廷上层发动的洋务运动衔接起来。第二,为洋务运动服务的教化式传播。开始于 19 世纪 60 年代的洋务运动,出于培养外交人才和学习"坚船利炮"的需要,翻译出版了许多科技书籍。京师同文馆除教授外语、数理化基础、航海、采矿等课程外,也鼓励师生译书。江南机器制造总局的翻译馆由中国人负责,聘请外国传教士口译,中国人笔录,总类分为格致、化学、制造三个方面,有关这类知识的报道同时在报刊上出现。第三,以救亡图存为目标的社会启蒙式传播。中日甲午战争后,资产阶级改良派登上历史舞台,急于向西方学习,重视西学。梁启超提出"国家欲自强,以多译西书为本"[2]。他们极力主张通过译日文书籍来了解西学,以留日学生为主体,着眼于国内需要,建立翻译机构,增加了传播

---

[1] 李磊. 外国新闻史[M]. 北京: 中国人民大学出版社, 2013.
[2] 梁启超. 变法通议[M]. 北京: 华夏出版社, 2002.

渠道。这时，从科技书籍到科技新闻报刊，传播的主导权实现了从传教士到留学生的转变，传播范围虽大大扩展，但受中国文化状况的限制，主要影响仍在知识界。

中国境内出版的第一份中文近代报刊《东西洋考每月统记传》，于1833年8月在广州创办，侧重登载工艺、农业、动植物学等科技知识，如《火蒸车》、《推务农之会》（指耕作方法）、《救五绝》（指急救方法）等近代科学成就和实用知识。《东西洋考每月统记传》的创办者，德国传教士郭士立曾著文说：该刊的"出版意图，就是要使中国人认识到我们的工艺、科学和道义，从而清除他们那种高傲和排外的观念"，"让中国人相信，他们需要向我们学习的东西还是很多的"。另外，据《中国新闻事业通史》（第一卷）介绍，英国人湛约翰于1865年2月2日在广州创办了《中外新闻七日录》，报道的科技内容遍及天文、气象、数学、物理、医学、工业技术等领域，刊有《论虹霓》《勾股弦幂论》《种痘说》《论雨非由龙王》等文章。[1]《申报》是中国近代影响最大、刊期最长的报纸，由英国人美查等创办于1872年4月30日，报纸上时常刊载科技报道。

专制统治难以遏制科学的进步，科技新闻成为推动中国近代科技进步的先声。19世纪末《申报》连续刊登：《吴淞口建造火车铁路以达上说》（1874年2月26日）、《论煤》（1874年4月21日，谈山西煤矿的开采价值）、《论铁路有益于中国》（1877年8月27日）；1985年11月17日报道在上海成立的中国最早的邮政机构，并阐述发展邮政事业对中国的益处；1897年4月3日详细报道卢沟桥至天津铁路的通车情形，并认为中国铁路建设从此将在全国兴起。1874年9月，《万国公报》也以介绍西方为主，传播了大量的西方科技知识。该报连续刊登《格物探源》《电报节略》《光热电吸新学考》等科普文章。其中《格物探源》一文历时两年，分43次连载才刊登完毕。

在近代中国报刊上，论说文占据很大部分，上面列举的《申报》文字，大都以论说文的形式出现。当时，似乎越重要的事越不屑于消息的形式，认为消

---

[1] 刘家林. 我国近代最早的中文周报——《中外新闻传播七日录》评介[J]. 新闻与传播研究, 1990 (2): 123-128.

息过于简单,会淡化问题的重要性。但其中叙述的事实很多是首次见报,这类文章同样具有新闻的特点。在近代中国著名报人中,提倡科技新闻,甚至提倡办专门的报刊传播科学技术也不乏其人。例如,著名报刊政论家郑观应曾建议清政府创办各种专业性报纸。他说:"若夫医学、化学、天学、电学、艺学、矿学,以及治兵课士、军装战舰,皆必另设一报,不惟详言其事,而且细绘其图,此又利世利民,而欲与天下人共趋于上理者也。"①在提倡西学的影响下,中国人自己办的报刊经常报道科技新闻。1897 年 4 月 22 日由湖南学政江标创办、唐才常等为主笔的《湘学新报》,注重实学、新学,开设有史学、掌故学、舆地学、算学、格致等栏目。中国女学会于 1898 年 7 月 24 日创刊的《女学报》,由康有为之女康同薇、梁启超夫人李蕙仙任主编,常刊纺织、缝纫机、蚕桑、显微镜方面的文章。著名翻译家严复在自己创办的《国闻汇编》(1897 年创刊,旬刊)上全文介绍英国生物学家赫胥黎的科学著作《天演论》,在国内学术界产生了深远影响。

我国最早的综合性自然科学期刊,当推 1876 年英国人约翰·傅兰雅在上海创办的《格致汇编》,该刊刊登论说文、科技新闻和通讯,凡西方科学技艺均有涉猎。中国著名科学家徐寿晋任该刊编辑。由中国人自己创办的综合性科学期刊是近代思想家、出版家家杜亚泉先生 1900 年在上海创办的《亚泉杂志》,共出 10 期,载文 39 篇:奇珍化学 23 篇,数学 5 篇,物理 4 篇,涉及博物、地震、养蚕等内容的文章 7 篇。该刊最早在国内介绍元素周期律及新发现的氦、氩、镭等元素,创造的译名有的沿用至今。与综合性科学期刊同时问世的,还有专业性的科学杂志。1872 年在上海出版的《徐家汇天文台观测公报》,专载地磁、气象、地震观测和研究方面的成果;美国传教医生约翰·G. 克尔 1880 年在广州创办的《西医新报》、中国博医会 1887 年创办的《博医会报》、罗振玉等 1897 年在上海创办的《农学报》(我国第一份农业期刊)、黄庆澄 1897 年在上海创办的《算学报》(我国第一份数学杂志)等,都占有重要位置。在梁启超发表于 1901 年的《中国各报厚佚表》中,还可见到《卫生报》《医学报》等。

---

① 郑观应. 盛世危言[M]. 长春: 北方妇女儿童出版社, 2001: 77.

第五节　20世纪的科技新闻及其发展

19世纪大众报纸登载的科技新闻数量很少，普通工人或家庭主妇极少成为科技新闻的读者。这种情况到了20世纪有了大的改变。科学的发展和一些与科学有关的重大事件的发生，促使科技新闻在传播媒介中占据越来越重要的地位。在美国，《纽约时报》是一贯重视科技报道的大型日报。曾是大学数学系高才生的卡尔·V. 斯克利普斯于1921年成立了"科学服务社"，专门向各报提供科技新闻。这个组织被美国的《推销科学》一书称为世界第一家专供科技新闻的"报业辛迪加"。

19世纪末20世纪初，在物理学领域内爆发了一场举世瞩目的大革命。在不太长的时间内，一系列新发现和新发明，动摇着经典力学和物理学的理论基础，开拓了现代物理学发展的道路，谱写了科学史上最壮丽的篇章。科学家们也不得不开始考虑他们所做的工作同自己周围的社会变革和经济现象有何种关系。科学影响社会变革而且也受这些变革的影响，普通大众开始关心科技新闻。1910年，美国莱特兄弟用动力飞机试飞成功后的第七年，日本人也驾驶飞机试飞成功。报纸的频繁报道，促进了普通民众对科学技术的普遍关注。1923年的日本关东大地震和1926年首次在日本召开的国际学术会议——第二届泛太平洋国际学术会议，进一步给日本的科技报道带来了活力。

20世纪初，中国还处在封建王朝统治末期，但改良和革命的思潮风起云涌，促进了新闻媒介大量涌现。据张静庐所编《清季重要报刊目录》记载，1900—1911年出版的主要报刊有300多种，科学和主要刊登科学文章的报刊也有进一步发展。除了19世纪保留下来的报刊，还有在上海创刊的《普通科学》（1901年）、《科学世界》（1903年）、《佘山天文年刊》（1907年）和张相文等在天津创办的《地学杂志》（1901年）等。

科技新闻在中国开始具有受众群，是在辛亥革命时期，五四运动以后逐渐形成的。1915年，《科学》杂志在上海创刊，第一任主编是著名爱国民主人士杨杏佛。竺可桢、茅以升、严济慈、吴有训、李四光、陈省身等科学家都在杂志上发表过文章。该刊还于 1921 年第三期刊登了美国用重金征集的科普文章《爱因斯坦相对论》。1915 年，《中华医学杂志》在上海创刊。五四运动时期，随着"德先生"和"赛先生"的深入人心，综合性报纸上的科技新闻明显增多。北京《晨报》的《晨报副镌》、上海《民国日报》的《觉悟》和上海《时事新报》的《学灯》等三种副刊，在 1919 年刊出自然科学的报道和文章 176 篇，1920 年 84 篇，1921 年 94 篇，1923 年 77 篇，1924 年 24 篇。[①]

20 世纪初，科学之光普照全球，科技新闻常常超越各类重大新闻而成为民众瞩目的信息。20 世纪是科技新闻发展的黄金时代，其主要特征如下：第一，随着新闻媒介的大量增加和普通公众对科学兴趣的日益浓厚，科技新闻的传播频率明显增高，传播范围急剧扩大；第二，科技新闻的专职队伍从无到有，迅速壮大，从业人员的水平不断提高；第三，科技新闻的传播对科学发展发挥了直接促进作用，两者的配合也更加密切；第四，科技新闻在所有新闻品种中的比例明显提升，每年许多国家都开展评选十大科技新闻的活动；第五，在综合性报刊上刊于头版头条的是科技新闻已不再是新鲜事，专业性科学报刊出现了大众化倾向；第六，从 1900 年诺贝尔基金会正式成立，1901 年 2 月 10 日首次颁奖以来，诺贝尔奖已有百年历史，世界各国已经有几百名科学家获奖。科技新闻传播人类创新的成果，有力地推动了社会生产和人类文明的进步。对诺贝尔科学奖的报道不断出现重大新闻，诺贝尔科学奖获奖范围几乎包括了 20 世纪中发生在相关领域的所有科学成就。从相对论到量子力学理论，从胰岛素的发现到基因工程的研究，从原子弹爆炸到大爆炸理论，等等，无不包括在内。获得诺贝尔奖次（人）数最多的前三名国家分别是美国、英国和德国。约在 20 世纪 30 年代以前，德国科学家诺贝尔科学奖获奖人数比例基本保持在获奖总数的 20%以上。从 20 世纪 20 年代到 70 年代，英国科学家获奖人数基本保持在 20%以上的高水平。美国没有受到两次世界大战的干扰，第二次世界大战期间，许多著名科学家（如爱因斯坦）移民来美国，使其科技和经济实力大增，进入 20 世纪 50 年代后，每年获奖人数比例竟达到约占总获奖人数 50%的高水准。以 1995—2000 年为例，获得诺贝尔科学奖的美国科学家竟有 30 位，占同期获奖者总数的 65%。每年围绕诺贝尔奖的评选，各国的报道和评论出现

[①] 刘建明, 胡钰. 科技新闻传播理论[M]. 北京: 科学出版社, 2001.

第四章 科技新闻的产生与发展

了科技新闻热。①

进入 20 世纪 20 年代，科学研究迅速发展，科技新闻报道主要集中在应用研究上。科学的威望很高，大众大都欢迎那些新的机器和设备。以前只能在实验室才能见到的东西，现在已经出现在人们的普通生活中。人们甚至认为科学可能办成任何一件事。1920 年冬，美国人 D. 希金斯以 5000 美元的金额征集用不超过 3000 个词的浅显的通俗文字介绍相对论的文章。1921 年 2 月 5 日，《科学美国人》杂志从 300 多篇应征文章中选出专利局职员 S. 博尔顿的文章予以刊登，全文 2919 个词。这些活动使爱因斯坦发表的相对论成为大众可以理解的知识。

科学家把第一次世界大战称为化学之战，在这次战争中，德国引人注目地利用化学方法制造炸药，新火药乃至毒气进入战场，一些国家也因科技人员发明了其他种种新材料而使军事实力大增。在 20 世纪开头的几十年中，对科学的热情也增加了反科学的倾向：占星术和神秘论重新抬头，宗教激进派反进化论的活动日趋频繁，把达尔文说视为对自己价值观的一种威胁。新闻报道经常披露和讨论的另一个重要议题，是科学家与外行人存在着越变越宽的裂痕。1919 年，《纽约时报》发表了一系列社论，认为只有少数人才能理解重要的智力成就，而公众对物理学的新发展懵懵懂懂。爱因斯坦的相对论已经成为晦涩难懂的象征。科学与公众的这道壁垒既隔开了科学与公众，也隔开了新闻工作者。恰恰就在新闻工作者被科学的复杂性排斥的时候，实业界将科学视为一种获取经济成功的办法、一种进步的手段、一种解决技术困难的有力工具。

科学家把第二次世界大战称为物理之战，因为各种重武器及原子弹在战场中显示了巨大威力。人们突然发现，科学在决定一个国家、民族的命运中，竟有如此大的作用。两次世界大战之后，空间技术、环境科学、生命科学成为美国新闻媒介经常报道、始终占有很大比例的话题。近代科学诞生以来，科学革命出现了三次，其中在 20 世纪初发生的一场以物理学为中心的科学革命，使科技新闻报道转移到以热能技术、电磁技术、原子能技术，以及信息技术为中心的技术革命。1946 年 2 月 14 日，世界第一台电子计算机在美国费城问世，它的诞生为人类开辟了一个崭新的信息时代，使科技新闻富有新的生机，增添

---

① 刘建明，胡钰. 科技新闻传播理论[M]. 北京：科学出版社，2001.

了无与伦比的色彩。另外，20世纪50年代以后，天文学再度成为媒体的骄子。天文学从一开始就是一门同封建迷信斗争的科学，早期先驱布鲁诺、哥白尼、伽利略都受到宗教的迫害。而现在，尽管天文学留下了许多未解之谜，许多现象使人苦苦思索，但科学家们的努力已使许多未知变成了已知。科技新闻每天都把科学的最新发现报道出来，再也没有人相信地球是宇宙的中心，而太阳也不是宇宙的中心。没有人相信太阳会被天狗吃掉，人们知道日食是月球绕地球转动的时候，把太阳给遮住了。宇宙确实还给科技新闻留下了许多疑团。比如，火星上有没有水，有没有生命；UFO到底是怎么回事。

中国共产党领导下的新闻事业在20世纪20至40年代发展起来，我国虽然长期处于战争环境，但也很重视科技报道。1931年在江西中央苏区诞生了革命根据地第一家专业性科技报纸《健康报》（初名《卫生报》），1940年3月15日，中共中央机关报《新中华报》报道了陕甘宁边区自然科学研究会成立的消息，成为红色政权下党报科技报道的开端。1940年10月至次年2月3日，该报报道了苏联破冰船塞多夫号到北极探险的事件，还发表了一则科学珍闻，称由于海底火山爆发，里海形成了一个130万平方英尺[①]的新岛。1941年10月4日，延安《解放日报》开辟"科学园地"专刊，在以后的5年中，该报共发表科技评论和科普文章近300篇，甚至还为牛顿诞辰300周年出了特刊。美国在日本广岛和长崎投下原子弹后，该报发表了一系列与原子弹、核科学有关的科技新闻。[②]

1949年日本物理学家汤川秀树获诺贝尔奖的报道，使战后百业待兴的日本再次出现科学报道热。1954年1月，版面已由6版扩充至12版、发行量在日本居首位（超过500万份）的《读卖新闻》，以《人类终于捉住了太阳》为标题，耗时一个月连续报道"核能"，受到普遍关注。这段时间，日本一些报刊对科学技术的幼稚报道也受到公众的指责。日本物理学家寺田寅彦批评说：报纸上的科学报道，最令科学家头痛的是所谓"世界大发明""大发现"。10年前发明的东西，还像昨天发明的一样，煞有介事地在那里宣传。直接原因是记

---

① 1平方英尺=0.09290304平方米。
② 方晓红. 中国新闻史[M]. 南京：南京师范大学出版社，2009.

者缺乏专门知识，对科学研究不理解。[①]这类指责使各报更重视配备专职科学记者。第二次世界大战后，日本各报社、通讯社和广播电台正式设立了科学部，专职科学记者数量大幅度增加，各新闻单位十分重视对科学记者的培养。从1959年起，日本新闻协会与亚洲财团合作，实施为期三年的"改善科学报道计划"。三年中，日本共派出24名记者赴欧美考察科学和医疗设施，了解欧美的科学技术报道情况，归国后，这些记者在各地举行科技报道讲座。

1956年7月1日我国的《人民日报》改版，科技新闻数量进一步增多，当年下半年每月见报数由上半年的20篇增至42篇。此后，中国科技事业迈着大步追赶世界先进水平，取得了丰硕成果。这一时期，我国完成世界首次人工合成结晶牛胰岛素，进行"两弹一星"的研制，勘探发现了大庆油田；陈景润对"哥德巴赫猜想"的研究取得了长足进展；王淦昌在苏联杜布纳联合原子核研究所发现了"反西格玛负超子"，朱洪元、胡宁、戴元本等提出"层子模型"理论；工农业生产领域也取得了一些科技成果。对于新中国这一时期的科技成绩，《人民日报》做了较多报道。人工合成结晶牛胰岛素，是生命科学发展历程中具有划时代意义的重大成果，《人民日报》在报道"北京科学讨论会"的两条消息中较早提及了此事。

20世纪50年代，我国的各类科技媒体陆续出现：早在1950年8月安徽省科普协会创办了新中国第一家综合性科技期刊《大众科学》。1954年3月，北京也创办了《科技小报》，是中华人民共和国成立以来第一张以"科技"命名的报纸。1957年《中国科技报》创刊，1959年1月1日改为《科学报》，1988年改为《中国科学报》，1999年又改名为《科学时报》。1986年1月1日在北京创办了《中国科技报》，1987年改为《科技日报》。这是两家全国性的科技报纸。到1985年，全国已有综合性科技报纸约70种，1997年发展到900余种，总发行量达200多万份，其中《湖南科技报》《山东科技报》期发行量有时在100万份以上。大量不公开发行或地市以下办的科技小报没有统计数字，据有关部门估计，每个省至少有30余种。例如，中央电视台曾报道1985年江苏省县级科技小报就有63种。据《中国大百科全书》（新闻出版卷）（中国大

---

① 寺田寅彦. 寺田寅彦随笔集（第1卷）[M]. 常梅，译. 武汉：武汉大学出版社，2020.

百科全书出版社,1990年第1版)有关条目不完全统计,1987年全国卫生、电子、农业等专业性科技报超过160种;据初步统计,全国的科技期刊在1950年有80余种,1988年增至3025种,1997年达到4825种。[①]

在20世纪90年代,全国2000多家广播电台和电视台创办了科教频道和节目,涌现了一批优秀栏目。中央人民广播电台的《科学知识》《卫生与健康》、中央电视台的《星火》《科技博览》、武汉电视台的《科技之光》、北京电视台的《科技大视野》等节目,在全国观众中有较大的影响。

第六节 信息社会的科技新闻

电子计算机与信息技术、卫星电视和因特网的全球性覆盖,标志着信息社会的到来。信息社会不仅是信息技术高度发展的结果,而且是科技信息云增加的时代。在信息社会,科技新闻不仅源源不断地涌来,而且有许多新的特征,使经济形态和经济发展速度出现了划时代的变化。

一、科技报道频率的增加

在20世纪70年代后,科技新闻非常重视质量,既用科学来说明世界,又用物质世界的真相来证明科学。同时,科技报道的数量逐渐加大。科学技术在全球的发展,出现了空前的高涨,以信息革命为主的第三次浪潮席卷了世界,科技新闻成为这次浪潮中的春风,吹进千家万户。科技记者队伍也由此得到了进一步的发展。从事科技报道的记者、编辑迅速增加。

一些记者打破了科学难题的束缚,更多地关心科学技术与社会发展之间的关系,从而促进科学技术不断创新发展。科技记者已经成为科技信息的调查研究者,而不是被动的传播者。他们更多地描写新技术发展的社会意义,争先恐后地报道有争议的科学信息,例如反弹道导弹、超音速飞机、食物添加剂、核动力和环境污染等,对科学与技术所涉及的商业、医学、环境和能源,甚至控

---

① 刘建明,胡钰. 科技新闻传播理论[M]. 北京:科学出版社,2001.

制犯罪等形形色色的问题，变得越来越敏感，报道得越来越多。在科技新闻的影响下，公众和新闻工作者对科学技术的价值观发生了重大变化，重大科技与社会问题的报道接连不断。记者们依然保留着对先进技术的热情，披露了来自石油外泄、食品添加剂、疯牛病、杀虫剂、核能以及空气和水污染等方面的风险，新闻报道的笔锋始终捍卫着人类的安全。

1978年3月，全国科学大会在北京隆重召开，《人民日报》刊发了消息、通讯、专访、述评等100多篇稿件，为在全国形成科技是第一生产力、知识分子是工人阶级一部分的共识而酿造舆论。此时，我国在基础科学、应用科学等领域都取得了相当多的成就，如籼型杂交水稻育种、武钢一米七轧机引进投产、葛洲坝工程前期工作顺利推进、我国第一台亿次计算机"银河"研制、核潜艇水下发射运载火箭、我国首次酵母丙氨酸转移核糖核酸人工全合成顺利完成等，一时间全国各种媒介科技捷报频传。这些报道，在注意照顾一般读者的科技水平之外，对专业性较强的概念都做了适当解释，并交代其科研背景和社会价值。1977年2月26日在报道青年数学家杨乐、张广厚的函数理论的研究成果时，《人民日报》对涉及的"函数""亏值""奇异方向"等概念做了简洁而确切的说明，反映出科技新闻业务的进步和记者的责任感。1977年8月，首都一些著名科学家和广大青少年举行三次大型谈话会，鼓励青少年攀登科技高峰，为四化建设做出贡献，《人民日报》对此发出多篇报道。随着形势的发展，科技如何促进生产力发展的问题，成为我国媒体关注的焦点。《人民日报》1979年5月31日第3版发表了标题为《要重视科研成果的应用和推广，既要管"播种"又要管"收成"》的述评，对我国科研成果转化率低的问题进行了报道，并对如何解决这一问题提出了建议。这些报道对推动国家决策的科学化、民主化发挥了一定作用。1981年9月15日，《人民日报》在第1版发表了题为《一批农学家提出三个值得重视的问题》的述评，提出：第一，大量保护森林，提高森林覆盖率；第二，依靠科技促进农业生产；第三，提高领导水平，适应责任制的需要。此外，还对我国农业发展有关问题阐述了看法，发表了科学家对如何振兴农业的建议。

在20世纪80年代，我国科技记者报道的注意力转向科技体制改革和科技促进生产力发展的问题上来。1982年10月，在国家科学技术委员会于北京召开的全国科学技术奖励大会上,一位当时的中央领导在《经济振兴的一个战略问题》的讲话中指出:经济建设必须依靠科学技术,科学技术工作必须面向经济建设。[①]许多新闻媒体随之发表了一些评论,涉及了科技体制这一重大课题,并越来越多地引起了记者的关注。1985年3月,国务院在北京召开全国科学技术工作会议,会后发布并实施了《中共中央关于科学技术体制改革的决定》,形成了我国科技体制的新格局,报纸对此做了大量报道。此后,全国科技新闻逐渐分为三个层次展开:第一个层次是直接面向经济建设,为当前经济建设服务,报道了"六五"、"七五"和"八五"国家科技攻关计划,星火计划,重点成果推广计划;第二层次是报道高新技术研究,如863计划、火炬计划;第三层次是介绍基础科学研究的进展。新时期科技记者展现了高度的热情,促进了科学技术的成果转化,产生了巨大的经济效益和社会效益。

二、信息社会的科技报道的内容变化

20世纪90年代后,科技新闻为人类探索自然奥秘提供的信息量,足以揭示各门科学的发展脉络,信息高速公路及全球网、局域网的出现,为科技新闻的传播提供了最快捷、最有效的渠道。但真正有生命价值的科技信息在新闻中却越来越简单、越来越模糊。随着科技商业化、市场化氛围的提升,价值重大的科技信息在秘而不宣的借口下,大都成为商业广告。科技新闻在市场化的影响下,正在推动科技全球化以及知识经济的迅速发展。

在信息时代,科技新闻开始重视科学国际化及各国科学家联合攻关的科研活动。科学是对自然界的客观反映。科学无论在什么地方、什么时候,所研究的对象总是统一的客观世界及其表现出的各种运动规律。科学知识,作为人类知识的一部分,在世界的任何地方、任何时候,其基本内容都是一样的。人们绝不会看到圆周率在美国和在中国有什么不同,也绝不会因为中国和日本社会制度不同而使欧姆定律变得不一样。自然科学的非阶级性和超民族性成了科学国际性的重要内容。科学的这种国际品格,使得科学家能在世界上任何地方找到自己的同行,用同一种符号系统交流思想。在20世纪90年代,正是科学的这种国际品格,使得科学家操着不同的语言,通过不同的文字,从不同的角度,

---

① 参见《中华人民共和国国务院公报1982年17期》。

对人类共同的课题进行大规模的合作研究。

早在20世纪80年代末,科技记者就观察到,自然科学家们开始重视把自己的研究成果应用于生产领域,随之,科技新闻对科技成果的市场转化和经济效益倾注了大量心血。90年代初,几位诺贝尔奖的得主和数学大师,对经济分析提出了崭新的思路,即经济可以被看作一个演化的复杂系统。经济系统演化规律的研究在世界范围内展开后,有许多专题性的文章和书籍出版,但只有阶段性的成果,离问题的突破性进展还有一段路要走。中国的学者对于非线性方程、对称分析、混沌现象和随机方程等非线性领域都已相当熟悉。有关科学管理部门提出,联合经济学、数学、物理学、系统科学、计算机科学等各方面的力量,发挥各个学科的优势,合作进行突破,是今后科学发展的重要途径。

科技媒体正在更多地洞察科学研究的外在规律,把报道的视点转向新的科学发展方向。在20世纪90年代,科学与技术的系统结构发生变化。首先,生命科学、心理学和认知科学成为新的带头科学;信息技术尤其是计算机和生命科学与技术成为新的带头科学与技术。其次,数学作为一门典型的横断科学,具有高度抽象性、应用广泛性、严格的逻辑性,从而不断向其他各门科学、技术渗透,为组织和构造新的知识提供理论和方法,以至于从横向把众多分支学科和技术联结为一体。跨门类的科学与技术整合化,自然科学和社会科学走向大综合,人类的活动和经济的可持续发展,必然促进物质技术和社会技术的整合。科学技术化、技术科学化的趋势开始显现,科学子系统与技术子系统之间发生相互作用而产生协同效应,对人类社会的经济与文化发展产生巨大的推动作用。

各国科技媒体使用大量篇幅报道了科学技术综合化对生产力的巨大推动作用。例如,1998年8月17日,日本《读卖新闻》的一篇报道《尖端技术将给21世纪农业带来巨大变革》介绍了当时世界粮食供应主要依赖于"第一次浪潮"的农业体力劳动以及属于"第二次浪潮"的机械化农场和大规模生产的农业企业。在农业向信息生物学时代过渡的今天,这两种农业生产形式显得相对有些过时。现在,人们已经研制出利用人造卫星对地面进行远距离探测的技术,农业人员可以探测出土壤和作物的极细微的差异。计算机图像不仅能够提供土壤的盐分、盐碱度、温度、成分等详细数据,还能准确地识别作物和杂草。

利用这些信息，加上计算机控制激光，可以轻而易举地除去杂草，对作物几乎无损害。"热脉冲"（HEAT-PULSE）技术，利用高倍的计算机控制放大技术，将太阳的热量汇集起来，然后照射到单棵的杂草上。采用这一技术可以对农作物加以保护。新的农业将不再把注意力只放在粮食生产方面。专家们预测说，21 世纪将会产出能够自然分解的塑料和改良菜种。关于电子计算机的前景，人们考虑的不是利用硅片和数码，而是利用生物程序和遗传代码的新一代电子计算机。

科学技术的高度发展促进了人类生活质量的极大提高，另一方面又给大自然带来种种灾害，甚至对人类的精神和道德产生负面影响。在 20 世纪 90 年代，科技新闻工作者看到了高新技术的两面性，注意到学术界对科技的负面效果研究，大量增加了科技与社会关系的分析性报道。

科技新闻越来越多地参与到科技的健康发展之中，作用于社会生活的现代化，体现为科学技术与经济的关系、科学技术与文明的关系。从经济学家的视角透析科技与生产、生产要素和生产率之间的关系，社会财富的增加很大程度上得益于科技的进步。教育是科学技术转化为生产力的重要途径。在科技理性与美学情感这两个看似难容、实则相通的领域，人们很难看到高效益与高情感的追求。

科学的应用失去必要的控制，也会破坏自然，破坏社会的文明。有史以来，那些乐于思考的人对自然之谜的种种猜测，似乎都凝结在壮丽的结构之中，然而巨大的成功却隐藏着令人心悸的风险：技术滥用造成负面效果引起的反科学的感情，像"科学的异端"标志着中世纪的终结一样，向现代世俗挑战的某些思想也是"新科学的异端"。这些征兆的挑战至少表明，科学已经开始从它的现代性向后现代性转变。一些科学家已经对科学信念中深层的本质提出了挑战，并致力于寻求新科学的起飞之翼。

世界各国的科技报道不仅注重科学的效果分析，而且对各国科学家的建议和为科学健康发展而做出的努力进行了大量报道。这类报道指出大多数的环境问题来自人类对生态的错误行动，把征服自然看作是人类的进步。但在污秽的环境里，人类还能长期保持自己的尊严吗？当《只有一个地球》的宣言响彻1972 年联合国人类环境会议的会场时，人类对生态危机终于有了清醒的意识，并且迈出了克服危机的第一步。

1991年6月在我国北京举行的"发展中国家环境与发展部长级会议",通过《北京宣言》庄严地重申广大发展中国家将铭记8项原则,全力以赴地积极参与全球环境保护和可持续发展的努力。在各国政府联合行动的同时,从事"未来学"研究的政治、经济和人类学家们提供了各种前瞻性的思考,描绘出人类的前途。赫尔曼·卡恩等在《今后二百年——美国和世界的一幅远景》一书中提出了著名的"大过渡理论",认为从当时往前推的200年和从当时往后推的200年是人类社会大过渡时期,人类社会迅速发展虽然遇到很多困难,但人口、能源、粮食、环境等问题都将由于科技的进步而得到解决,人类必然会摆脱困境。英国皇家学会会员艾伦·科特雷尔认为,世界作为一个整体,人类还远未接近它的自然限度,人类遇到的短缺现象都是由技术和经济上的限制造成的。美国世界观察研究所所长莱斯特·R. 布朗在《纵观世界全局——为建立一个能够长久维持的社会而奋斗》一书中分析了50亿人口的经济需求如何影响着地球的自然系统和自然淘汰,从多个角度提出了协调人与自然关系的途径,认为建立一个可以持续发展的社会是可能的。[1]许多科技新闻都向人类显示:这些现实的和乐观的论调无疑为人类战胜困难、克服危机提供了充足的信心和坚实的理论。因此,科技记者们在21世纪正在向着少制造悲观情绪、多鼓舞人类与自然和谐相处的康庄大道迈进。

三、信息社会中科技新闻面临的挑战

21世纪已经过去了20多年。在这个时间节点上,我们如何看待科技给21世纪的人们带来的巨变?我们又如何想象量子科技将带来的颠覆性创新和应用?21世纪的前20年,科技不仅改变了我们的生活,更重要的是,它让我们开始认真地考虑未来。英国作家伊安·莫蒂默在其《变革的世纪》一书中,讨论了这样一个问题:哪个世纪我们看到的变革最多?莫蒂默认为,11世纪最重要的东西是城堡,12世纪是法律的秩序,13世纪最重要的发明是市场,14世纪最大的变化是瘟疫(当时黑死病横扫整个欧洲,死掉近三分之一人口),15世

---

① 莱斯特·R. 布朗. 纵观世界全局——为建立一个能够长久维持的社会而奋斗[M]. 许季鸿, 等, 译. 北京: 中国对外翻译出版公司, 1985.

纪是哥伦布，16 世纪是个人暴力的减少，17 世纪最重要的是科学革命，18 世纪是法国革命，19 世纪是通信技术，而 20 世纪是新发明的世纪。

　　技术不仅改变了我们的生活，更重要的是它使我们开始认真地考虑未来。在这个意义上，我们认为 20 世纪是现代世界的起点，人类开始严肃认真地考虑未来。那么，我们又将如何描述 21 世纪？2007 年 1 月 9 日，应该是过去 20 年中非常值得纪念的一个日子。这一天乔布斯拿出了苹果手机（iPhone），从此苹果智能手机把计算机和手机融为一体。于是，很多的变化都被锁定在这一个小小的手机中了。到今天，智能手机变得更强大、更智能、更普及，超出我们的想象，整个生活似乎都能被智能手机所触及。与此同时，乔布斯在 2008 年做了一个叫苹果应用商店（Apple Store）的东西。他自己都对应用商店的发展感到惊讶，而到 2019 年，苹果应用商店中的应用数量已经超过 200 万个，下载量超过 1700 亿次，用户在上面花的费用超过 1300 亿美元。苹果应用商店催生出一批新经济，所有人都不得不在各种应用里面从事经济活动。从这个角度看，乔布斯是人类技术发展史上贡献很大的人之一，他一手颠覆了我们的生活方式。在我们本来的设想中，互联网是开放的、连接的，但它在乔布斯手里却变成了一个有墙的"花园"。这个有墙的"花园"导致的结果是，我们今天的互联网世界变成若干个巨大的"电子集中营"，每个"集中营"的门口都蹲着一只巨大的怪兽，我们被关在"电子集中营"里面，还以为那是花园。放在人们口袋里的东西似乎变成了手雷，因为今天手机里有钱，有通行证，还有能够证明自己是谁的证明……失去了手机有的人可能感觉寸步难行。当一个工具对我们的统治如此彻底的时候，我们是否明白这意味着什么？

　　设备的便捷性使社交媒体成为全球数十亿人的一种交流方式。毫无疑问，今天是有史以来人与人最互联的一个时期。社交媒体背后的逻辑是，每一个人都活在社交媒体的数据层上。在这个数据层上，有关你喜欢什么、你观看什么、你和谁来往、你在做的任何事情、你的位置在哪里的信息都被记录。社交媒体也是一个时间杀手，我们花了大量的时间在它上面，这就导致信息的流通方式和以往完全不同。我们以前在做媒体的时候，都认为媒体有责任和义务告诉世界什么东西是重要的，所以做报纸的时候我们会做头版，做电视的时候会有头条新闻。也就是说，你要努力给这个世界的信息赋予权重。但社交媒体信息流的特点是，最新的信息永远在最上面。最新的东西是不是最重要的，这要画一个巨大的问号。今天我们获取信息的主要方式是社交媒体，而当我们用这个方式获取信息的时候，我们的世界变成了一个不知权重的世界。社交媒体这样的算法机制，最终一定会导致信息的极大混乱，制造很多的偏见和无知。这是很奇特的事情，在信息繁多的时代，你反而不知道什么是真正的信息。这些，对向来以追求真实与科学为己任的科技新闻来说，无疑是一种巨大的压力与挑战，从而促使所有的科技新闻记者必须深入思考，树立新的传播理念和模式，为信息社会的科技新闻传播寻求新的策略。

第五章 科技新闻的价值属性及分类

科技新闻的主要作用是传播科技信息，促进科学技术交流与普及，同时，通过科技新闻报道，宣传党和国家的科技政策，推动科学技术成果的转化，从而促进社会主义物质文明和精神文明建设。在现代新闻媒介诞生之前，科技新闻一般靠口头、书、信函等传播，其范围和速度有限。报纸诞生以后，科技新闻传播范围和速度大幅扩大和提高，在新闻中的地位日益上升。美国普利策新闻奖评委会从 1985 年起增设了科技新闻奖。科技新闻已经成为新闻界的热点。在我国，有大量科技专业报纸。科技新闻已经成为人民群众了解祖国建设成就、获取新的科学技术信息、指导生产实践的重要渠道。因此，科技记者一方面要经常从经济学和科学学的角度了解和掌握科学技术发展的趋向和水平，及时跟踪报道科技发展的新动向、新成就，另一方面还要经常从市场学和社会学的角度了解和掌握广大人民群众的物质需要，普及科学技术知识。

第一节 科技新闻的含义

科技新闻是记录和报道科学技术活动及其社会影响的一种新闻题材，它有广义与狭义之分。广义的科技新闻是指与科学技术活动相关的一切社会事件的报道；狭义的科技新闻主要指对科学发现和技术发明事件的报道。科技新闻的划分标准不一，有的学者把科技新闻划分为医学科技新闻、经济科技新闻、环境科技新闻和社会科技新闻四类。有的学者根据科技新闻本身的内容和属性，将科技新闻划分为六种类别，即政策类科技新闻、建设类科技新闻、人物类科技新闻、成果类科技新闻、自然事件类科技新闻和批评类科技新闻。本书将科技新闻划分为科技成果类新闻、科技人物类新闻和科技政策类新闻三大类。科技成果类新闻主要报道科学发现、发明、创造及科技成果推广应用等方面；科技人物类新闻主要报道科技界的杰出代表，其核心是思想先进、品德高尚、贡献较大的专家；科技政策类新闻包括重要的科技政策法规、重大科学工程、重大科技计划等。科技事件新闻的写作重在揭示事实的过程、本质及其发生规律，科技人物新闻的写作重在展示其科学精神、科学思想，科技成果新闻的写作重在突出反映成果价值。每个记者从事专业报道的时候或许都不是这个领域的专业人才，虽做医药报道而不一定要做医生，虽做环境报道而不一定要做科学家，但是应该熟悉自己所报道专业的基本知识。记者进行专业领域的新闻报道时面临的一大挑战就是要把事情讲清楚，并对专业术语进行解释，以使一般的读者也能读懂报道。

第二节 科技新闻的特性

一、科技新闻的科学性

虽然真实性原则对科技新闻来说，也是至关重要的，但科技新闻的特殊之处就在于，报道对象的真实并不能代表其中蕴含的科学原理的正确性，换言之，事件的真实性不能等于事件的科学性。什么是科技新闻的科学性？它是指科技新闻的内容要符合科技事实的客观规律。科技新闻不仅要报道科技成果，而且要说明科学原理与意义。报道科技会议、科技人物的新闻，也要重点从科学技术的发展和动向上去构思，着重介绍其科技活动和取得的成就。科技新闻的内容要有科学性，这是科技新闻区别于其他新闻的显著标志。如果一个新闻工作者没有科学严谨的报道思想，仅仅以猎奇的心态，追求爆炸性的效果，就破坏了科学的尊严，损害了新闻的形象，所以，科学性是科技新闻的灵魂。新闻媒体"翻手为云覆手为雨"的作用实在太大了。试想一下，如果新闻媒体和新闻工作者能够用科学的态度对待科技新闻，用科学的观点写出符合客观规律的新闻报道，戳穿曾经在百姓中流传的"喝绿豆汤治百病"的荒谬言论，那么老百姓还能趋之若鹜地相信吗？新闻媒体和新闻工作者需要认真反思，吸取教训，否则不具科学性的流言蜚语仍会在神州大地反复出现。科学性和真实性对科技新闻非常重要。

二、科技新闻的知识性

科技新闻的知识性是通过科技新闻的知识量体现出来的。科技新闻的知识量是指在科技新闻中包含的能够反映最新的科技成果进展以及正确的科学知识的信息量。如《国宝》一文介绍了白鳍豚淇淇从刚被捕获时负伤到接受治疗、直到痊愈之后悠闲自得地在水池中生活的过程；从客观存在的定名到它祖先生活年代的叙述；从长江生态环境的破坏到国际自然保护联盟将白鳍豚列入《世界濒危动物红皮书》等，以大量的知识和信息让读者对保护自然环境的必要性与紧迫性有了更进一步的清醒认识。文中既有对主题报道轮廓的清晰描述，更有对主题背后复杂原因的剖析。文中介绍白鳍豚非正常死亡的重要原因是环境的日益恶化、渔业的过渡捕捞、电捕鱼、有害渔具滚钩、麻布网、迷魂阵等的使用。文章以严谨的科学性、丰富的知识性以及情真意切的呼唤，收到了良好的反馈。华中理工大学的学生见此报道后，自发参加勤工俭学活动，将劳动所得专程送到白鳍豚馆，以表达新一代大学生保护国宝的心意。此报道也是1999年至2000年年初，包括中央电视台、《人民日报》等新闻媒体在内的近百家新闻单位掀起对保护白鳍豚的声势浩大的宣传的主要起因。

三、科技新闻的规范性

科学研究中使用专门的术语，科技新闻报道要体现这些术语的规范性，不能以随意捏造、自由调侃的方式来叙述，这就是区别科技新闻与其他新闻所具有的规范性特征。在科技新闻报道中，要做到规范性，应从以下几个方面考虑。首先，必须尊重新闻背后的科学规律。科技新闻只是某些科学规律和知识的外部表征，它本身既不是知识也不是规律。只有在充分了解科学规律的基础上，才能确定新闻是否与科学规律吻合，是否具有科学意义，从而判断新闻是否准确。其次，要重视新闻调查中隐藏的虚假成分。面对一次有争议的科技新闻事件，公众在社会心理机制中的"从众心理"作用下，态度容易取得一致，从而表现出貌似统一且经过实证的态度。但是，公众中个体的行为却受到个人利弊关系的驱使，其外在表现是另外一回事，甚至与被测态度完全相反。

第三节 科技新闻的价值

科技新闻所产生的传播价值的大小会影响科技社会价值的大小。例如，科技新闻在报道营养与健康方面的新闻时，同时也传播了与合理的膳食结构有关的食品烹饪技术、食品储藏技术、食品保鲜技术。近几年所报道的"厨房革命""家用电脑""家庭影院""电视购物"等新技术、新观念，在普通人的生活中发挥了重要的作用。与此同时，利用电视和网络新闻，传播现代农业科学技术，为农民脱贫致富、振兴乡村提供了行之有效的方法和经验。目前，科技新闻在全社会的影响依然方兴未艾，尤其在社会的生产与生活层面彰显出科技新闻传播的巨大社会价值。

一、科技新闻的知识价值

科技新闻的知识价值是指科技新闻的知识内容，能够帮助受众科学地认识世界，从而提高改造自然和社会的能力。"知识就是力量"，这是 17 世纪英国著名哲学家培根的名言，它给了人们以深刻的启示。人们之所以乐意接受科技新闻，就是因为科技新闻能使他们学知识，长见识，提高自己的文化素养。但是，科技新闻报道所传播的知识主要是科学技术知识，而不是其他新闻报道中的社会文化知识。这就需要我们必须掌握科技新闻的知识特点，以及了解如何在新闻报道中实现科技新闻的知识价值。科技新闻的知识特点主要表现在两个方面：一是科技新闻的知识直接存在于核心事实之中，而不是像其他新闻那样，主要通过背景材料介绍知识；二是科技新闻的知识含量丰富，在报道中所占比重大，它是新闻的重要成分和主要成分，而不是像其他新闻那样，知识可多可少，可有可无。所以，知识性是科技新闻的一个重要特点，科技新闻正是以其科技知识性而区别于其他新闻。我们在采写科技新闻时，要注意突出其知识性的特点，并要善于用生动活泼的方式予以表达。

实现科技新闻的知识价值，除了注意知识含量以外，还要注意知识的针对性和新鲜性。知识是人们在改造世界的实践中所获得的认识和经验的总和。社会发展至今，人类的知识系统越来越庞大，知识增长的速度越来越快，我们正处在一个"知识爆炸"的时代。面对各种各样的科学发现和技术发明，我们要善于捕捉和选择那些对国计民生有重大影响的科技新知识、新事件，积极彰显科技新闻的新闻性的同时，不老生常谈、人云亦云。

二、科技新闻的文化价值

科技新闻的文化价值是指科技新闻所反映的思想、观点、主张，能够适应客观社会发展需要的功能。

新闻的一个主要特点是反映事实。但是，新闻也是一种文化塑造。新闻不是为了反映事实而反映事实，而是通过反映事实来说明某种观点。科技新闻正是通过报道科技事实来达到文化塑造的目的，因此，科技事实本身具有塑造文化的价值。

科技新闻塑造文化的价值主要表现在以下几个方面。

1. 宣传科学思想

科学思想的核心，就是坚持唯物主义和辩证法。科技新闻对科学发现和技术发明的报道，可以使读者逐步树立辩证唯物主义的世界观。如近代科技史上"日心说"和"生物进化论"，从根本上动摇了唯心主义的神学统治，使整个欧洲掀起了一场思想解放运动。现代科学技术的日益进步和飞速发展，揭开了越来越多的"自然之谜"，使人们知道了世界上的万事万物都是客观存在的，事物都是运动变化发展的，客观事物的运动是有规律可循的，这些规律是可以被人们所认识的。科技新闻关于人类对天空和海洋的利用、气象与地震的预报、生物遗传密码的发现，都使人们大开眼界，从而有利于构建人与自然和谐共处的唯物史观和可持续发展理念。

2. 倡导科学精神

科技新闻通过对科技事实的报道，启迪人们勤于思考、勇于实践，以及热爱生活、献身科学的精神。意大利天文学家布鲁诺为了捍卫哥白尼的"日心说"，宁可被教会打成异教徒，坐多年地牢，最后烧死在罗马的鲜花广场，也不放弃自己的科学主张。我国数学家陈景润，为研究哥德巴赫猜想，经常废寝忘食地工作，全身心地投入科学研究，历经重重困难，终于取得了举世瞩目的成果。曾记否，科技新闻对这些古今中外著名科学家事迹的介绍，曾经激起了我国广大群众特别是青少年学科学、用科学、爱科学的活动高潮。

3. 培养科学道德

科学是老老实实的学问，来不得半点的虚假和夸张。科学活动本身就是对真理的追求，科学研究能否成功，在很大程度上与科学家的道德有关。如今处在科学革命的新时代，科学研究具有系统性、群体性的特点。科技人员更要遵守共同的学术行为准则和规范，要实事求是，团结协作，热爱祖国，热爱人民。近年来，我国的主流媒体虽然在科技新闻中对我国的一大批优秀科学家和科技工作者的先进事迹进行了报道，宣传了他们高尚的道德和爱国精神，在全国上下产生了深远的影响，但是，在我们的科技报道中，也有一些不良记者违反科学原则和科学道德，为了取得轰动效应，不惜夸大其词和弄虚作假，对公众造成误导，形成反科学的传播效果。如报道"意念致功""耳朵认字""先知先觉""鬼怪神灵"等。还有一些记者把某些人的猜测当作事实，如一些专家认为，"世界上妇女总体寿命高于男子，其原因之一，与妇女多戴金首饰有关"。由此可见，我们必须杜绝和揭露各种虚假的科学报道，树立良好的职业道德，维护科学的尊严。

4. 普及科学知识

一般的科学知识存在于科学家的论著和学校的教材中，常人难以接触和理解。科技新闻由于迅速及时和通俗易懂，可以使生涩难懂的科学知识得以广泛普及，把科学知识从论文和书本中解放出来，为广大群众所接受，变成改造世界的精神和物质力量。目前，我们实施科教兴国战略和乡村振兴战略，关键是要树立公众的科技意识。《中共中央、国务院关于加强科学技术普及工作的若干意见》指出："必须从社会主义现代化事业的兴旺和民族强盛的战略高度来重视和开展科普工作。"我国的科技新闻，尤其是农业科技新闻，在普及科学知识的活动中已经取得了可喜的成绩，广大群众正是从大量的科技报道中了解和学习到许多新知识，如什么是"无人机播种""机器人""遗传工程""绿色革命""环境保护""数字农业"等。在工农业生产第一线上的广大群众已经把科技新闻和科技报刊称为"良师益友"。

5. 推广科技成果

中共中央作出《关于科学技术体制改革的决定》，提出经济建设必须依靠科学技术、科学技术工作必须面向经济建设。这一决定指明了科技与经济的密切关系，指明了科学技术和经济建设发展的方向。我国广大的科技人员纷纷走出高楼深院，投入经济建设主战场，去推广科技成果，发现和解决实际工作中的问题。在这场全国范围内的科技与经济的"联谊"活动中，科技新闻发挥了积极的作用，许多重大的科技成果、模范科技人物、先进的生产企业、优秀的企业家，都是通过科技新闻报道而影响全国的，如"袁隆平和杂交水稻""中关村电子一条街""北大方正系统""珠海巨人公司"等。然而，在取得成绩的同时，我们目前还面临着许多问题，我国的科技和经济相互促进的体系还没有完全建立起来，科技成果推广应用的总体水平还不高。这些问题，也同样要引起科技新闻工作者的重视。

三、科技新闻的信息价值

科技新闻的信息价值指科技新闻具有消除受众对周围世界充满的不确定性功能，以及工作和生活需求所提供的各种信息服务。科技新闻所提供的信息服务，具体来说，包括以下几个方面。第一，传播最新科技研究成果。内容包括科技成果的技术领先程度、实际需要程度、经济效益大小、投资费用及联系办法等。第二，报道产品开发信息。主要介绍开发的项目、开发的条件、开发的手段、开发的现状及趋势。第三，介绍技术市场信息。这类信息包括技术及产品的能力与潜力，以及国内外对该技术、产品的需求情况。第四，通过新闻报道，发布技术供求信息。信息包括有关技术的特点、研究单位、转让条件以及合同的签订等。第五，传达生产政策信息。内容包括有关的科技政策、经济政策、行业政策、地方部门政策。第六，推广经营管理方法。这类信息包括经营方式和经营理念、内容、项目引进、科技攻关、产品销售等。第七，介绍国外科技发展趋势。信息包括国外的科技成果，特别是可以引进的产品和技术。第八，关注科技与社会的舆论效应。信息包括反映科技活动中的问题，寻求解决的办法以及一些新观点、新方法、新经验等。

第四节　科技新闻报道的分类

在西方新闻界，科技新闻是传播的重点。美国斯坦福大学新闻学院把科技新闻报道与国际新闻报道、经济新闻报道放到一起，作为对学生进行训练的三大重点领域。在我国，由于科技新闻的报道对象主要是与科技发展及其社会功效相关的事件，根据这些事件涉及的主题，可以将科技新闻报道大致分为科技成果类报道、科技人物类报道和科技政策类报道。

一、科技成果类报道

科技成果，或指通过科学研究与技术开发所产生的具有实用价值的成果，或指人们在科学技术活动中通过复杂的智力劳动所得出的具有某种被公认的学术或经济价值的知识产品，或指通过观察实验、研究试制或辩证思维活动对某一科学技术研究课题取得的具有一定学术意义或实用意义的结果科技成果具有科学性、实用性的特点。

科技报道中很多是科技成果类报道。科技成果具体体现了科技人员的创造力，可以从一定程度上体现科学某个方面发展的水平。许多科技成果与当前的经济建设、人民生活有密切的联系，可以带来直接的经济效益和社会效益，为各方面读者所关心。采写科技成果报道有以下几个值得注意的方面。

第一，选择重要的大众普遍感兴趣的成果进行报道。由于我国地域广大，各个地区、各个领域的科技成果数量众多，媒体不可能一一进行报道。报道哪个不报道哪个，一般说来，取决于成果的科学价值。但科技成果的科学价值与成果的新闻价值并不完全是一回事，也就是说，记者的眼光和科学家的眼光不是完全相同的。凡是对国家经济建设、国防建设等有重大意义的，达到国内国际先进水平的科技成果，除需要保密的以外，当然都应报道。如"嫦娥五号"实现地外天体采样返回、"天问一号"开启火星探测、"怀柔一号"引力波暴高能电磁对应体全天监测器卫星成功发射、500米口径球面射电望远镜首次发现毫秒脉冲星、"雪龙2"号极地科考破冰船首航南极、76个光子的量子计算原型机"九章"问世、"海斗一号"完成万米海试等，几乎不存在什么选择问题。它们突出地表现了我国科学事业所取得的巨大成就和所达到的先进水平，对振奋国人信心、增强民族自豪感有显著作用。但这类重大的科技成果不是经常有的，而具有一定科学水平、对某一学科或某一行业有相当影响力的成果则是大量存在的，这里就有个选择问题。

第二，成果必须让读者明白、理解。报道科技成果最重要的是让读者能够理解。科技成果是怎么回事，应交代清楚。这里有个矛盾，即有些科技成果专业性较强，记者说了半天，读者仍困惑不解。于是有的报道便干脆回避，只说什么单位什么人搞出了一个什么发明，该项发明具有什么意义，就结束了报道。有些科技成果，虽然只发条类似的简讯就行了，但若是重要的科技成果，这样处理是不大妥当的。一是人们尚不知其内容，难以接受对它的评价。二是科技报道本身有传播、普及科学知识的义务，对必要的不是太深奥的科学技术避而不谈，必然造成科技报道内容越来越单薄，空洞乏味。

第三，对科技成果的评价要十分慎重。在讲科技成果的意义和作用时，已经涉及对它的评价问题了。因此，除了通过报道的具体事实表明它的价值外，倘若用概括式的语言对科技成果作结论式的评价，最好以正式的科技鉴定为准，或请有关专家发表意见。即便如此，记者也要善于听取各方面意见，特别是不同的意见，并以谨慎的态度做出恰如其分的报道。如果事先征询有关方面意见，至少不会贸然发表。对于科技新闻报道者来说，为了让受众更准确地理解科技成果，最重要的是认识科技成果的使用价值，换言之，就是要分清理论性科技成果与实用性科技成果。

科技成果的报道不能为报道而报道，抽象地讲成果的运作机理，而是要着重突出这些成果的价值，让受众了解为什么会需要这样的成果，以及这样的成果会产生什么样的作用。"嫦娥三号"发射成功后，中央电视台、中央机关主办的报纸等主流媒体纷纷进行连续专题报道，一些地方电视台和地方主流报纸也结合本地所含有的创新元素跟进报道。以网络为代表的新媒体，则发挥传播及时、互动性强、信息量大、可链接等优势，纷纷开辟专题专栏进行报道，借机扩大影响力。以手机作为载体的新兴自媒体更加显示出技术引领的优势。2013年12月1日，新华社和果壳网在新浪微博开通"月球车玉兔"微博账号，全程以第一人称"我"代表"月球车玉兔"，实时播报中国第一辆月球车的登月过程，其拟人化、活泼生动的语气，快速吸引了众多关注者。果壳网的"月球车玉兔"主页以日志科普为主要内容，以新媒体为传播载体，充分考虑受众的接受程度，用信息的"可读性"扩大了科技传播效果。美国《外交政策》双月刊网站2014年2月13日题为《红色月球车》的文章认为："玉兔"巧妙的社交媒体经营使少数质疑中国探月计划的声音直接被淹没了，是一次媒体经营的成功。

以上说明，电视、报纸等一些传统媒体，仍然是我国公民获取科技成果报道的主要渠道。与此同时，公民利用互联网等新媒体获取科技信息的比例持续上升，新媒体的应用将使科技传播类型由传统的辐射型过渡为交流型，并极大地提高了信息的共享流通速度。

二、科技人物类报道

科技人物是指以科学技术研究为主要职业的工作人员。其中既有高校与科研机构的理论工作者，也有工农业生产中的实际工作者。对科技人物的报道，往往集中在对其科学精神的报道。报道人物不同于报道事件，后者重在讲述事情的经过与结果，前者重在宣扬人物的事迹与精神。在科技人物报道中，对科技人员精神的挖掘与升华，始终是科技新闻工作者追求的根本目标与报道的主要标准。

科技人物报道，是指以科技界的优秀人物为报道对象，常采用通讯、专访等形式，通过具体、生动地记叙科技人物的科技活动和成果，赞扬他们的高尚品质。2014年4月，湖南卫视《湖南新闻联播》中一档名为《绝对忠诚》的科技人物系列报道片，抢占了科技报道的制高点，令科技人物电视报道瞬间鲜活起来。其自然生动的镜头、真实可信的场景与数据材料、精湛凝练的电视语言，展现了 11 位科学家的卓越事迹，使人震撼。人民网舆情频道在首页刊发红网舆情中心撰写的舆情分析报告，截至 8 月 6 日，《绝对忠诚》第二季网络浏览量已超过 3000 万次，新一季的《绝对忠诚》掀起一轮"绝对忠诚正气歌"。

科技人物报道，从形式上讲大体有三种。一是结合某项科技成果写人，体裁以简短的人物消息、人物通讯居多。它的特点是简明、突出，并且依托最新的科技成果进行报道，从而强化了报道的新闻性。虽然它不是全面地介绍人物，但若适当地穿插一些背景材料，亦可通过一斑而窥全貌。二是对一些长期在科技领域里辛勤耕耘，并做出显著贡献的科学家、科技工作者将对其作重点报道，突出宣传他们的事迹和精神。三是人物专访，即就某些学术争议或科技事业发展中的问题，走访知名的专家、学者，请他们发表意见、看法，记者作访问式的报道。

由此可见，科技人物的报道一定要与时俱进、勇于创新，用新的选题思路表达科技人物，用新的叙事结构讲述科技人物，用新的表现手法刻画科技人物，用新的传播方式宣传科技人物。只有这样，科技人物的形象才能够更加鲜活，进而推动各界对科学技术工作的重视，加速社会经济的全面发展。

三、科技政策类报道

科技政策是国家对科技活动和人员进行管理，以及科技工作发展的规范，具有很强的指导性功能及效力，对科技活动的运行过程，发挥着规范、保证、督促的作用。

为什么要发布一项科技政策，是科技政策报道首先要回答的问题。在一项科技政策发布之初，公众并不清楚政策出台的背景，完全是被动地接收了这一消息。要让公众真正接受，就需要对该政策的必要性有充分认识，因此，让科技政策的意义在报道中准确体现，有效传播，是科技政策报道的首要任务。怎样理解一项科技政策是科技政策报道的基本内容？对科技政策落实的报道有两个目的：一是宣传科技政策的作用，以强化公众对科技政策的认同感；二是营造实施科技政策的舆论氛围，以督促科技政策的落实。全面报道一项科技政策的作用，有利于增强公众对该项政策的认同感。

第六章 科技新闻的真实性与科学性

关于科技新闻的真实性和科学性问题，虽然学界普遍认为，优秀的科学记者应该擅长使复杂的话题被普通读者理解，同时又能坚持科学的准确性。然而，不幸的是，现实中的科技报道可能会简化和概括其主题材料，以至于所传达的科技信息是模糊的，甚至是错误的。例如，在医学报道方面，一项新的治疗方法对人类健康的影响也可能被夸大，以至于公众认为一种神奇的治疗方法将会在几个月到几年之内出现，而实际上，这项研究的意义非常有限。尽管科学家在向新闻工作者和最终向公众传播信息方面发挥着重要作用，但科学家和公众之间的无效沟通结果有些是由新闻工作者造成的。我们认为，除了科学家与媒体成员之间的互动效果不佳之外，至少还有一部分问题来源于以下两个方面：一是因为我们低估了科学家与多样化的受众进行有效沟通的难度；二是因为大多数科学家没有接受过科学传播方面的正规培训。媒体和记者，在报道科技新闻时，有时会侧重于真实性，而忽视了科学性。那么科技新闻的真实性和科学性到底是一种什么样的关系呢？

第一节 科技新闻具有两种不同性质的真实

一、科技新闻的知识真实

科技新闻报道的知识符合科学规律，这是知识真实。不言而喻，某项科技成果真实地反映了自然规律，对其如实报道就属于知识真实。科技新闻深刻而确切地揭示自然界的真相，就有了自然规律的真实性。我们把它称作科技新闻第一种真实,即根本真实。

科技新闻的知识真实具体地表现为科学真实。科技新闻界有一个基本观点即科学性是科技新闻的生命。也就是说,科技新闻所报道的科学知识,包括所叙述的概念、理论观点、研究方法等,都应是准确无误的、经得起实践检验的、符合科学发展的基本规律的。严肃的科学研究应该是科技工作者在前人研究的基础上经过细致严密的设计反复实验、计算、检验,在此基础上才能取得正确的结果。因此,以科学的态度报道的科技新闻,应当有理有据,不能见风就是雨,更不能把子虚乌有的东西当作科学的新发现、新发明、新创造来报道。1983年,一些报刊上发表了英国《新科学家》杂志的一则"愚人节"新闻,就是一个虚假报道的典型事例。这则消息说,德国某科学家将牛肉细胞与西红柿细胞杂交获得了表皮像牛肉、蛋白质含量比之前的高几十倍的西红柿。这在科学上是没有根据的。现代的细胞杂交技术仅仅能够在种、属等亲缘比较近的层次上进行,根本没有达到动植物两界之间细胞杂交的程度。许多稍有这方面知识的人都明白这是一条有意编造的消息。可有的报刊却将其当作科学奇闻来刊登,这就严重违背了科技新闻的知识真实性。

二、科技新闻的事件真实

科技新闻一般是对最新科学发现的事实报道。科学发现及对发现的争论,统称科技事件,反映这类事件的真实,仅仅表明事件是否发生,和事件涉及的知识真实有时相背离。也就是说,从新闻事件看,新闻是真实的,但知识内容可能是虚假的,这样的科技新闻只具有事件的真实性。

事件真实与知识真实有时相背离,不仅是正常的,而且有些科技新闻只具备事件真实而不具备知识真实。

做科学传播的人都知道,论文很重要,但发表论文从来不等于得到学术界的普遍认可,还得看其他科学家能否重复这项研究,以及成果的有效性与实用性如何。2014年,科学界最大的丑闻就是日本31岁的"学术女神"小保方晴子造假。她当年1月在《自然》杂志上发表了两篇突破性论文,震动了整个干细胞学界。但不到一周,她就被质疑篡改论文图像,此后有关调查证实她造假,小保方晴子的导师因此自杀。

再向前 10 年，韩国"克隆之父"黄禹锡在《科学》杂志上发表的一系列论文也被发现造假，这名韩国"民族英雄"因此身败名裂。科学容不得半点虚假成分，负责任的科学报道也是如此，技术的专业性探讨与新闻的专业性操作，二者缺一不可。

第二节　真实性与科学性的统一

科技新闻报道要做到真实性与科学性的统一，必须具备以下三个条件。

（一）科技新闻应具有科学价值

科技领域几乎无所不包，所以科技新闻所报道的范围十分广泛。大千世界，到处都是科学家探索科学原理的对象，科技新闻工作者需要深入挖掘，把闪光的东西奉献给读者。但是，并非所有科技内容都可以成为新闻。真实性原则不仅是其他新闻的原则，也是科技新闻的重要原则。但科技新闻与其他新闻不同的是，报道对象的真实，并不能代表其中蕴含的科学原理的正确，换言之，事件的真实性不能等同于事件的科学性。比如前些年媒体争相报道的新发明"水变石油""人体电子增高器"，都吹嘘产品有神奇功效，足以骇人听闻，最后谎言被揭穿。这些新闻只热衷于"轰动"，却违背了科技新闻的真实性原则，根本没有科技新闻的科学价值。

（二）科技新闻应具有科学依据

科技新闻肩负着传播、普及科学知识、推广科技成果的作用，必须有科学依据。随着我国社会生活质量和水平的提高，人们对身边的科学知识越来越感兴趣，一些从事科学研究的人也经常在媒体上指导人们如何健康和文明生活。这个专家说，吃素可祛病延年，使人长寿；那个专家则认为吃荤可以使人体健壮，精力充沛。有人说，"少吃主食，多吃菜"是通过饮食减肥的科学方法；也有人说，谷类食物是中国传统主食，摄入不足会危害健康。更可笑的是，同一家媒体刊文说，瑞典科学家研究发现，手机的长期、重度使用者，发生恶性脑瘤的风险可能高出 2.4 倍。隔几天又刊文说，芬兰某大学研究结果表明，手机辐射不会诱发癌症，使用手机对人体无害。科学争论是正常的，媒体应营造科学争论的健康氛围。但这些没有定论的科技新闻起不到指导人们的生活的积极作用。

（三）科技新闻应通俗易懂

科技新闻往往离不开专业的术语或深奥的理论和复杂的科学现象，而科技新闻的传播要面向社会，面向广大群众。这就需要科技新闻工作者具备"翻译"的能力，要调动各种修辞手段，形象化地把深奥的科学内容化为大众语言，既要达到深入浅出、通俗易懂的效果，又不能因曲解科技内容而造成负面影响。《科技日报》刊登的《嫦娥"姐妹"悄悄话》一稿，从标题到行文，读起来很有趣味，值得借鉴。稿件开头写道："即将飞往月亮看望'姐姐'嫦娥一号了，躺在西昌卫星发射中心大山深处的发射塔架上，'妹妹'嫦娥二号心情激动不已，她打开宇宙互联网，和3年前飞到月宫的'姐姐'聊起天来。"[1]这篇新闻用拟人化的手法，把嫦娥二号与嫦娥一号的区别深入浅出地描写出来，生动而形象。我们常能看到一些科技新闻中夹杂着许多晦涩难懂的专业术语，让人望而生畏。科技新闻工作者不能图省事，把科技材料或采访到的素材囫囵吞枣似的塞给读者，貌似自己明白，就将读者当成专家，一看就懂。如果这样，科技新闻就起不到应有的传播效果，科技新闻的科学性与真实性也无从谈起。

第三节 事件真实与伪科学报道

科技新闻报道容易给人造成误解，凡如实报道的科技活动就都具备真实性。那么，伪科学也是一种作伪的"科学活动"，对它的如实报道，也是真实的吗？问题恰恰在于，有些伪科学不容易被人们识破，反而引起某些记者的兴趣。

一、伪科学报道的社会背景

为了有效说明伪科学报道发生的社会背景，我们有必要论述一下科学作伪的基本特征。纵观历史上各种类型的科学作伪案例，我们认为，其特点主要表

---

[1] 嫦娥"姐妹"悄悄话. [EB/OL]. [2021-03-26]. https://www.doc88.com/p-80299803571602.html.

现在以下三个方面。

（一）行为上的故意性

不管作伪者是出于何种原因，又以何种形式进行造假，其行为都是故意性的。也就是说，他完全明白自己的行为是通过欺骗手段而达到目的的。以"行为的故意性"为标准，还可区别两种不同性质的错误行为。一是有的科学家在科学研究过程中或受到某种既定的理论背景知识的影响，对所观察到的事实进行非客观性诠释；二是限于实验条件或实验仪器、实验材料，实验结果出现非真性。上述现象虽然在结果上都是错误的，但这却不属作伪。

（二）手段上的欺骗性

手段上的欺骗性，即作伪者或利用同行评议过程中人为因素的干扰，或利用自己手中无法躲避的形形色色的人情因素，或利用纯粹的利益诱导，或利用剽窃手段以逃避同行查新，或利用新闻媒介等非同行因素所产生的社会影响给监督机构施加压力，或利用名人及组织权威效应，使人产生敬畏感而放松对其正当监察的作伪行为等。

如某一长官学者为自己培育的一水稻品种申报发明奖时，曾利用私人关系开证明以夸大其品种的实用价值；某大学的领导利用手中的权力到处伸手、挂名为谋取教授职称增加砝码；美国的诺贝尔奖得主罗伯特·安德鲁·密立根凭借导师的地位以及因为对其学生弗莱切尔在攻读学位、安排工作乃至其他生活方面的照顾，公然占用其成果而独得诺贝尔奖等。

（三）结论上的错误性

科学作伪在行为上的故意性、手段上的欺骗性，必然导致其结论的错误性。历史上有不少的作伪案，往往一开始由于人们不了解其研究的具体过程，或受到某种既定的科学理论的影响，而很难对其结论的真假做出判断，致使作伪者在相当长一段时间内蒙混过关，甚至作伪者在生前都不被人所发现。如托勒密剽窃伊巴谷的天文观察结果，直到19世纪才被发现；M.霍峒伪造一种特殊的颅骨，并预先埋在地下，后让其学生去挖掘，以充当人类进化史上由人猿向类人猿过渡的中间产物之证据，直到 40 年后才被发现；20 世纪初，高尔顿用精心挑选和改变过的人种照片谱系，为法西斯的种族歧视找到"科学依据"，直到 80 年代才被证明为造假等。但是，不管时间多长，其结论的错误总是必然的。造假一旦被确认以后，不管作伪者地位多高，影响多大，其必将被钉在历史的耻辱柱上，遗臭万年。

二、伪科学的非真实性

伪科学报道有三个要素。第一，以自然科学的名义出现，拒绝严肃、认真、客观的科学检验，报道的内容没有经过严格检验。第二，进行大肆、不切实际的宣传。伪科技新闻以探索的幌子，假借科学名义歪曲自然规律，同积极地求索自然规律没有任何共同之处。科学探索遭到挫折和失败，不属于伪科学，对不能理解的奇异自然现象的探讨，如不明飞行物等，都不属于伪科学范畴。第三，伪科学是指有意造假，故意欺骗，和科学真实是不相容的。例如，在食品安全报道领域中，原本属于"科技新闻"一类的新闻，其主要作用在于报道食品科学发现，传播食品科学新知，令人不断加深对食品的科学认知，并纠正生活中的错误认识。但是，目前我国食品安全类"科技新闻"虽然越来越多，但其报道焦点却并不在于科学知识本身，而在于这些"新闻"背后的争议、利益以及耸人听闻的刺激性。广为人知的"地沟油""假鸡蛋"等新闻皆属此类。2010 年年初，一篇内容为"教授称我国每年有 300 万吨地沟油返回餐桌"的报道引来众多媒体的报道，迅速成为舆论关注的热点。这些密集信息的出现，如巨石投水，一时间激起社会舆论的波澜。事实上，在这些科学范畴的内容信息的刺激下，人们所产生的愤怒情绪远远超出了对新闻中所述事实真相的探究，换言之，这一新闻所产生的舆论刺激作用超过了它的科学普及作用。"地沟油"是生活垃圾的一种，它不能流向餐桌，应有正确的处理方式或重复使用方式，而在媒体大量、密集的报道中，"地沟油"的加工过程、确切成分、主要用途、危害程度等并没有被充分说明，焦点始终集中在"地沟"与"餐桌"这对意义反差巨大的词语上。在新闻热度持续不下的情形中，只有来自网络的少数声音开始关注"地沟油"的相关科学知识，如科学传播公益团体"科学松鼠会"在其博客上发表"'地沟油'应该去哪里"的博文，指出这种"废弃的油脂"如同其他垃圾一样，是"放错了位置的资源"，详细介绍了其化学结构、回收处理方式和再生用途，让人们对媒体口中"比砒霜毒100倍"的东西有了科学的了解。英国作家本·戈尔达莱撰写的《伪科学》一书，自2008年起多次再版，其中绝大部分文章都来自作者在《卫报》上的同名专栏，该专栏专挑科学报道的刺，作者对科学报道产生谬误的分析值得深思：记者如果不甘心只报道研究结果，还要为公众找到事情的缘由，那么至少应该熟悉相关科学知识，了解已有的研究结果，考虑多种并存的可能原因，为自己找到的数据做出合理的解释。这是常识。[1]

事实加事实未必等同于真相，何况当对事实的报道并非准确之时。由科技新闻带来"伪科学"的现象看似荒谬，究其根本，在于记者在报道中缺乏"科学的精神"。

三、科技新闻报道的误区

媒体一旦把伪科学作为正面报道，就陷入了报道误区。科技新闻坚持真实性，必须防止把伪科学当作科学来报道，把技术骗局当作知识来传播。记者如果缺乏科学意识，就无法认识科学，发生伪科学报道就是必然的结果。

既然伪科学报道，既不具备知识真实，也不具备事件真实，那么竭力推销"魔术"骗局，彻头彻尾地捏造事实，就是科技新闻记者有违职业道德的行为。作为科技新闻记者，应怎样鉴别与防止伪科学报道呢？

第一，对某些标榜"国内首创，领导世界新潮流"之类的"科学创新"与"技术发明"必须鉴别是否有同级或上级权威科学机构的评审与技术鉴定。世界权威的学术刊物《科学》有一条内部规定，凡披露某领域的新发明，不能先于同类科学论文的正式发表而公之于世。至于重大科学发明更要有严肃的科学鉴定。这是很值得我们学习与借鉴的。否则，不仅容易闹成笑话，更容易对科学产生恶劣的社会影响。前些年，曾被我国一些传媒炒得沸沸扬扬的"水变油"便是典型一例。

第二，对一些有所谓"领导题词"或有"权威人士评语"的科技发明或科普类产品也应予以认真审查。这里往往有以下几种情形：有的是一些具备一定

---

[1] 班·高达可. 小心坏科学[M]. 蔡承志, 译. 台北: 缪思出版有限公司, 2010.

社会声望的人其实本人对科学原理与科学知识并无深厚造诣;有的是缘于一知半解或受人之托,写一些溢美之词;还有的是利用现代办公软件剪裁拼凑而成。由此可见,始作俑者的最隐蔽、最低劣的心理就是巧借名人效应进行欺骗。因此,遇到附有这类"证明"的伪科学稿件,我们要有孙悟空那种"火眼金睛"的警觉,更可利用"旁证法"认真处理,如打电话询问有关部门、仔细推敲一下题词是否是领导的常用笔迹等,以防上当。

第三,对社会上某些冠以民间"科研开发"与"医疗中心"的有关报道,尤其应加强审查。由于受经济利益的驱动,一些人往往打着"科学预测""治病济世"的旗号,成立一些不伦不类的骗人机构,如前些年某市出现的"易学应用研究所"把问卜算卦堂而皇之地搬入了现代大都市。有的宾馆为了标新立异,招揽顾客,甚至在迎宾门侧聘用一个穿西服的小伙子对来宾进行生辰福祸的预测,而我们的某些媒体还对此进行报道,肆意渲染。我们决不笼统地反对民间科研组织与民间科研产品的报道,但是这些报道必须建立在权威的科学鉴定与科学分析之上,这才是可靠而有科学根据的科技新闻。

第四,对某些所谓带有科学神秘色彩的"珍闻""趣事",一定要有科学的依据与出处,不能为单纯追求"新闻卖点"而连篇累牍地进行报道。国外传播界十分重视报道的"消息源头",并以此作为印证其真实、可靠性的重要依据之一,而我们现在许多人对此却不屑一顾,甚至报道对象也是化名,极不严肃。大报小报上经常可看到这类报道:"南方某地炎夏从天上掉下一大冰块","某地发现五彩蛇","某地又发现多少年代前的恐龙化石"等"珍闻"。这类报道利用了人们的一些从众心理与对某种神秘物的想象,以假乱真,传之愈频,失真度愈大。

第七章　科技新闻的传播效果

科技新闻传播具有专业化、知识性的传播性能，以及普及科学知识、弘扬科学精神的传播功能。然而，能否使科技新闻的传播内容达到既定的传播目标，关键在于准确认识科技新闻的传播规律。传播效果是传播学中研究时间很长、内容很丰富的领域，研究科技新闻的传播效果，必须借鉴已有的基本观点及知识积累。从宏观上看，有效的科技新闻传播可以成为社会的议题，实现适度的整体效果；而无效的传播只能带来负面的社会影响。研究传播效果，依据的基础是传播效果的评价。

第一节　科技新闻传播的系统效果

传播效果问题是与传播实践结合最密切的研究领域。研究传播效果必须从传播效果的定义入手，要注意区分两种不同的分析模式。对于科技新闻来讲，其系统效果主要体现在科技成果的推广、科技知识的普及和科学精神的宣传上，其中最具实用价值的是科技成果的推广。有效的科技新闻报道可以为全社会形成共同的话题，这也是科技新闻议程设置的重要功能。

一、传播效果的含义

在对传播效果的研究上，存在心理动力模式与社会文化模式两种模式。前者的效果主要是传播者所预期的效果，它们是短期的，也就是说是即时的和暂时的；它们必然与个体的态度、信息或行为的改变有关；它们相对来说又是非间接的。传播效果主要关注媒介信息即时的、个体的影响。比如，当下空气质量不佳，电视或者网络广告向受众推荐一款多功能空气净化器，为了公众的身心健康，建议公众购买。这样的广告会对观众产生直接的影响，直击观众的潜在需求，使公众在观念上受到新科技产品的影响，从而接受新的生活理念。后者的效果是长期的、无计划的、间接的，是集体产生而不是个体产生的影响。与前者相比，后者的传播效果主要关注大众传播的长期的和宏观的影响。比如我国的大众媒体上经常出现关于家风家规的采访，报道良好的家风，对社会道德和家庭伦理都会产生潜移默化的作用，这些作用是长期的，具有引导性。由此可见，传播效果涉及的问题主要包括对社会角色或规范的非正式学习、基本社会价值观念的传播与强化、媒体披露社会意识形态的发展趋势、舆论气候的形成、社会中知识分布的差异、社会文化和社会结构的长期变化六个方面。

  这两种效果认识，从横向上解释了传播效果产生的不同范围，也为我们认识传播效果明确了基本着眼点。另外，从纵向上看，传播效果又可以分为三个层面：认知层面、情感层面和行为层面。

  认知层面的效果体现在改变受众的知识和经验储备。大众传播媒介不断为受众提供新的信息，这些信息不断补充、调整、覆盖受众已有的知识和经验。现代人生活在大众媒介营造的社会环境之中，接触大众媒介已经成了现代人的重要生活内容。没有大众媒介，人们就接触不到外界的信息，感觉与世隔绝一样。科技新闻对受众知识层面的效果体现在新鲜科技知识的积累上，媒体上的大量科技新闻，将各国科学家的研究成果传递到世界的每一个角落，即便受众无法在短时间内接触到新兴的科技信息，但层出不穷的科技知识也能让受众体会到人类探索自然的范围与自身能力的不断拓展，因而强化了对生命与发展的兴趣和信心。

  情感层面的效果体现在影响受众的价值体系和心理态度上。在信息时代，大众传播媒介已经成为促进个体社会化和整合社会文化的主要工具，其试图对个别社会现象进行科学的解释，以使之系统化并得到验证。大众传播媒介在人们世界观和价值观的形成方面，扮演了极其重要的角色。而且大众传播具有形成信息社会的力量，并通过人们的信息环境认知活动来制约人的行为，这是大众传播发挥其社会影响力的主要机制。科技新闻在受众情感层面的效果主要体现在弘扬科学精神、普及科学知识和意识方面。

行为层面的效果体现在科技新闻能够影响和指导受众的实践行为。这是大众传播效果最深层次的实现，通过改变认知，影响感情，最终指导受众的行为。在大众传播效果的形成过程中，意见领袖往往对受众有舆论引领作用，不同威望的意见领袖，发挥的引导作用是不同的，有时意见领袖的意见不仅影响着普通受众说什么、看什么、做什么和想什么，而且还支配着他们怎么说、怎么看、怎么做和怎么想。科技新闻对受众行为层面的效果主要体现在推广科技成果上。随着大众媒介传播技术的不断提高，科研人员通过新闻媒体推广自己研究成果的意识越来越强，而许多成果也确实在这种推广中深入人心，转化为实际生产力。例如，美国的科学家在论文发表之前会聘请一些顾问来帮助他们吸引受众关注，从而将他们的成果推向新闻界。由此产生的新闻发布会和独家报道比原来的论文更有影响力。对行为的影响是传播效果最深层次的表现，对科技新闻来说，能够让受众接受科技新成果、代替旧观念是最基本的传播目标。

这三个层面的效果，从程度上看是不断加深的，是一个由量变到质变的过程，当知识积累到一定程度时，情感发生变化，当情感积累到一定程度时便会产生行动。

二、科技新闻的效果表现

（一）科技成果推广

科技新闻在推广具有实用性的科技成果上的作用是无限的，对于科技成果的发明者来说，常常是一篇可以吸引读者的报道就可以引来投资意向。对于社会大众而言，密切关注科技新闻可以更快地从中受益。

目前在科技新闻的传播效果中，最引人注目的就是报道中的各种实用信息给人们带来的好处。因为这类信息操作简单、见效快，很容易得到公众的信赖。科技新闻对科技成果的推广的促进作用，表现在两个方面：一方面是促进科技成果的产业化，另一方面是促进科技成果的普及化。产业化的目标在于吸引投资者将新成果转化为生产力。普及化的目标在于使公众增加新知识和提高个人的生活技能。

（二）科学知识普及

这类的科技报道可以分为两类。第一类是生活知识。例如，流鼻血的时候应如何止血、怎样防止电脑显示屏对人产生危害等。第二类是自然探秘。例如，宇宙有多大、什么是月食等。从科技新闻最普遍的意义上来看，有关科学知识的报道在其中占的比重最大，因此，普及科学知识已成为科技新闻传播效果中最显著的部分。

由于科技新闻专业性强，没有相应的专业知识难以深入理解，许多记者在报道高精尖技术时，应该注意表现技术本身的生活意义，让科学技术更好地服务公众，让科学技术成为提高人民生活质量的重要手段。

2017年7月10日中国台州网的一则报道《圣女果彩椒玉米真是转基因食品吗？》中讲到，转基因玉米会致癌。这个谣言来源于法国人塞拉里尼做的"转基因玉米导致大鼠肿瘤"的研究。首先，这个研究实验设计本身就存在问题，针对转基因食物长期毒性的实验按要求一般需要90天。在这项研究中，实验时间竟然长达两年。要知道，实验用的大白鼠本来寿命也只有两年左右，并且大白鼠的遗传性疾病很多，自发性肿瘤很常见。即使不食用转基因食物，也至少有一半的大白鼠会在两年内长肿瘤，这就体现了实验中对照组的重要性。然而，塞拉里尼在研究中闭口不提对照组的结果，如果不吃转基因食物的大鼠都如此普遍长肿瘤，那怎么证明肿瘤是由转基因食物引起的呢？所以，这篇文章发表后，就被欧洲食品安全局因鼠种存在问题、样本量太少、动物喂养细节不足、统计过程存在缺陷等原因，做出了没有充分的证据支持其研究的结论。最终，这篇文章被杂志撤稿。

（三）弘扬科学精神

在对科学精神的传播上，科技新闻注重描写科技人物是十分必要的。通过描写科技人物，可以较好地彰显科学精神。《科技日报》资深记者郭梅尼在谈到怎么写科技人物时说道，"我写科技人物，着重写他们的先进的科学思想、科学精神、科学方法，写他们严谨的治学作风，以及他们对科学的执着追求，为学术事业而献身的精神面貌"[1]。对于社会大众而言，重要的是了解科学规

---

[1] 郭梅尼. 科技日报: 科技报道的新试尝[J]. 中国记者, 1992 (8): 6-7.

律，希望科技新闻把事物的科学性及时准确地表达出来。但科学精神往往潜伏于科学内容之中。郭梅尼认为，先进的科学思想、科学精神和科学方法对于科学技术取得成果非常重要。形成某项技术成果的技术使用过程，一般只反映个别事物的面貌，它的读者面相对比较狭窄；而科学思想、科学精神和科学方法的读者面更广，对广大读者可能产生更大启发。①

2017年6月27日新华社的一则报道，刊登了屠呦呦的信件原文："上世纪60年代，在氯喹抗疟失效、人类饱受疟疾之害的情况下，我接受了'523'办公室的抗疟研究任务。我首先收集整理中医药典籍、走访名老中医，汇集了640余种治疗疟疾的中药单秘验方。这些方药指引了我们团队后来的中草药的提取分离研究。在青蒿提取物实验药效不稳定的困境中，东晋葛洪《肘后备急方》有关青蒿截疟的记载启迪了我们的研究思路，我们改进了提取工艺，富集了青蒿的抗疟成分，并最终于1972年发现了青蒿素。历史的机缘让我有幸参与了抗疟药物的研发，青蒿素的发现是人类征服疟疾进程中的一小步，也是中国传统医药献给人类的一份礼物。研究过程中的艰辛无须多说，更值得一提的是，当年全国'523'团队对于国家使命的责任与担当，正是这一精神力量，才有了奋斗与奉献，才有了团结与协作，才有了创新与发展，才使得青蒿素联合疗法挽救了众多疟疾患者的生命。中医药学是一个丰富的宝库，从神农尝百草开始，中医药传承几千年，先辈们为我们揭示了植物、动物甚至矿产等自然资源与人类健康的关系和秘密；中医药凝聚了中国人几千年来防病治病和养生保健的智慧。青蒿素的发现只是发掘中医药宝库的一种模式，继承与发扬中医药有多种模式和途径，需要中医药工作者努力探索，创新前进。作为中医药科学工作者，我感谢各位对中医药进展的关注和报道，这顺应了中医药的现代发展趋势！感谢社会各界对中国科研工作的关注、鼓励和支持。也许很多朋友并不了解，疟疾对于世界公共卫生依然是个严重挑战，时至2016年，全球约半数人口，包括91个国家和地区的人口仍在遭遇疟疾的威胁。2016年全球疟疾患者约2.12亿，非洲地区5岁以下儿童患者的死亡率依然居高不下。世界卫生组织已经提出消除疟疾的宏伟战略目标。为此，我们青蒿素研究中心将竭尽

---

① 米金鹏. 郭梅尼："金牌记者"是这样炼成的[J]. 军事记者, 2017 (6): 26.

全力,继续为人类的健康事业,为中医药的壮大和发展而努力。"①

通过屠呦呦的例子,我们不仅可以看到老一代科学家为人类做出的卓越贡献,而且他们攻坚克难、永不言弃的精神,更加展现了科学的精神内涵,即一板一眼地探索科学规律,一丝不苟地追求真理,一步一个脚印地攀登科学高峰。

三、科技新闻的创新扩散效果

创新扩散理论是传播效果研究的经典理论之一,是由美国学者 E. M. 罗杰斯于 20 世纪 60 年代在研究美国农业技术推广过程中建立起来的。该理论阐明了媒介劝说人们接受新观点、新事物、新产品的基本观点和方法,侧重大众传播对社会和文化的影响。1927—1941 年以罗杰斯为首的研究团队对"艾奥瓦杂交玉米种"进行推广研究。在研究中,他们发现在新品种推广的前 8 年,只有少数农民敢使用新的玉米品种(占比不到 10%),随着新品种推广,使用者数量也在缓慢上升,在 1935—1937 年,突然有大批的农民开始使用新玉米品种(占比增加到 80%),在 1937—1941 年,100%的农民都在使用新的品种。②这项研究表明:虽然大众传播能有效地为公众提供新的信息,但人际传播对改变人的态度和行为更有力。而且早期使用者和晚期使用者在年龄、文化程度、社会活动以及获取消息的渠道等方面存在着差异。之后,罗杰斯教授研究了多个有关创新扩散的案例,并在 1962 年与帕梅拉·休梅克合著出版了《创新的扩散》一书,他考察了创新扩散的进程和各种影响因素,总结出创新事物在一个社会系统中扩散的基本规律,提出了著名的创新扩散理论,并将创新扩散这一过程分为知晓、劝服、决定、确定 4 个阶段,提出了"创新扩散"的基本假设。

1955 年,美国农业传播研究者提出了"采用新事物五阶段"说,即觉知、兴趣、分析、尝试、采用。在觉知阶段,知道某一新事物的出现(包括新观念、新工具、新方法),但不知道具体情形。在兴趣阶段,知道了新事物,想知道多一点,开始多方面寻求信息。在分析阶段,得到详细资料,然后针对自己的

---

① 新华社. 屠呦呦:"中国传统医药献给人类的礼物"是怎么发现的[EB/OL].[2017-06-27]. https://baijiahao.baidu.com/s?id=1571353576092963&wfr=spider&for=pc.
② E. M. 罗杰斯. 创新的扩散[M]. 5 版. 唐兴通, 等, 译. 北京: 电子工业出版社, 2016.

需要、本身的能力与财力作一番衡量，来决定要不要尝试。在尝试阶段，做小规模的试用，再决定合适与否。在采用阶段，大规模采用，并准备继续。从不同阶段的影响程度看，传媒在觉知与兴趣阶段最为有效。在第一阶段中供给新事物消息的责任通常都由新闻媒介承担，而人际传播在其后的作用越来越大。创新扩散理论在20世纪七八十年代开始研究转向，研究在社会和文化环境下传播媒介和受众的心理互动、编码与译码、传媒与社会发展等双向性和宏观层面热点问题。

科技新闻的一个重要的功能是推广新知识、新成果。要达到这一效果必须深入地了解推广新成果的规律。创新扩散理论通过大量的实证，为我们提供了非常重要的理论依据。它的价值就在于为我们认识科技成果的推广提供了一种新的思路和模式。科技新闻的效果很大程度上取决于对新成果的推广是否取得成功。

传播者为了达到劝服受众接受新成果的目的，增加传播信息对受众的影响，必须掌握创新扩散理论，在成果推广的不同阶段，根据受众的教育程度、地区等因素采取不同的报道方法，使得新成果的推广取得较好的效果。作为科技新闻的传播者，在新成果的推广中，应注重阶段性的选择。以上五个不同的阶段中对于传播方法的使用也是不同的。在觉知和兴趣阶段，应当多向公众介绍一个新成果的出现、使用的积极效果，而不是传授专业的知识，以防止受众的反感，从而最大限度地引起公众的兴趣。在观望阶段，公众对之前阶段新成果的内容有了一定程度的了解，但对其使用效果没有十足的把握，因而不会快速地进入下一阶段。所以在这一阶段要注重向受众介绍新成果的使用与反馈，增强受众选择使用新成果的积极性。在试用阶段，报道的着重点应放在指导受众使用新成果上，使得受众对新成果的使用更加得心应手。在采用阶段，受众已经完全接受了新的成果，报道中应适当地减少对新成果使用中的积极效果的展现，加入新成果的限制和缺陷的报道，以防止受众在使用新成果过程中的盲目性，避免不必要的人力和物力的损失。

四、科技新闻的议程设置功能

美国著名记者和学者林肯·斯蒂芬斯在其自传中写道，在美国新闻史上的揭丑时期,"我掀起了一阵犯罪浪潮"[1]。他曾报道了一起涉及名门望族的犯罪案件,负责警务报道的记者为弥补自己的过失,不得不报道另一条犯罪新闻。其他报纸争相报道与其相互竞争。一时间报纸上刊登的犯罪新闻骤然增加,让人误以为是一次"犯罪浪潮"。可以看出,集中报道可以为社会设置共同关心的话题,这是新闻传播的一条普遍的规律。从1972年议程设置理论问世以来,该理论表现出了强大的生命力,成了媒介共同关注的焦点。科技新闻的议程设置功能是指科技新闻媒体充分利用该理论的基本原理,为社会制造共同关注的科技事件的功能。

议程设置理论是1968年美国传播学家马克斯韦尔·麦库姆斯和唐纳德·肖在美国总统选举期间,在教堂山就传播媒介的选举报道对选民的影响所做的一项调查研究,并于1972年在《舆论季刊》上发表《大众媒体的议程设置功能》一文,首次提出了"议程设置功能"的理论假说。麦库姆斯和肖认为,大众媒体具有一种为公众设置"议事日程"的功能,传媒的新闻报道和信息传达活动以赋予各种议题不同程度重要性的方式,影响公众对周围世界"大事"极其重要程度的判断。[2]

1973年学者G. 芬克豪泽对新闻报道与公众对事件重要程度的感知两者之间的关系进行了深入的研究。他将研究的重点对准20世纪60年代的美国,采用盖洛普民意测验的结果,通过统计十年中每一年在三家新闻周刊,即《时代》《新闻周刊》《美国新闻和世界报道》上出现的各种事件的次数,芬克豪泽获得了媒介内容方面的测量结果。根据《美国统计摘要》及其他信息来源,测验一个事件在现实中重要程度的高低。研究结果显示,媒介的报道频率与公众对事件的关注程度直接相关。芬克豪泽的研究表明,在20世纪60年代,美国的新闻媒介并未能精确地告诉公众国内发生的事情,许多人(包括很多决策者)都认为新闻媒介是值得信赖的信息员,但这里的材料表明,事实上并非如此。[3]

---

[1] 林肯·斯蒂芬斯. 新闻与揭丑:美国黑幕揭发报道先驱林肯·斯蒂芬斯自述[M]. 展江,万胜,译. 海口:海南出版社,2000.
[2] 马克斯韦尔·麦库姆斯. 议程设置[M]. 郭慎之,等,译,北京:北京大学出版社,2017.
[3] 林肯·斯蒂芬斯. 新闻与揭丑:美国黑幕揭发报道先驱林肯·斯蒂芬斯自述[M]. 展江,万胜,译. 海口:海南出版社,2000: 256-301.

议程设置理论的核心内容是大众传播媒介不能决定公众怎么想,但能决定公众想什么。新闻媒介通过选择性集中报道对象,以此来制造社会的中心议题并左右社会舆论的形成。麦库姆斯和肖在1976年春季号的《传播杂志》上发表文章《构造"看不见的环境"》,进一步阐述了这一观点。

同时,议程设置理论具有很强的现实意义,其根本价值在于凸显了大众媒介的一个重要功效:对公众关注的热点可以实施有效的转移。2019年10月1日,在北京天安门广场举行了庆祝中华人民共和国成立70周年阅兵式,新闻媒介对此投入了大量的宣传报道。此次庆典依托于电视媒介,有效地将受众的情感转移到塑造和加强对国家的认同感上,在一定程度上振奋了民族精神,激扬了爱国主义,强化了社会凝聚力。

利用新闻媒介的社会议程设置功能,科技新闻可以让科技成果、科技人物、科技政策成为公众关注的焦点,可以将科学知识、科学精神植入公众的思想之中。科技新闻传播的议程设置表现在两个方面:一是围绕重大科技事件介绍科学知识、科技成果。例如,2016年11月3日新华社的一则报道《首部国产大飞机C919下线》中写道:"我国自主研制的C919大型客机首架机,在中国商飞公司新建成的总装制造中心浦东基地厂房内正式下线。这不仅标志着C919首架机的机体大部段对接和机载系统安装工作正式完成,已经达到可进行地面试验的状态,更标志着C919大型客机项目工程发展阶段研制取得了阶段性成果,为下一步首飞奠定了坚实基础……"二是围绕典型科技人物,宣传科学精神。科技新闻传播中的议程设置之所以集中在重大事件与模范人物上,是因为相对于政治、社会、体育等新闻来说,科技新闻的专业性报道对象不太容易被公众接受,因此,将科技新闻与社会热点话题相结合,不仅可以激发公众的兴趣,而且可以使公众更加直接地接触科技知识,学习科技知识。

第二节 科技新闻传播的反效果

在现实生活中,由于每个人的年龄、性别、生活环境、教育背景等因素千差万别,因此同一篇报道对不同的人会产生不同的效果。当报道者翘首以盼获得受众的认同时，得到的却是受众的曲解和冷嘲热讽；当报道者积极揭露不良事实，以警告世人时，类似的事件却层出不穷、愈演愈烈，这不禁引人深思，为什么会出现这些现象？这种现象的一个共同点就是报道者的主观意图与客观效果相违背，这种现象被称为新闻传播的反效果，或新闻传播的"悖论"。反效果的存在，不仅严重影响到传播者的积极性，也会使传播效果大幅度地降低。通过研究和分析，揭示出反效果出现的真正原因，并进行有效的规避，可以促进新闻报道质量的提高。

一、新闻传播中的反效果含义

新闻传播反效果的提出有来自理论和现实的两个基本条件：第一，基于差异性的受众的选择性的行为，他们在接受新闻传播信息时，同一信息对不同的受众产生不同的效果及认知、情感和行为改变。第二，新闻传播一贯坚持的原则是为推进社会进步发挥积极的作用，但是传播内容带来的效果却有时与预期目标相违背。由此可见，造成大众传播反效果的原因主要在于传播者对受众差异性及选择性的忽视。传播者造成新闻传播反效果的原因有三方面：首先是报道逻辑不清，其次是报道分析性不强，最后是报道对个别现象的放大。传播学的诸多效果理论，都不同程度上解释了这些特性的存在。传播效果理论比较准确地描述了受众接受行为中的重要影响因素，只有重视它们，才能极大地提高传播的质量，达到更好的正面效果。我们不难想出，反效果依然是传播主客体的不一致而产生的后果，但传播反效果所带来的负面影响，往往会被人们所忽略。人们常常挂在嘴边的"好心办坏事"就是最好的例子，这样的行为久而久之，就会使人形成一种懒惰的心理。这样的行为产生的影响对于社会和媒介都不是暂时的，而是深远的。如果媒介只会根据指令进行机械的传播，进而形成思维定式，这就加剧了新闻传播反效果的形成。

二、科技新闻传播中的反效果现象

科技新闻传播的反效果现象主要表现在三个方面：第一，科技发现报道随意化、盲目化；第二，自然事件报道求快求奇；第三，科技新闻任务典型报道模式化、简单化。在我国，科技新闻的报道数量在媒体的报道总数中所占比重较轻，而且在报道内容上，国内原创科学报道的数量较少，内容上也偏重介绍科技成果、科技政策等"事件主导"型的硬新闻。在科技快速发展的今天，大多数记者更加注重将信息快速地报道出去，以吸引观众的注意。但一味求快，无形中增加了报道失实的概率。在一般情况下，科技新闻的报道遵循的是新闻规范而非科学规范，报道者对最新的科技成果并不十分了解，使得报道既缺乏科学性，又缺乏准确性。

作为"社会的守望者"，记者往往对科技发现持乐观的态度，一项新发现的产生，记者会从现实出发分析和评价它对社会和公众生活产生的促进作用，即便他们只是发出善意赞扬的声音，都会导致公众对新成果产生过高的期望。但是，随着时间的推移和新技术运用的普及，必然会产生期望和现实的反差，从而产生反效果。科技新闻的作用是将科技信息在一定范围内传播出去，以引起公众的重视，促成成果的最终确定。但如果报道的角度和方法不正确，或者记者的立场不客观，就会导致传播反效果的发生。

在科技新闻传播中存在一类新闻，那就是伪科学的报道。伪科学是把没有科学根据的非科学理论或方法宣称为科学的某种主张，产生的负面效果十分恶劣。美国科学哲学家卡尔·波普尔认为，占星术是一种伪科学，因为占星术只作极其模糊的预测，以至于不可能被证伪。保罗·萨加德认为占星术之所以是伪科学，是因为占星术基本没有发展自己的理论，也没有做出根据其他理论来评估自身理论的尝试。萨加德认为，伪科学倾向于关注表面的相似而非因果的关系。在这类报道中，虚假事实是报道的依据，报道者只看到了事实的局部，发挥了录像机的功能，没有扮演好"把关者"的角色，将没有充分科学依据的事件作为报道的主要内容。

科技新闻中还有一类新闻是对自然界意外现象的报道，其由于偶然性和突发性，非常容易吸引受众。在日常生活中，不论是UFO的出现还是生物的基因突变，都会给公众生活增加新奇的内容。对于具有新闻敏感的记者来说，他们会迅速投入力量报道，但在注重时效性的同时，报道难度也相应增加，当真实性、准确性无法保证的情况下，反效果的产生就不可避免了。

不难看出，这类反效果有三个特点：第一，只求外在事实的真实，不求本质真实；第二，只求速度，不求准确性；第三，只求新奇，不讲科学。其实，只要记者调查事情的原委时，注重时效性和真实性的结合，在两者之间找到很好的契合点，新闻传播的反效果就可以在一定程度上避免了。

三、科技新闻传播中的效果沟

1970年美国学者蒂奇诺等人在一系列实证研究的基础上提出了"知识沟"理论。随后，由于科学技术的快速发展，1974年N. 卡茨曼提出了"信息沟"理论。如今，随着信息社会和网络社会的到来，大众传播蓬勃发展，人们获取信息的途径多种多样，阅读习惯也趋于碎片化。一些研究者认为，信息流的增长往往会产生负效果，即在某些群体内知识的增长远超过其他群体；"信息沟"将会引发并扩大一个社会群体与另一个群体之间在某一特定问题上的知识距离。出现这样的现象就更加印证了"知识沟"理论的合理性。在此基础上，学者们又提出了传播效果沟的概念。"效果沟"理论认为，信息不仅导致知识沟的扩大，而且还导致在行为和态度上产生沟壑。这一理论从新的视角去看待信息爆炸给社会和个人带来的影响：信息的无限增大并不能带来社会信息享有权的均衡，其结果只是：有信息特权者获得的信息比没有信息特权者获得的更多，因此两者之间的差距不断拉大。这也正是"知识沟"形成的重要原因。

大众传播效果存在巨大的差异，主要原因有以下几个方面：第一，文化程度的差异。对待同样的一条科技新闻，由于受教育程度不同、已有知识储量不同、文化背景不同，科技新闻对每个人产生的直接和间接影响是不同的。犹如新款服装对每个消费者的影响一样。显然，受众之间的差距是巨大的，信息在不同受众身上产生的效果也各有不同。第二，传播技能上的差异。阅读一条科技新闻，需要的不仅仅是信息储量，还有阅读和理解能力，只有在三者的共同作用下，才能很好地剖析新闻材料，获取其中的重要信息，使其服务于社会和自身。第三，社交范围的差异。社交范围越广，人际交流越频繁，获得知识的时间越短，就更容易接触和接受新鲜事物。正如一个群体中的"意见领袖"，其必要条件是较强的人际交往和社会活动能力，以及关系协调能力，这样才可以很好地做好一个群体的"代言者"。第四，大众传播的媒介素养。大众传播的媒介素养集中表现在传播者和受众两个方面。科技新闻的传播者是具有一定专业素养和媒介素养的人，而受众也大部分集中于文化层次较高的社会群体。第五，受众现代化观念的差异。社会现代化的关键是人的现代化。在促进人的现代化的进程中，大众传播发挥着重要的作用。现代社会可以说是依赖媒介的社会。传播媒介提供了有关政治、经济、宗教、教育等的重要信息，不仅改变了生活方式，而且也改变了人们对家庭、性别、生存价值等的观念。所以，在科技新闻的传播过程中，对于信息的接收程度存在着差别，这是形成科技新闻效果沟的根本原因。这种传播效果沟导致的认识差距，随着时间的推移，有的可能会逐渐缩小或消失，但有些却会长期存在，比如在一些贫穷和落后地区。

传播效果沟的出现，受众存在的差异固然重要，但作为传播者忽略受众存在的这种差异，也加剧了传播效果沟的扩大，从而产生与预期相反的效果。

第三节　如何提高科技新闻的传播质量和效果

科技新闻的传播效果位于传播过程中的下游阶段。它是多重要素相互作用的协同效应，也是受众在接收到信息后，在态度和行为方面的具体变化和反馈结果。那么，如何提高科技新闻传播效果和质量呢？

一、牢固掌握科技新闻传播效果的特征和要素

科技新闻的传播效果，具有以下特征。

第一，内隐性。传播效果产生于受众关注、理解、记忆和接受信息，从而改变态度和行为的全过程之中。因此，测定传播效果，只能依据大量的日常经验或运用科学的评测方法，从受众的言行及其他表现中间接推测和估量。

第二，积累性。大众传播是通过多种媒介、运用多种符号长年累月进行不断的传播，而效果的形成，也是受众在特定的环境中对各种信息耳濡目染慢慢地堆积起来的。虽然有些效果是一蹴而就、立竿见影的，看似效果十分强大，但实际上很难维持。所以，传播效果的产生过程是传授双方之间意义的确立、延伸、替换和稳定的过程，也是效果的滋生、累积、扩展和强化的过程。

第三，恒常性。由于传播效果是在受传两者之间复杂的相互作用中自动显

现和逐步积累而成的，不是外部因素作用的结果，因此，它一旦形成就不易改变，便会自行寻找理由予以捍卫，使其保持稳定。

第四，层次性。在大众传播媒体中，不同技术层次和组织层次的媒介，在使用不同的视听觉符号传递科技信息的过程中，存在着信息质量和数量方面的差异。相同的科技信息，由于信息质量和数量方面的差异，既可以对不同层面的人产生不同的效果，也可以对相同层面的人产生不同的效果。从效果的呈现看，有长期和短期之分、显性和隐性之分；从对象的反应来看，有个人、家庭、群体、组织和社会等诸多效果；从效果的构成看，有感知的、情绪的、态度的和行为的各种效果。把握这一特点，有助于传播者正确地认识和有效传播科技新闻。

第五，两面性。几乎所有的大众传播效果都具有两面性，即积极的影响和消极的影响，只是轻重不同，没有主次之分。因此，在进行效果评估时，一定要充分认识全面性，防止片面化而得出结论。

科技新闻传播效果是指科技信息传播使受众的认知、态度和行为发生变化的程度和方向。对于科技新闻来说，从层次上看，具体的效果构成主要包括以下五个方面的要素。

第一，知识。这是指在传播者与受众者之间形成的共通意义、共享信息、传承知识的效果层面。其效果演进的顺序是收到信息、知道事实、了解性质、得到方法、形成知识、评价结果。

第二，智能。智能包括智慧、智力、能力和创造力等。这里是指科技信息传播有助于人们正确认识事物，提高运用知识和经验解决问题的能力，以及辨析判断、发明创造能力，包含观察力、想象力、思考力、判断力、创造力等能力。智能只能在信息传播以及实践中形成。

第三，价值。是指科技信息对受众所具有的智力、道德和审美价值，以及由此产生的积极向上的促进作用，也包括科技信息传播所引起的受众价值体系的变化。

第四，态度。科技新闻的传播可以改变人们对社会问题和科技问题的看法和态度，从而引起受众在情感上的起伏变化，同时，也能强化人们的行为和动机。态度的变化表现为对原有态度的强化或者改变，甚至是放弃。

第五，行为。科技新闻的传播运用一定的技巧并结合一定的传播手段，可以实现对公众行为习惯和规范的改变，使其向传播者所期望的方向发展。正如某一新科技面世，受众了解其功效后，将其变为现实生产力，从而改变生产和生活质量。

在以上五个要素中，前三者对信息的真实性和正确性有十分严格的要求；而后两者带有一定的倾向性和感染力，在科技新闻传播的过程中，需要准确性和客观性的支撑材料，同时要把握运用的适度原则。

二、增强科技新闻传播效果的策略

随着科学技术的飞速发展，人们在日常生活中可以接触到越来越多的科技信息和科学报道。所以，有效地传播和普及科学知识，对于提高公众的素养和国家的实力至关重要。从前文中我们可以看到，科技新闻的传播受到多重因素的影响，也对受传双方提出了新的要求和挑战。针对这些现象，在科技新闻传播中，增强传播效果便成为至关重要的环节。那么，如何增强科技新闻的传播效果呢？

（一）增强科技新闻的可读性，用好背景知识

每条科技新闻的事件都是在一定的背景和历史条件下产生的，科技新闻事件产生的背景虽然不属于新闻事实本身，却是新闻事实不可缺少的一部分，可以用来补充说明新闻事实。在科技新闻报道中，交代好新闻背景知识，可以使新闻更好地被读者接受或理解。这一点，在科技新闻报道中更为重要。对于许多的科技知识，由于受众自身的知识背景有限，不能很好地理解新的科技动态，所以在科技新闻报道时，如果只提供最新动态或零碎的知识，受众的注意力和接受程度往往难以达到理想效果。提供有意义的相关背景资料，有利于受众联系自己的固有知识，接受新信息，从而加强科技新闻的传播效果。如对于2009年8月我国出现的大范围日全食现象，如果媒体在报道时不链接相关日全食的科技信息，有些受众就很可能搞不懂日全食出现的原因，导致被封建迷信思想蛊惑而产生恐慌。我国媒体在日全食出现之前大量报道相关背景知识，就是一次很成功的科技新闻传播的例子。

（二）深入浅出，将深奥的科技知识化作通俗易懂的语言

由于受众知识水平不尽相同，科技新闻只有通俗易懂，看的人才会多，其传播效果才会好。科技新闻因其自身所具有的科技特性，在传播过程中如果能借助比喻、比拟、象征等文学技巧，就能形象地将科技新闻中的晦涩成分化解为通俗化的语言表达形式，更好地被受众所接受。

（三）增强科技新闻中的知识含量

由于从事一线工作的记者和编辑人员的科技专业知识有限，许多科技新闻的报道都要由非科技专业的"外行"来承担，这就造成了记者自身对科技新闻把握不透彻，只能简单地罗列一些科学术语、事实资料，受众难以从报道中获得更多的科技知识。随着社会现代化进程的加快，受众对科技新闻传播的实用信息需求越来越高，他们已经不满足那种蜻蜓点水式的科技新闻报道，而需要进一步获得实用知识。这就要求传播者提升自己的科技专业素养，报道科技新闻时做够、做好功课，在自己充分理解科技信息的前提下，增加科技新闻报道的科技内涵，提高科技新闻的报道质量。

第四节　科技新闻的传播效果评价

研究科技新闻的传播效果，必须借鉴已有的基本观点及知识。媒介与科技成果推广理论在认识科技新闻传播效果的过程中具有最直接、最密切的指导作用。据此理论可以认为，有效的科技新闻传播可以成为社会的议题，实现适度的整体传播效果；而无效的传播只能带来负效果。研究传播效果，其基本依据是传播效果的评价，而传播效果的评价，则是基于传播价值量的测定。

传播价值量是科技新闻在传播中价值实现的程度，表现为传播扩展的空间，由受众人数及科技新闻的社会反响指数所构成。这两个数值的乘积称作科技新闻的传播价值量，是科技新闻价值的量化尺度。科技新闻价值在科技新闻传播中为一定数量受众所接受，带给受众不同程度的满足感，受众接受科技新闻价值的数量与质量就成为衡量传播价值量的两项主要标准。

一、科技新闻传播效果定量评价的模式建立

科技新闻价值可以归纳为信息价值、教育价值、娱悦价值和社会价值四方面。对这四方面价值，报道者会根据事实特征进行选择，而受众对自己接收的信息也会进行判断，这中间必然存在一个转化的过程。

报道者总是会选择新近发生的科技事实报道，按照报道者的认识，事实越新，报道速度越快，则科技新闻的信息价值就越高。受众在接收一条科技新闻后，就要将其中包含的信息与自己已经知晓的信息进行比较，以确定该报道中到底有多少新的信息，如果报道中的某些事实是受众所知晓的，那么，对受众来说，报道的信息价值就要大打折扣。

信息价值的实现程度还与受众对报道中信息的需要程度有关，比如，一则分子物理研究的新发现，尽管是最新的，但对深山里的农民受众来说却没有太大价值。因而，报道本身包含的社会上新近发生的科学发现、技术发明、技术创新等方面的事实，以及受众对该事实信息的需要程度，决定了报道的信息价值的实现程度。

教育价值体现在科技新闻对受众正确认识社会现象、自然现象的引导程度，如果通过科技新闻报道，受众的认识水平及知识水平得到提高，那么，我们就说该科技新闻的教育价值得到了实现。

娱悦价值的实现取决于科技新闻报道能否给受众带来精神享受。报道者往往会选择客观世界中的各种自然之美、人工之美以至科技逸闻趣事进行报道，但不同主体间审美标准存在差异，可能报道者认为很有趣的事物，并不一定能引起受众的兴趣，甚至产生负面效果，这时，科技新闻的娱悦价值就无法实现。

社会价值的实现，主要体现在受众接受科技新闻后，对树立正确的科学发展观，使科学技术内化为生产者的技能，进而作用于劳动对象，发展社会生产力，推进社会各领域的创新与发展，产生积极的促进作用。

传播价值量的评判者是作为科技新闻传播活动终点的受众，而不应是少数脱离科技新闻传播活动的评论者，因为传播价值量的测定就是受众的接收效果，只有受众才能最准确地告知真实的传播效果。

根据传播价值量的定义，我们知道，社会反响指数与受众人数的乘积就是

传播价值量。其中社会反响指数应由受众的需要满足来衡量。由于受众的需要体现在对信息、教育、娱悦与社会承认的渴望上，因此，科技新闻满足受众的程度就从这四个方面来评价，而四者的相加就是受众需要满足量。受众人数应以相对人数作为指标，而不是绝对人数。因为绝对人数与样本大小直接相关，不具有可比性。相对人数代表被调查者中接收到某条科技新闻的受众占多大比例，在样本设计科学的情况下，这一数字可以表示不同科技新闻受众接收信息水平的差别。

这样，我们就可以给出一个公式来表示科技传播价值量：

$$Cv = \frac{P}{S} \cdot (I + E + J + R)$$ （公式 7-1）

公式 7-1 中，Cv 为传播值，S 代表调查样本数，P 代表调查对象中多少人接收科技新闻，I 代表信息满足程度，E 代表教育满足程度，J 代表娱悦满足程度，R 代表社会承认程度。

二、科技新闻传播价值量的测量

如上所述，计算科技新闻传播值的模式已经建立起来了，那么，如何测量这四方面的满足程度呢？有两种方式：一是等级制，二是细则制。等级制即将满足程度分为若干等级，比如采用十分制时，分为四等或五等，则每等两分半或两分，然后请调查对象根据感觉填写，最后由调查人员算出总分。这样做的优点在于程序简单，容易操作，缺点在于受众随意性和模糊性太大，对同一等级的认识，不同受众差别很大。细则制，要求调查者分别列出每一种满足程度中的相关因素，比如，与信息满足程度相关的主要因素有信息的新颖性、时效性、有用性、可操作性，那么就请调查对象就这四方面回答"有"或"没有"，根据其回答，肯定计为一，否定记为零，再乘以该因素的分值。如果有四个因素，则每个因素的分值是两分半，相加得到每一项满足程度，再相加，则得出受众的满足程度。这种做法的优点是比较准确，受众的随意性、模糊性降低，缺点是程序烦琐，受众在回答过程中会出现疲劳，影响回答结果的质量。

对科技新闻的评价能否用定量的方法，一直是新闻界争论的话题。支持者认为，只有量化，才能准确比较科技新闻的优劣，笼统地说"好"与"差"不科学；反对者认为，科技新闻的评价只能定性来看，细化成几个分值，主观性很大，同样不科学。其实，不论是定性评价，还是定量评价，各有利弊，要想扬长避短，就需要将两种方式结合起来，发挥各自的优点，让科技新闻的评价标准更科学。具体说，定性评价的优点在于抓住科技新闻的特征，分项评价，反映科技新闻的运作规律，但评判时缺乏层次性和逻辑性，比如，好到什么程度，不好到什么程度，没有客观统一的标准。定量评价的优点在于标准明确，评价依据客观、准确，但很难抓住科技新闻的本质特征。为此，我们在进行科技新闻的定量评价时，如果能够依据定性评价设定的标准，用量化的程序去分析，就能得到一种客观的定量评价方法。

根据这一想法，在设计指标体系时，我们可以将其分为两个层次：第一层次反映科技新闻共性，第二层次反映科技新闻特性。第一层次分为科技新闻定义、科技新闻价值、科技普及、科技新闻法规四方面。将每个方面作为一个大项，再根据科技新闻的特征设计若干子项。有了指标项目后，还要设计权重，即对同一层次各项指标的重要程度作定量描述。在采用百分制的前提下，第一层次四个大项的权重，分别用百分比来表示，第二层次指标的权重，用小于 1 的正小数来表示。评价时的等级分为 A、B、C、D 四个等级，其中 A、B、C 为入选级，D 为淘汰级。

根据这种方法，我们拟提出评价指标体系如下：

（1）科技新闻定义为 30 分，其中，科学性权重为 0.4，新闻性权重为 0.2，真实性权重为 0.4。

（2）科技新闻价值为 30 分，其中，学术意义权重为 0.4，经济意义权重为 0.4，社会意义权重为 0.2。

（3）科普价值为 30 分，其中，知识性权重为 0.4，可读性权重为 0.3，思想性权重为 0.3。

（4）科技法规为 10 分，其中，科技政策权重为 0.2，科技法律权重为 0.4，科技新闻法规权重为 0.4。

A、B、C、D 四个等级，分别赋予 1、0.8、0.6、0.4 的权重系数，各子项的权重与所属大项的分值相乘，即为该子项分值，再乘以评价等级的定量描述值，即为该子项在该等级内所具有的评价分数。

这一定量评价指标体系有三个优点：首先，它包含了定性与定量相结合的方法，指标项目的确定，以定性评价标准为依据；其次，它考虑了科技新闻的共性与科技新闻的特性的统一；最后，它的分值划分比较科学，操作起来比较容易。当然，对科技新闻的评价并非一套指标体系，我们可以运用这套体系的设计思路，根据不同的情况，设计不同的指标体系。比如在科技新闻选择标准的划分上，在子项的划分上也有新的变动，而最灵活的就在于分值的设定，到底权重多大，不同等级的分数如何设定，都有很大的弹性。根据这些因素进行调整，还可以设计出多种不同的评价指标体系。

尽管有了科技新闻的定量评价指标体系，但我们会发现，这与我们要进行的科技新闻的传播价值量的实际计算还有很大差别。最大的差别在于：前者是以专家学者为评判者，后者是以受众为评判者。根据传播价值定义及其测量公式，我们可以用科技新闻的社会反响指数与受众接收率计算科技新闻的传播价值量。社会反响指数由受众需要的满足来衡量，受众的需要体现在对信息、教育、娱悦与社会承认的渴望上，科技新闻受众的满足程度从这四个方面来评价，而四者的相加就是受众需要的满足量。受众接收率以被调查者中接收到某条科技新闻受众多少的比例来体现。

这样，我们就可以根据传播值的公式（公式 7-1），对科技新闻传播价值量进行测定。如果采用等级制的方法来测量，那么，科技新闻传播值的测量方法与一般新闻传播值的测量公式没有任何差别，不同的只是将调查对象换作科技新闻，但若采用细则制，由于科技新闻的价值评价细则与其他新闻不同，因此就会显出其特性来。在设计受众调查问卷时，一定要注意：第一，问卷表达清晰，没有歧义；第二，受众回答简洁，不要太烦琐；第三，结果便于统计分析。

下篇 实务篇

第八章　科技新闻报道的选题

谈及科技新闻报道的选题，我们需要思考如下几个问题。首先，新闻从业人员需要思考其所谋划的选题是否具有较强的新闻性，其所报道的内容是否科学、准确和真实。其次，选题本身是否能够经受这样一个问题的检验：跟我有什么关系？这里讲的"关系"包含两个层面：第一，是选题本身与记者所在的媒体有何关联；第二，是选题本身与受众有何关系。这两点是提升科技新闻报道选题可行性和报道关注度的重要因素。再次，记者本人是否能够用一句话或者几个关键词概括出科技新闻报道的主要意图？这是一种新闻采写人员的基本技能。如果不能做到这一点，只能证明这名记者的报道方向不明、思路不清，报道意图还有待进一步明确。正如戏剧制片人大卫·贝拉斯科讲到的那样：如果你不能把报道意图写在我的名片背面，说明你的意图还不够清晰。[1]最后，我们还需要思考一个问题，在选题时是否在互联网平台搜索过相关资料呢？随着融合媒体时代的来临，受众的媒介接触行为和接触渠道更为丰富和多元。在新兴媒体领域，存在海量的资讯。这些信息有助于我们拓宽报道的思路，倾听来自各个领域的声音。这对报道选题而言，是零成本、快速进入选题本身的重要途径。

当然，仅从以上几个角度思考问题对于科技新闻报道选题而言是不够的。新闻从业人员还需从具体的选题操作入手，吃准"两头"，即受众需求的一头和上级宣传报道方向的一头。美国《沙漠太阳报》主编维基·波特为了进一步了解社区居民的信息需求，选择可行的报道选题，着手实施了四大措施。第一，她在报纸上印刷优惠券，公众通过填写简单问卷即可使用这些优惠券。这些问

---

[1] 转引自卡罗尔·里奇. 新闻写作与报道训练教程[M]. 3版. 钟新, 译. 北京：中国人民大学出版社, 2009.

卷本身涉及受访群体对本社区相关问题的具体看法。第二，她所在的《沙漠太阳报》还直接刊印调查问卷，开辟专门的意见收集刊物《反馈论坛》，受众群体的反馈信息得到进一步整理和收集。第三，波特还派专人到社区，了解民众的话题关注点或者兴趣点。第四，波特还发展了一批与记者关系紧密的读者，成立了读者智囊团。他们中有热心公众事业的读者，也不乏意见领袖和利益团体。最终，采集到的相关信息极大地拓宽了记者和编辑们的思路，做出了符合受众需求的新闻报道。通过这一案例，我们可以从两个方面进一步理解科技新闻选题的思维方式：第一，从媒体运营管理的角度看，我们需要从制度、程序上对选题的确定加以指导或干涉；第二，作为新闻工作者，我们需要在保持好奇心、敬业心的同时，加强反向思考，打破传统的单向传播模式，将自己置身于普通受众的角度，思考选题的传播效果和可行性。

具体到科技新闻报道的选题工作，我们将着重从互联网选题和其他途径选题、科技新闻通稿改写方式、选题论证等几个方面讲述科技新闻报道选题的思路和主要方法。

第一节　互联网选题

从目前的传播环境看，所谓互联网选题应是一个非常宽泛的概念。一方面，传统的广播电台、电视台、报社应充分利用新媒体中心（部），通过网站、微信公众号、官方 APP、短视频平台（抖音、快手等）广泛收集受众反馈意见，发布宣传报道方向，及时整理相关信息、调整相关选题；另一方面，新闻从业人员可利用网络资源，从互联网搜索引擎、科技类专门网站、论坛、微信公众号、科技类团体 QQ 群/微信群等主动收集信息，并针对相关群体的关注点和媒体报道方向重新修正或拟定报道选题。下面，我们从搜索引擎等五个方面来谈互联网选题的具体方法。

一、搜索引擎

在互联网中通过关键词搜索报道选题是十分有效的途径。例如：如果需要写一篇关于 5G 民用网络上线方面的报道，可以打开搜索引擎，然后输入"5G""民用""上线"等几个关键词。之后，会搜索到大量相关信息。这些海量的信息涵盖了多个报道方向，可以从 5G 民用网络的上线时间、5G 网络的覆盖和资费问题、5G 网络对日常生活的影响等多个方面展开选题工作，而非只从 5G 民用网络上线的时间入手。

另外，互联网还提供了成千上万种在线报纸。新闻记者可通过阅读电子版科技类报纸，或者登录中国知网等电子期刊、报纸网站查阅大量的信息。例如，如果要写一篇关于华为鸿蒙系统 HarmonyOS 的报道，可以登录中国知网（www.cnki.net），输入"华为""鸿蒙"两个关键词，并选择"报纸"选项卡，即可搜索到相关报纸信息。其中内容既包括华为鸿蒙系统 HarmonyOS 对我国信息技术发展的重要作用，也涉及了该系统发布后的战略布局等问题。

当然，以上的方式同样适用于广播电视媒体。在相关的广播电视新闻和栏目中也可以采用互联网的方式，为编导、记者、制片人提供选题的方向，并针对本地区的具体情况作进一步的采访报道。

二、科技类专门网站

关于科技类专门网站，我们主要强调三类。

第一类：国家、省、市三级的科学技术行政管理部门官方网站。例如：中华人民共和国科学技术部官方网站（http://www.most.gov.cn）、四川省科学技术厅官方网站（http://kjt.sc.gov.cn）、成都市科学技术局官方网站（http://cdst.chengdu.gov.cn）。在这一类网站中，一线记者或编辑主要把握三类信息：①近一时期国家在科学技术领域关注的重点、热点话题；②科学技术界的前沿课题或争议性问题；③国家、政府关于科学技术领域的相关管理规定、规范、法律、法规。

第二类：全国或者地方性的科学技术协会官方网站。这一类网站重点起到一个"承上启下"的作用。一方面学习领会国家层面科学技术发展问题的相关精神、思路；另一方面又起到贯彻落实，或者说"落地"的作用。例如：成都地区科学技术工作者的群众组织"成都市科学技术协会"的网站（https://www.cdkx.org.cn），涵盖了科技新闻、各市级协会、区县科协、企事业科协、科普基地、科技教育、青少年科技创新等大量信息，有助于新闻记者对报道选题的拟定。

第三类：科学技术类民间组织的网站。例如：成都市科技青年联合会（简称市科青联），包含了"科技服务""学术交流"等内容，这对科技工作者、科学技术成果等方面的选题具有较好的参考价值。

三、论坛

科技类论坛是新闻记者寻找选题的一个重要途径，在这类网络论坛中，通常会由管理员筛选、置顶多个核心话题，不时会有相关讨论发出。论坛中的各类帖子也是我们扩大信息源的重要途径。例如：如果需要写一篇关于Linux/Unix 操作系统技术方面的报道，不妨进入网站 ChinaUnix.net。这是一个以讨论 Linux/Unix 操作系统技术、软件开发技术、数据库技术和网络应用技术等为主的开源技术社区网站。内部设有专门针对"IT 运维""操作系统"的板块，众多一线技术人员、爱好者发表了数以万计的精帖。各种"学习分享""Unix 资讯""技术交流"的内容对一线记者的选题有较大的启发作用。当然，对待论坛里的帖子，尤其是争议性较大或者来源不明的内容，我们可以从两个角度去使用信息。

首先，可以正面地使用和报道，对帖子的内容加以深化和落实；其次，对有待考证、失之偏颇，甚至有明显"伪科学"或者有违常理的信息，我们也可以从揭露事实真相、求真务实的角度去报道。

四、技术社区

"技术社区"通常是一类专门性网站，聚集了具有相同爱好或者相同行业的群体。目前国内技术社区主要针对"IT 技术"，即"IT 技术社区"。IT 技术社区聚集了 IT 行业内的技术人才。新闻记者可以在技术社区了解到行业最新进展，学习最前沿的技术。

一般而言，技术社区包含三类人群：第一类，遇到相关问题去"社区"提问的人；第二类，有意识主动去技术社区查看博客、学习新知识的人；第三类，写文章的人，他们喜欢分享某一类技术或者实战经验。例如："CSDN""博客园""SegmentFault""V2EX""开源中国"等技术社区均设有相关专题讨论区域，拓展了技术交流的渠道。

总体而言，技术社区是聚集技术人的地方，也是技术人员学习交流的最佳场所。在这个圈子里，新闻从业人员可以遇到众多专业技术人员或者爱好者，从他们发表的文章或者交流的问题中可以获取有价值的报道选题。

五、微信公众号

微信公众号是目前传播效果较好的一种信息发布平台，其主要以手机微信软件为依托，接触群体大，用户使用频率高，传播范围广。新闻记者，尤其是科技类新闻报道的专门记者，应主动关注科技新闻类微信公众号，了解科学技术领域各类最新信息和动态。这些公众号涉及科技信息推送、科技美学等大量信息，从实用科学知识、行业技术、热点话题等方面为记者提供了选题思路。

六、科技类团体、组织 QQ 群、微信群

作为科技新闻记者，需要充分利用 QQ 群、微信群加强同科学技术领域相关团体、组织、个人的沟通与交流。目前，微信群、QQ 群是较为理想的进入科技类团体、组织的方式。一般而言，记者需要运用人脉关系，经引荐进入群聊。之后，记者需要主动沟通，认真提取、筛选相关信息。对可能存在的报道方向要及时与群内人员沟通，条件允许时还可以找到具体的采访对象，接洽采访事宜。

互联网资源可以作为选题的重要来源，但这里需要强调一点，科技新闻记者不能将未注明消息来源或者未经许可的信息直接进行"粘贴复制"。选题当然是没有版权的，但其他网络信息或者图片存在版权问题。如果从网络或者相关渠道直接采用信息，可能涉及侵犯知识产权。所以，如果在报道中确实需要相关网络信息，须再三核实消息的准确性、合法性，写出消息的来源并取得著作权人或者单位的许可。

第二节　科技新闻报道选题的其他途径

一、常用选题方法

互联网选题是科技新闻报道选题的重要途径之一，我们还可以采用其他一些途径获取选题。

在现今媒体的采访报道中，通常可以从六个方向获取选题。

第一，作为成熟的科技新闻记者，我们除了关注常规新闻事件的影响性以外，还应当关注具有本地关注性、普遍性、异常性、及时性、冲突性和名人显著性的信息，从中挑选适合的报道选题。

第二，从以往建立的消息源获取信息。例如：科学技术管理部门的宣传干事、负责人，各级科学技术协会的负责人或联络人，相关科学技术团体负责人或者其他从业人员。

第三，科技新闻记者应研究科学技术领域的公文或者相关文件，能正确、精准地解读政府或者相关科技管理部门的文件。这是科技新闻从业者的基本能力。一般来讲，我们可以从文件中看出科技发展的方向、模式或者"落地"的具体措施，这对选题来讲具有十分重要的作用，亦可以指明报道的方向，确立基本的宣传思路。

第四，从生活中的细致观察入手。新闻记者的观察力是通过长期的新闻工作实践逐渐提升的。新闻行业的新人或者相关专业的毕业生，首先要做到的是主动、有意识地观察生活。对于生活中看到的一切问题都需要思考它是否具有新闻性，是否可以成为选题。其次，要经常关注其他媒体的科技类信息，分析研究其报道思路，及其对新闻信息本身的处理方法和具体的行文套路。

第五，从编辑的选题策划中确定选题。编辑最重要的工作并非改稿，而是根据当前形势、环境策划相关选题。一般而言，编辑都是从一线记者中培养出来的，多数具有丰富的新闻从业经验，他们能掌握报道的方向和传播的大环境。

一线记者可以多向他们请教,从他们的策划方案和主要思路中选择合适的选题。

第六,要特别提醒的是,同一区域的其他媒体也是需要高度关注的。例如:省级科技类报社的记者或编辑在确定报道选题时,不妨关注一下省级、市级广播电视台的科技新闻、科技类栏目信息。这是打开思路、确保选题可行性的重要手段。

二、其他选题方法

以上六个方面是一线记者惯用的选题方法,除此以外,结合一线工作实际,还有如下几种选题的建议。

第一,头脑风暴法。和同事、主管编辑、消息源保持密切的联系和沟通,共同探讨近期的热点话题,多使用电话、微信等形式交换意见、分享信息,并重点询问采访报道的可能性。然后,利用电话或者网络语音的形式将一些可能存在的选题进一步落实。在可能的情况下,还可以同受访对象商议大致的采访报道时间。

第二,查阅数据库。报纸、电台、电视台都有海量的已发报道存档。科技新闻记者可主动去查阅这些信息。查看时需要注意方式方法。首先,看时间。需要关注这篇报道是在什么阶段、什么背景下发出的。这会对自己的选题具有一定的启发作用。其次,看信息源。要分析这篇报道是从何处得到消息的,有必要的话,还需要找这名记者沟通。最后,看报道的方向。要特别注意这篇报道的行文方向,它是从什么角度去写的,这种方向和角度很有可能会对自己产生启发。

第三,图解主题法。图解主题法是梳理报道选题的重要方式。我们对一个消息源的分析往往是需要深入的,图解主题法是通过词语联想的创造性过程,帮助记者对读者感兴趣的话题进行一一拓展。假如需要报道"国产航母山东舰服役"的新闻,就可以采用图解主题的方法来实施(图8-1),图8-1上的每一片树叶上的信息均通过联想得出,可作为选题。

图 8-1　图解主题法分析山东舰服役信息所获取的报道选题树状图

第四，假设法。假设法的操作方式同图解法的较为相似，即针对某一问题进行角色扮演，从而来发现他人对某个问题的看法。这样的操作方式可以使一线记者产生创作受事件影响者的专题或者特写的想法。例如，2019 年 11 月 23 日上午 8 时 55 分，我国在西昌卫星发射中心用长征三号乙运载火箭，以"一箭双星"方式成功发射了第 50 颗、第 51 颗北斗导航卫星。北斗导航卫星系统于 2020 年 7 月 31 日正式开通，现存的大量 GPS 导航是如何处置的，是废弃了还是升级了？如果升级了，费用如何计算的？GPS 转北斗导航卫星系统时出现了哪些内部编码的改写或者重写问题，技术攻关方面存在哪些问题？过渡期民用导航是如何应对的，有哪些过渡产品？这些疑问都可以从假设的层面延伸到实际报道选题中。

第五，观察法。新闻记者在一线工作中一定要注重对周边生活环境的观察，留意近期当地政府的公告、通知、倡议等。特别注意有没有科技领域的新鲜事或者最新的场所活动向大家介绍。例如：大城市通常都会有几所科技馆或者博物馆，要时常关注一下是否有最新的展出或者相关活动。这些都可能是报道选题的来源。

第六，人际沟通法。新闻记者的职业身份要求其要有较强的语言沟通能力，科技新闻记者需要运用各种沟通技巧同身边不同的社会群体进行交流。例如，对于航空航天、军事科技方面的问题，科技新闻记者不妨走进校园、科技馆，跟那里的学生交流一番，或许就会产生不少有趣的选题。

第七，查阅名录法。许多大学和政府都会有部门名录和人员名录。新闻记者需要及时查阅这些名录。事先可以有一番电话沟通，主要目的是确定谈话的时间、地点和大致的话题。2008年以后，地震在我国一些地区呈现高发态势，科技领域的新闻记者需要时常与这方面的专家保持密切的联系，其中难免会有不熟悉，或者交流不深的人士，那么可以查阅名录，通过所在的媒体或者科技管理部门牵线搭桥来走近他们，听听他们的专业见解，选题往往随之而来。

第八，查阅分类广告法。科技新闻记者不妨多关注一下各类广告，寻找非同寻常的广告内容。例如：目前市场上手机广告铺天盖地，是否可以关注同一时期不同手机广告的内容？有些品牌手机注重拍照功能，有些手机注重屏幕，有些手机注重待机时间，有些手机则注重机身的厚薄……仔细研读这些广告，会发现它们很少提及接听电话的音量或者信号的强弱，这是手机通话这个基本功能的核心要素。反过来，新闻记者可以做这样一个思考：手机厂商的卖点主要由消费者的喜好而来。报道点也可以从"拍照功能""屏幕""待机时间"等问题入手。这里，我们以"拍照功能"为例，说明选题的方法。通常，手机广告都会强调某品牌的手机像素很高，进而明示或暗示其成像质量很好。慢慢地，消费者会形成一种认知，手机的像素越高，成像质量越好。实际上，这是一种消费误导。手机的成像质量受传感器质量、防抖功能、软件算法、镜头口径等多种因素制约。而且像素高只代表图像可以放大的比例大，并非能直接决定照片的画质。消费者寻求的是高画质，商家强调画面的放大比例较大，这本身就是一种消费的陷阱，值得我们科技新闻记者多加思考。

第九，新闻本地化。无论哪一级新闻媒体，所报道的新闻最好都是接地气的。除了一些政策性、预见性、评论性的稿件外，记者在撰稿时都要考虑消息本身的"落地"问题。例如，一家市级科技类报刊的记者看到省级报纸《四川科技报》登载《南江县增强"造血式"科技扶贫内生动力》，应当立即思考自己所在的城市或者区县是否也有类似问题。记者们不妨打电话、发信息询问消息源，选题可能就此浮出水面。

第十，找寻人物特写法。在科学技术领域，存在很多默默无闻奋斗在一线的工程技术、研究人员，他们相比于艺人的曝光率实在是太低了，这对于科技新闻记者来说是一个不错的选题方向。我们可以在获得授权的情况下，走进科研院所，走近一线技术人员、工程师、设计师，他们身上往往会有很多值得报道的内容，有很多让人动容的故事。

第十一，跟踪报道法。在科学技术领域，一个实验项目、一个研发项目往往需要很长的时间才能收获成果。在此过程中，每个阶段都会有问题、成绩、成果的出现，这对于科技新闻记者来讲，往往是不错的选题来源。我们需要随时关注项目的进度，保持同相关项目负责人、联络人的密切联系，从项目立项、启动、实施到完成，都有我们可以选题的内容。

第十二，改写新闻稿。科技管理部门、各级科技协会、民间科技类团体往往会发布很多新闻稿。这些稿件蕴含着许多专题报道选题。科技新闻记者需要主动关注相关出版物、网站、微信公众号、微博、论坛等，以这些新闻稿为线索拟定选题。

第十三，保持好奇心和关心。科技新闻记者在面对科学技术这个广阔的报道领域时，拥有较强的好奇心和关心是必不可少的。例如：目前人群中流传着一个词语"智慧+康养"。什么是"智慧+康养"？智慧体现在什么地方？它与"康养"如何结合呢？《四川科技报》在 2019 年 11 月 15 日就报道了一篇题为《米易县科协着力打造"康养文化旅游科普基地"》的文章，介绍了四川省攀枝花市米易县科协围绕"康养文化旅游科普基地"打造，从环境氛围营造和软硬件设施方面提档升级，指导众益科普苑将科普苑内的奇石文化与众益康养文化深度融合开发，以优势资源引领特色康养产业项目，推动米易县"农文旅"的高质量发展。在这篇报道中，"智慧+"受众一般比较常见，但"康养"估计大多数人就不太了解了。一线记者抓住这个点，拟定一个选题往往可以做出吸引受众的报道。

第三节　科技新闻稿

科技新闻稿往往是由科技管理部门、协会、团体组织的宣传稿件，这些团体或组织不少希望报社、电台、电视台能原样采用他们的稿件。但这里存在两个问题：首先，照搬他人稿件存在剽窃和侵犯版权的问题；其次，直接照搬新闻稿往往在语言和表达上存在"有失专业水准"的问题。上述部门的撰稿人通常不具备新闻写作的技能和素养，直接用他们的稿件极有可能会影响报道质量。另外，稿件中的信息真实性、客观性还有待进一步核实。新闻记者还需要特别注意对个别单位、组织的"唱赞歌"内容的把关问题。比较稳妥的做法是，直接引用某些言论时，务必标注出处或者来源。例如：在题为《听榜样故事承优良作风——我省组织收看全国科学道德和学风建设宣讲教育报告会》的报道中，与会人员谈及了"观后感"，文中便明确指出了"青年是未来的科技工作者和国家未来科学事业的主力军，作为医学研究生，我们更应恪守学术规范，不违背科研伦理，做到对自己负责、对团队负责、对真理负责"这一信息的来源是三位专家和成都中医药大学学生邓××。①

那么，当我们拿到一份新闻稿，我们应当如何将其改写成符合规范的科技新闻报道呢？现在我们以某省科学技术厅的一篇新闻稿为例，讲述科技管理部门、协会、团体所发新闻稿与科技新闻报道的区别，阐明改写的具体方法和注意事项。

新闻稿：《四川省2020年"三下乡"活动在乐启动》

来源： 四川省科学技术厅官方网站（http://kjt.sc.gov.cn/）

文稿内容：

1月6日，四川省2020年文化科技卫生"三下乡"集中示范服务暨"我们的中国梦"——文化进万家活动在峨边彝族自治县启动。省委宣传部副部长李晓骏，市委常委、宣传部长于丽出席活动。

李晓骏表示，今年，"三下乡"活动将以学习贯彻习近平新时代中国特色社会主义思想和习近平总书记对四川工作系列重要指示精神为首要任务，开展送理论下乡；以确保高质量打赢脱贫攻坚战为主线，开展送服务下乡；以建设新时代文明实践中心为载体，开展送文明下乡；以强化制度机制建设为保障，形成弘扬良好社会风气，各级各类人才向农村流动、

---

① 文章出自《四川科技报》2019年11月15日第2版。

农村学雷锋志愿服务、农民知识技能培训、平台阵地资源整合的制度化常态化机制。

于丽表示，近年来，市委、市政府尤其重视推动文化、卫生、科技下乡，助力脱贫攻坚，切实把党和政府的温暖关怀送到基层千家万户，送到贫困群众的心坎上。2020年，乐山将以此次活动为契机，切实办好各项民生实事，让改革发展成果惠及全市人民。

此次活动由省委宣传部联合省科技厅、省文化和旅游厅、省卫生健康委等21家省直部门举办。活动中，21个省直部门向当地群众赠送了物资、对联、"福"字等小礼品，并开展各类知识科普，接受群众咨询。"四川省第二十二届文化列车·同心艺术团"的演员们现场进行文艺表演。接下来，文化下乡活动将分2个小队，深入峨边彝族自治县、马边彝族自治县部分乡镇和我市部分县区开展8场演出。省第十七届卫生下乡爱心服务团还将在马边部分乡镇举行送卫生下乡活动。

科技新闻报道：

标题：送文化 送科技 送卫生 2020年四川省"三下乡"在乐山峨边启动

文稿内容：

1月6日下午，由四川省委宣传部、省文明办、省科技厅等21家单位共同主办的四川省2020年文化、科技、卫生"三下乡"集中示范服务活动暨"我们的中国梦"——文化进万家活动，在乐山市峨边彝族自治县正式启动。省委宣传部副部长李晓骏，乐山市委常委、宣传部长于丽出席活动。

活动现场，四川省第二十二届文化列车同心艺术团为峨边群众带来了一场精彩纷呈的文艺"大餐"，歌舞、相声、小品、曲艺、杂技等14个节目收获了现场观众阵阵掌声和欢呼声。"节目很丰富，表演很精彩，关键是在'家门口'就能看到，真的很开心、很幸福！"峨边市民贾浩对演出赞不绝口。

与此同时，在主舞台另一侧，来自四川省科技厅、扶贫开发局、教育厅、体育局、交通厅等省直21个部门搭建起咨询台，接受群众的卫生和科普知识咨询。"你得用外力按压心脏，推动血液循环，一直要坚持按到救护车到来，专业的医护人员接手。"在义诊咨询台外，四川省红十字会的工作人员刘泽宇向群众手把手地讲解着心肺复苏的急救方法。"这个活动很好，不仅能给我们看病送药，还教我们急救的知识。希望这种活动能经常来到峨边。"在学会了心肺复苏急救方法后，来自峨边黑竹沟镇的阿依开心地说。

据悉，2020年元旦和春节期间，四川省有近600支小分队和数万名文化文艺志愿者，将深入四川省广大城乡，开展文化、科技、卫生等志愿服务。省委宣传部副部长李晓骏表示，今年，"三下乡"活动将以学习贯彻习近平新时代中国特色社会主义思想和习近平总书记对四川工作系列重要指示精神为首要任务，开展送理论下乡；以确保高质量打赢脱贫攻坚战为主线，开展送服务下乡；以建设新时代文明实践中心为载体，开展送文明下乡；以强化制度机制建设为保障，形成弘扬良好社会风气，各级各类人才向农村流动、农村学雷锋志愿服务、农民知识技能培训、平台阵地资源整合的制度化常态化机制。

对比新闻稿和科技新闻报道，我们可以看出如下三点区别：第一，在科技新闻报道中，信息更加准确、详细；第二，在科技新闻报道中，记者增加了现场图片，提升了真实性；第三，在科技新闻报道中增加了四段采访内容，使文稿显得更为客观，具有说服力。上述内容在新闻稿中是不具备的，新闻稿所强调的主要是政策、方向、思路上的内容。科技新闻报道则必须有细节，讲真实、讲生动。这些细节方面的信息和采访内容都需要我们新闻记者到一线去亲身感受才能娓娓道来。

第四节　科技新闻报道选题的论证

除部分编辑指派的选题外，大多数选题是由一线记者自主拟定并完成的。

日常的"选题论证"包括对拟在第二天刊发或者播出的新闻报道的简单描述。选题论证通常从标题做起,再辅之以简单的描述性语言,包括核心内容、采访对象、报道目的以及传递的主题思想等。一般而言,文字编辑或记者在三天内需要完成至少3—7天的稿件量。这一过程可以帮助记者聚焦选题的"时效性""准确性""显著性""接近性"等基本特征。

要写好选题论证,首先需要给报道加一个简单明了的标题,然后用几句话简要描述选题,此外,还包括消息源以及可能会涉及的采访对象、报道目的、设备和人员。下面,我们举例说明。

标题: 第五届中国(成都)国际科幻大会成功举办

选题描述: 2019年11月22—24日,由中国科学技术协会指导,成都市政府、四川省科学技术协会主办,成都市科学技术协会等单位承办的以"多元幻想,多彩未来"为主题的第五届中国(成都)国际科幻大会将在成都东郊记忆景区举行。刘慈欣、罗伯特·索耶、王晋康等来自14个国家的近60位嘉宾和300余位中国知名科幻作家、相关学者及科幻产业成功人士出席,是历年来中国对外科幻文化交流中国际化程度最高的一次盛会。

消息源: 成都市委宣传部、四川省科学技术协会

采访对象: 中国科学技术协会、成都市委宣传部、四川省科学技术协会、四川科幻世界杂志社有限公司负责人,作家刘慈欣等

报道目的: 科普科幻创作作为推动科幻事业发展的重要力量,将插上产业化、国际化的翅膀,以文学的优势助推文化产业的蓬勃发展,助力成都建设世界文创名城,助力四川建设文化强省。作为当地媒体,应当大力宣传科普科幻创作及其相关活动,为地区发展摇旗呐喊。

设备和人员: 第一,设备。①电视台:摄像机、话筒、辅助灯光等;②报社:录音机、笔记本(本子、笔和电脑)、单反相机、网络直播设备等;③电台:话筒、笔记本等。第二,人员。①报社:文字记者1名、摄影记者1名(融媒体);②电台:融媒体记者1—2名;③电视台:出镜记者1名、摄像记者1名。

第九章　科技新闻的信息采集

　　科技新闻的信息采集首先需要解决的问题是采集何种信息的问题。一般而言，我们应当按照新闻五要素原则进行信息采集工作，即：何时（when）、何地（where）、何事（what）、何因（why）、何人（who）。这是新闻采写的基本规范，自然不必赘述。但关键的问题是，针对上述"5W"的采集，应该怎样落实呢？毕竟，同一信息的采集会有概括与详细、泛泛而谈与形象生动的区别。从长期的新闻实践看，要做到详细生动必须做到"换位思考"，即新闻记者要站在受众的角度思考问题，从受众的角度表述事件的经过。著名记者马莎·米勒曾说过："你向读者报道事件，并不是讲给他们，而是展示给他们，让他们身临其境地感受。调动你所有的感官把读者带到现场。把气味和声音也写进报道。"[1]也就是说，在科技新闻写作中，需要记者打开所有的感官系统，用心感知在现场的所见所闻，用生动的词语表达细节，以便使受众在脑海中形成形象的画面，最终达到传播效果的最大化。

　　《科技日报》曾在2019年11月4日发表了题为《"高分"家族又添"七娃"》的一篇报道。[2]当第一眼看到这个标题时，我们会想到什么，会有什么疑问呢？这或许就是读者想要了解的信息。也是我们在信息采集阶段需要重点把握的信息。例如：什么是"高分"？"七娃"又是什么？下面，我们截取部分已刊发的文稿内容倒推信息采集的过程和要点。

　　　　11月3日，中国航天科技集团五院抓总研制的高分七号卫星，在太原卫星发射中心成功发射。我国"高分"家族再添一员。（时间、地点、人

---

[1] 转引自卡罗尔·里奇. 新闻写作与报道训练教程[M]. 3版. 钟新, 译. 北京: 中国人民大学出版社, 2009.
[2] 庞丹, 付毅飞. "高分"家族又添"七娃"[N]. 科技日报, 2019-11-04: 2.

物、事件）

对于"高分"家族这位"七娃"，早在它闭关修炼时，江湖上就有许多传说。有人说它有洞察秋毫的千里眼；有人说它是丹青圣手，最擅长绘制壮丽山河的图景；还有人说它是航天界的"詹姆斯·卡梅隆"，拍出来的3D大片足以媲美《阿凡达》。（记者用生动化的语言描述"七娃"身份、作用和地位）

如今，"七娃"横空出世，它到底有多传奇，一起来了解下。

身 怀 绝 技

作为我国首颗亚米级高分辨率光学传输型立体测绘卫星，"七娃"拥有不少特殊功能。（主要特征）

比如与一般光学遥感卫星只能拍摄平面图像相比，"七娃"可以绘制立体图像。在它眼中，建筑物不再只是地图上的方格，而是一个个立体"模型"。（本段第二句话对第一句话进行了解释说明，使受众能准确理解"立体图像"的含义）

同时，"七娃"的分辨率不仅能够达到亚米级，而且拥有目前国内最高的定位精度。如果说我国首颗民用高分立体测绘卫星资源三号能绘制1∶50 000比例尺地形图，解决了我国立体测绘从无到有的问题，"七娃"则能获得1∶10 000比例尺地形图。在资源三号的立体地图上，我们可以准确定位高速公路，而有了"七娃"，即使一条乡间小路的位置也能明察秋毫。（采用类比的方式，使受众在脑海里快速形成画面，便于了解准确地理信息）

在这篇报道中，为什么要将第七颗高分卫星叫作"七娃"，为什么要用"洞察秋毫的千里眼""丹青圣手""航天界的'詹姆斯·卡梅隆'"来描述这颗卫星，而不是用"高分辨率""高清晰度"这样的词语呢？其实，这就是我们反复强调的一个问题，新闻记者，尤其是科技新闻记者，所报道的内容往往涉及科学技术方面的知识和技能，受众限于认知能力，其未必能理解记者所要表达的内容。作为科技新闻记者，假如我们能采用生动形象的语言，将那些高深的、专业性强的或者度量性的词语具体化、形象化，充分利用听觉、视觉、嗅觉、触觉感知新闻现场的各种细节，并将其通俗易懂地传递给受众，传播效果必然较那些冰冷的数据、专业词语要提升许多。

那么，在具体的新闻实践中，我们应该如何采集信息呢？下面我们从四个方面一一阐述。首先，我们谈一谈科技新闻记者在采集信息过程中所必需的科技好奇心和观察。

第一节 科技好奇心与观察

著名心理学专家海蓝博士曾在其著作《不完美，才美》中讲道，人之所以会对自己从事的事业感到艰难和痛苦，主要是由于对该项事业兴趣度不高甚至不感兴趣。科技新闻记者所面对的报道选题多数与科学技术发展相关，不免涉及科技领域的众多专业知识和技术。这些内容对普通受众而言是艰深的，但他们并非不感兴趣。对此，科技新闻记者必须首先提升兴趣度，保持对科学技术的好奇心，加强观察意识和技能的提升。

我们通常可以看到这样一种现象，幼儿园的小朋友通常对外部的世界是高度好奇的，不时会向他周围的人询问"这是什么？""为什么？"其实，这些问题和好奇心对于科技新闻记者搜集信息也是十分重要的。当然，仅凭"是什么""为什么"亮点是远远不够的，还应该增加何人、何时、何地、如何以及结果怎样的内容。

一、好奇心

通常情况下，新闻专业教师或者老编辑会提醒初学者及新人在新闻稿写作中要尽可能地展现，而不是简单地讲述。这两方面其实对于科技新闻记者来讲是非常重要的。要做到"展现"我们必须要学会观察，要做到展现与讲述，就必须具备好奇心。落实到科技新闻信息采集上，一线记者应当问受众关注的问题。

具体来讲，我们应当从以下几个方面入手。

（一）何人

在科技新闻信息采集中，记者要注意记录被采访对象及相关人员的名字、职务，确保没有文字上的错误。若需要，记者还应标明被采访对象的穿着，例如：男，着黑色夹克、深蓝色牛仔裤，戴无框眼镜，某市科学技术协会常务理事，等等。

（二）何事

在科技新闻信息采集中，记者需要记录下所发生的事情，这在有关科学技术研发项目的诸多报道中体现得较为明显。在这类报道中，一线记者必须详细记录该项目各流程的具体内容。尽管在最后的新闻报道中，不一定会按照线性结构撰稿，但记者本人必须掌握该项目进程的先后顺序。

（三）何时

记录下尽可能准确的时间，包括日期（个别采访中还需要记录农历几月几日）、星期几、时间点。

（四）何地

科技新闻记者一定要到现场采集信息，避免只听取介绍和转述便报道的情况。

（五）为何

在信息采集过程中，新闻记者要了解科技新闻发生的原因，无论是由某个技术故障、技术攻关引发的事件，还是由某个科技单位自主策划的科学技术宣讲活动，一定要高度关注问题的关键或者矛盾的核心点。特别要重视对解决问题的思路、方法、措施的收集和记录。

（六）如何

要尽可能多地搜集事件的相关信息，明确事件发生的经过。例如：《科技日报》在2019年10月10日第5版发表了题为《"10万+"网文分分钟刷出来 仅靠网络监管挤不干"注水"爆款》的文章。文中，记者详细说明了部分爆款网文的生产流程，即使用一台装有"手机群控"软件的电脑，与30部手机相连，将30个微信号——在30部手机上登录后，工作人员操作30个微信号搜索同一篇公众号文章，点击一下按钮，30个微信号同时将文章打开。再点击"一键转发"按钮,30个微信号的朋友圈便先后出现了对这篇文章的转发。这一详细的操作流程被记者描写得十分详细,前期显然经过了十分深入、细致的信息采集过程。

(七)相关性

在信息采集中,记者需要明确:你所了解的事情对当事人有什么影响,对读者有什么影响。换句话讲,受众接收信息后能起到什么作用。接下来,当信息收集完毕后,还需要考虑一个问题,就是记者能否正确理解、消化这些信息。这里我们不得不再次提到好奇心的问题,下面我们提供三个方法提升记者的好奇心。

1. 角色转换

记者把自己置于受众的位置,考虑什么内容可以使这篇报道更加生动有趣,也可以站在受众的角度,思考当第一眼看到标题时,会期待哪些内容。这里我们举个例子。假如2025年世界互联网大会在乌镇召开,得知这一消息时,作为科技新闻记者,你应该怎样做呢?首先,你必须通过相关渠道联络国家互联网信息办公室和浙江省委宣传部,了解此次大会的详细信息,包括大会召开的具体时间、场地、流程,出席活动的国家领导人、国际组织的负责人、知名互联网企业的掌门人及其他重量级嘉宾信息。其次,在得到这些信息后,可主动联络上述人群,获知他们参会的初衷。再次,了解此次大会将会有哪些值得期待的领先科技成果,这些成果何时能应用到老百姓的日常生活中。最后,挑选其中一个成果做专题报道,采取体验式的采访形式深入选题。另外,还可以从技术研发的角度入手,报道上述技术革新的艰难历程,凸显其世界领先地位,尤其是与群众生活密切相关的科技进步,打动人心,增加流量。

2. 遵循时间顺序

当记者有了好奇心,接下来,可以按照事情发展的前后顺序发散思维。首先考虑现在的情况,其次是过去,最后是未来。按照这样的模式,不仅可以让新闻记者挖掘到新闻背景,还可以使整个撰稿过程更加有序。

3. 试着做一名侦探

科技新闻记者可将自己当作一名侦探。假如你需要侦破一件网络疑案,你会提出哪些问题呢？这里我们以《科技日报》2019年1月2日第8版题为《恶意注册和养号："羊毛党"的薅毛利器》一文为例，谈一谈"侦探思维"下的信息采集。

新闻报道标题：《恶意注册和养号："羊毛党"的薅毛利器》
内容节选：

为吸引用户，很多电商、互联网金融平台等会不定期发放小额优惠券，但近日某电商平台统计，其实70%到80%的优惠券都落入了"羊毛党"的口袋，而没有被真正想购物的人领走。

"羊毛党"们为何屡屡得手？显然不是因为勤奋，问题出在恶意注册账号和养号上。这些虚假网络账号是互联网上黑色产业的"帮凶"，它们闻风而动，小到薅羊毛，大到从事网络攻击、网络诈骗等活动，危害重重。[1]

"侦探思维"分析："羊毛党"的幕后黑手是谁？他们为什么要抢走大多数份额的优惠券？他们是采用什么样的方式抢到的？抢到之后会做什么？有什么样的危害？受众应该如何保护自己？管理部门应该如何加强监督？公众的信息是如何被泄露的？互联网黑色产业的"经营模式"是怎样的？他们的组织结构是怎样的？他们对社会造成的危害是什么？已经落网的犯罪嫌疑人是如何交代案情的？公安、司法机关是如何认定犯罪事实的？法律条文有哪些？这些信息往往是案件侦破中需要重点关注的，当我们以如此视角挖掘信息，最后所呈现的新闻稿必然具有较强的"故事性"，受众将会以欣赏侦探小说、侦探剧的模式接受新闻稿，传播效果将大大提升。

二、观察

一名优秀的记者一定是一个善于观察和收集细节的人。这里讲的观察不仅仅局限于负面或者消极的部分，在对所有事件的报道上，都需要运用记者的观察能力，以细节引领客观事实真实地呈现。一些电视剧、电影、纪录片之所以让人感到真实，其中很重要的原因就是大量细节的描写。我们在科技新闻报道中，要做到信息采集的最优化，善于观察生活是必不可少的要求。

---

[1] 崔爽. 恶意注册和养号："羊毛党"的薅毛利器[N]. 科技日报, 2019-01-02: 8.

那么，在科技新闻的信息采集中，我们应当如何观察呢，下面从五个方面加以阐述。

（一）善于观察动作

如果想让读者对你的新闻报道有身临其境的感觉，其中一个办法就是描写这个人的动作。这在人物特写或者专题报道中十分常见，也可以运用在硬新闻或是软新闻当中。《科技日报》在 2019 年 2 月 18 日的一篇题为《95 后女焊工阳莲：让每次作业都是完美作品》的报道中，曾有过这样一段描述："整个作业过程中，她一直弯着腰、仰着头，精准对上焊接点，火花就隔着薄薄的面罩，在睫毛和鼻尖上飞溅。为了避免焊接作业的应力集中，阳莲需要分段焊接，先焊裂尾、再焊裂头。45 分钟后，从地沟里爬上来，她头颈都几乎不能转动了。"[①]在这段描述中，记者用一系列动词，形象地再现了一名"95 后"女焊工的辛劳。

（二）硬新闻与软新闻中的观察问题

硬新闻是关系到国计民生和老百姓切身利益，具有较强指导性、思想性的新闻。《四川科技报》在 2019 年 12 月 25 日刊发了题为《7 大项目落户 成都扩大新型显示产业"朋友圈"》的文章[②]，记者主要介绍了四川省成都市高新区在深圳举办新型显示配套产业园项目对接会的信息。文中，记者谈到成都高新区与深圳 90 余家知名企业展开合作，其中包括京东方、路维光电等技术密集型企业，此举力求精准补链，助力新型显示配套产业园建设问题。报道中，记者详细说明了深圳路维光电股份有限公司的市场地位，特别提到了其高世代、高精度掩膜版产品的研发和制造能力，重点强调了其自主研发的首条 G11 光掩膜版项目产品为实现超高世代掩膜版产品的国产化所做出的巨大贡献。稿件中，记者关注了成都高新区 7 大项目落户的事实本身，之后深入其中的代表企业，说明基本的合作模式和作用，随后再进一步选取当中一家企业作进一步的报道，强调了企业"落地"后所具有的市场地位和作出的重要贡献。文章步步深入，从宏观到微观，体现了观察的细致入微。

---

① 赵汉斌，岳芯如. 95 后女焊工阳莲：让每次作业都是完美作品[N]. 科技日报, 2019-2-18: 4.
② 马静璠. 7 大项目落户 成都扩大新型显示产业 "朋友圈"[N]. 四川科技报, 2019-12-25: 2.

软新闻通常是指具有人情味、知识性、娱乐性、趣味性的新闻。在科技新闻报道中，我们在"科普板块"常常可以见到这类文稿。要写好这类文章，一定要注意观察生活，像生活中的"小妙招""小技巧"往往具有一定的实用性、趣味性和知识性，记者在撰稿前需要有深入的观察。《四川科技报》在2020年1月10日发表了题为《这些热门小妙招，并非个个都妙》的文章，文中介绍了几个坊间流传的生活小妙招。其中，对"香蕉根部包锡纸延长保质期""睡眠喷雾是'失眠克星'""鼠标超声波洗碗器能解放双手""方便面能修补万物"几个网红"妙招"进行了剖析，其间引入了专家的观点、记者的体验，有细节、有证据，使受众在"实用性""趣味性"的驱使下增长了知识。

（三）事实与观点的呈现

在科技新闻报道中，记者为了报道而观察某一行动或者细节与表达个人观点是不完全相同的。新闻采写中，记者需要动用感官来获取信息，而不能对观察到的事物加以评论。众所周知，在新闻报道中，所有的观点、意见、建议、判断、质疑等都必须要有出处。记者在报道中要尽可能避免个人观点的摄入。通常，只有在专栏、评论或者其他明显带有"编者按"意味的稿件或者栏目板块中，记者才能发表评论或者进行解释。

一般而言，很少有科技新闻稿件会采用"我"这个第一人称。正如前文所述，在科技新闻稿中，通过大量相关信息的描述，受众可以形成自身的观点和意见。

当然，成熟的新闻记者都会采用一种方式来表达自己的观点，那就是让被采访对象代为传达自己的观点。一般而言，记者本人是不能在新闻中直接表达意见的，如果确有需要，通常会挑选被采访对象中符合自己意见或者观点的内容直接写入文稿或者剪辑到视频新闻中。这样，既表达了记者个人的意见，又不违背新闻的客观真实性原则。

（四）通过细致观察发现问题

对科技新闻记者而言，观察不仅是写作的工具，还是报道的工具。当我们在新闻现场观察某个行为或者细节时，要善于在头脑中不断地思考和提问。不能只单纯地看到一些常人都会看到的东西，要主动将各个细节和事件进一步地深入挂钩。也就是说，科技新闻记者要善于通过观察去发现问题。例如：在5G网络正式商用之后，直接呈现在消费者面前的问题有四个：第一，是否需要更换手机；第二，是否需要换号；第三，原有资费如何处理，包括有可能存在的无法取消、无法更改问题；第四，5G信号的覆盖问题。这些都是记者在深入基层，采访消费者、通信运营商、经销商后发现的问题。这些问题往往都是通过走访、调查、体验过程中的观察所得。

（五）将观察所得视觉化表达

科技新闻报道中，往往会牵涉一些较为复杂的科学知识和技术。记者在进行文字描述时需要采用详细、生动的语言，这样做的目的有两点：第一，有助于受众清晰、明确地了解报道内容；第二，为后期美编制图、制表人员创作提供方便。很多时候，一幅图或者一张表能省去大段的文字，而这些文字、符号、图片的前期收集工作还将落在一线记者的身上。所以，当记者在新闻现场采集信息时，一定要注意对相关信息进行收集。在采集信息阶段，应以撰稿为导向，考虑是否需要图片或者动画，如果需要，应当收集什么信息或者资料。例如，《上海科技报》在2019年11月1日发表了题为《为什么年纪越大，觉得时间过得越快？》一文[1]，文中用大量的笔墨介绍了"心理时间"左右人类时间流逝感知的现象。分析了人们随着年纪的增长，会有时间飞逝感觉的原因。文中引用了美国杜克大学机械工程系教授阿德里安·贝让的研究成果。他认为，人类体验到的时间代表了其感知到的心理刺激变化，与其所见直接相关。例如，同样是欣赏一幅抽象画，张嫂理解能力强、聪明，很快就把这幅画都看完了，而且理解了这幅画表达的含义；但老王就不行了，老花眼外加散光，反应有些慢，花了很长时间才看完并理解这幅抽象画。显然，相比而言，张嫂觉得时间走得慢，而老王就会认为时间走得快。贝让教授指出，当人们更年长的时候，感知心理图像变化的速度会降低，因为一些物理特征发生了变化，包括视觉、大脑的复杂性，以及后来在生活中信息传递路径的退化。大脑图像处理能力的变化导致人们的时间感加强。这一研究结论为人类随着年龄增长而心理时间感知产生变化这一现象提供了物理学解释。简而言之，随着年龄的增长，"感知

---

[1] 埃弗拉特·利夫尼. 为什么年纪越大，觉得时间过得越快？[N]. 蔡立英，编译. 上海科技报，2019-11-1: 6.

到的图像变化"与"不变的时钟时间单元"以及"一个时间单元的感知时间"存在反比关系,大脑图像处理能力的退化导致我们的时间感加强。

通过仔细阅读报道中的上述内容,我们可以理解为什么人类会随着年纪的增长,感觉时间会越来越快,但大段的文字描述不见得会让读者有足够的耐心读完,也不见得能够理解专家的研究成果。为此,文中根据研究的核心观点,绘制了一幅图,清晰地呈现了"感知到的图像变化"和"一个时间单元的感知时间"之间存在的反比关系(图9-1)。

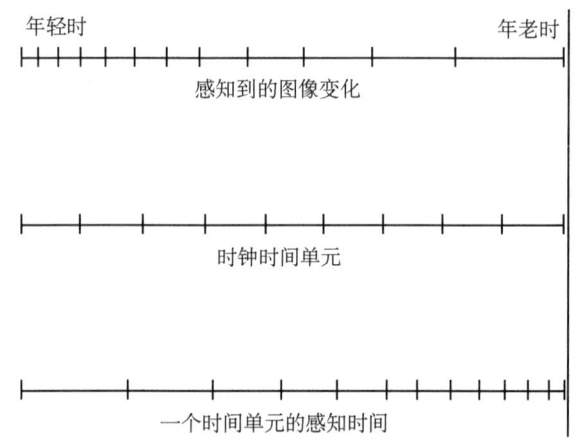

图9-1 "感知到的图像变化"和"一个时间单元的感知时间"之间的关系示意

第二节 科技信息源

一名成熟的科技新闻记者应当有一个十分强大的"朋友圈"。在从事信息采集活动时,这个圈子里的"朋友"会提供大量宝贵资料或者信息。在此之前,记者首先需要打造一本属于自己的通讯录。根据一般的新闻从业经验,建议记者的通讯录至少应该包括以下几项内容:①姓名(一定确保准确无误);②单位(包括地址)和职务(要注意关注其升迁情况);③电话(办公室电话、办公手机、私人手机、家庭电话)、微信(工作微信、私人微信)、QQ;④其他相关信息(生日、个人喜好、主要经历、社会关系等)。这些信息对日后的信息采集工作十分重要,建议初学者或者传媒新人不要仅仅依赖于智能手机的通讯录，还应该有一本纸质的电话本，以防出现手机丢失、大量的联络人信息一去不复返而给工作造成巨大麻烦的情况。当然，通信信息也可以备份到电脑硬盘或者其他存储介质当中。随着新闻采访工作的推进，记者的通讯录将越来越"厚"，对今后的新闻工作将有很大帮助。

一名优秀的记者需要一些信息源，如人物信息源和书面信息源等。人物信息源主要指需要采访的人，书面资料信息源则是采访记录或者纸质或电子资料。那么，记者如何才能获取这些信息源呢？下面从四个方面加以介绍。

一、人物作为信息源

通常来讲，以人物作为信息源的新闻报道具有更强的可信度和可读性，知名专家、权威人士更是如此。我们通常采取以下几种途径获得人物信息源。

（一）从资料档案中获取

目前，找寻某人的资料信息已不再是难事。科技新闻记者可以利用所属单位的资料室或者数据库，从已经刊发或者播出的稿件中寻找与该人有关的报道或者信息，做好充足的案头工作。当然，这里需要注意两个问题：第一，对于突发性的科技新闻，记者可能来不及收集资料，可以采取电话询问当事人、负责人或者相关人员的方式来解决，待到达现场或者采访结束后再行补充案头资料；第二，在参考本单位或者其他媒体已刊发文稿或者报道时，要注意版权问题，严禁剽窃。科技新闻记者只能参考相关信息，将其作为背景资料使用，绝不能原样照搬。

（二）引荐

有些时候，一线记者并不熟悉相关采访对象，或者对方并不愿意接受采访，例如，对方可能是一名科学家或者某个科研项目的负责人，他们往往更擅长且更愿意将大量的时间投入到工作中去，不愿意接受记者的采访。加之，部分科研项目具有保密性质，接受采访或者访问的可能性就更低了。那么，面对信息采集工作，记者应该如何处理呢？这里可以采用引荐的方式。科技新闻记者可以找单位负责人，或者通过负责人联络被采访对象的单位，采取公对公的方式引荐。另外，一线记者还可以通过相熟的知名人士或者某专业的领头人，请他们引荐。当然，还可以请政府部门的领导同志帮助协调。

（三）自我推荐

在科技新闻报道中，一般正面的报道不会引起被采访对象或者消息源的反感。记者可以尝试采用自我推荐的方式直接找相关单位或者个人寻求采访机会，但在此之前请务必注意表明来意，亮明身份，必要时还需要征得对方宣传部门或者相关负责同志的同意，通常还需要记者所在的媒体开具介绍信。不过，在新闻实践中，此类"自我推荐"的方式成功率不高。

（四）从同事、同行中寻找

我们知道，在传媒单位中，记者是各自负责一个方向或者"切口"来报道新闻的。科技新闻记者在新闻实践中往往需要各行各业知情人士的帮助。这就需要记者充分利用同事、同行的资源，广交朋友，在各行各业都有自己的"线人"，一旦需要采访某个领域的相关人员，这些"线人"能在极短的时间内帮忙"牵线搭桥"。

（五）一级线索和二级线索

在采访过程中，如果采访对象谈及其他人，尤其是其谈话内容具有贬低、批评他人的意味或者争议，记者必须找到他所说的那个人或者单位核实。通常，我们将最初采访对象所说的信息称为"一级线索"，这些信息往往有待核实，且具有一定的主观色彩。当找到相关核实信息的人时，他所说的信息即为"二级线索"。一般来讲，在没有认真核实相关信息真伪前，记者都不应该使采访对象的姓名和信息见诸报端。

（六）匿名消息源

在我国的科技新闻报道中，匿名消息源很少出现。对于此类消息源，一般的做法是立即上报主管编辑、执行总编或者分管副台长，并邀请本单位法律顾问参与研讨。对可能存在的学术不端、重大科研项目造假要在第一时间向相关主管部门举报。涉及的稿件、资料要专人专管，以便及时移送相关部门处理。

（七）消息源的文化多样性

在信息采集过程中，科技新闻记者要注意信息源的文化多样性问题。对某一个科技问题的采访，应照顾到相关各类人群的意见，而不能存有"刻板印象"，认为只有某种人可以作为消息源。比如我们在采访时就不能忽视女性科学家/科研人员的意见，也不能对少数民族科研人员或者基层科研人员的意见视而不见。

二、书面资料作为消息源

目前，科技新闻记者可通过图书馆等资料室或计算机网络浏览海量的资料。这些资料为记者查找相关信息提供了极大的便利。有关科学技术各个方面的统计数据，除了常规的政府信息公开渠道外，还可以充分利用第三方机构的统计和调查数据。

三、其他权威信息

在新闻实践中，科学技术领域的新闻报道离不开生活的方方面面。新闻从业人员可以广泛使用各级行政管理部门的权威统计信息，例如使用土地资源管理、房产管理、卫生健康委、公安、消防、城管、交通等部门的信息等。

第三节 倾听与做笔记的技巧

在科技新闻采访中，倾听和做笔记是十分重要的。作为收集信息的重要环节，新闻工作者必须学会倾听和做笔记的技巧，这将直接影响后期的撰稿或者编辑工作。有观点认为，采访时记者应当全神贯注地倾听被采访对象的谈话，不需要做笔记，事后可花时间整理笔记。这种说法不能认为错，但从新闻实践上看，大多数记者没有如此好的记忆力，也没有太多的时间花在整理笔记上。一般来讲，一线记者都会有报道任务量和较为严格的报道时间要求。特别是日报，下午四点左右所有待发的稿件必须汇总，这对记者写作的速度和质量有极高的要求。所以，除非是专题报道，留给记者整理笔记的时间是极为有限的。

我们主张记者应当在采访中"边听边记"。关于倾听和做笔记的技巧和注意事项，我们作如下几方面介绍。

一、关于录音机的使用

采访中关于录音机的使用，需要注意以下三方面问题。

（一）采访中是否应该使用录音机

关于在采访过程中到底应不应该使用录音机的问题，业界是存在争议的。一种观点认为新闻记者不应该使用录音机，原因主要有三个：其一，录音机存在故障的可能性，完全依赖录音机可能会影响信息的收集；其二，录音机不可能记录采访对象的情绪、动作，不利于后期撰稿；其三，录音机的出现可能会导致采访对象的紧张、反感、不适，不利于采访活动的正常开展。针对这一观点，结合科技新闻报道实践，我们发现在新闻采访中使用录音机确实存在以上问题，但可以采用使用录音机和做笔记相结合的方式解决。关于录音机可能会影响采访对象情绪的问题，记者可以事先征得对方的同意，在采访技巧上做一些调整，这样也能达到较好的采访效果，这在后文会有详细介绍。

（二）录音机使用的方法

在采访过程中，录音机要保持电量、存储空间的充足，建议使用专业的数字录音机或者带文字转写功能的录音机。其次，录音时要尽可能找较为安静的环境录制，避免噪声。录音机要注意调整"增益"①，避免因距离问题影响音频的质量。再者，录音机要保持与采访对象的距离，不能太近，也不能太远。最好将其放在距离采访对象 1—1.5 米的距离，尽量不正对采访对象，尤其是在专题采访中。把录音机放在斜对着采访对象的位置最好，这样不容易引起采访对象的紧张情绪，有助于采访活动的顺利进行。采访结束后，记者应尽快将录音文件进行备份，修改文件名，有条件的还应该导入相关音频编辑软件进行简单的整理。

（三）使用录音机的规则

作为新闻工作者，录音机的使用要特别注意相关行业的规范和法律、法规

---

① 专业录音机的一种功能，通过调节增益可以使较远或者较近处的声音保持可接受的音量大小。

的规定。记者在进行录音前，必须征得对方的同意。记者对录音资料的使用，仅限于和新闻稿件相关的内容，不得转作他用。采取"隐形采访"方式的录音可能会造成严重的法律后果。记者在科技新闻采访中，还要特别注意对部分科技信息的保密，否则很可能造成泄密等严重的违法行为。在我国现行法律规定中，未经对方允许所进行的录音、录像是不能作为合法证据使用的。

二、倾听的技巧

在采访过程中，倾听是一门技术。如何听才能保证信息的完整性，才能确保新闻采访工作的顺利进行呢？下面从十个方面加以说明。

（一）集中注意力倾听采访对象此刻的言论

初学者或者传媒新人往往会有这样一种担心：在采访过程中，总是会在倾听的同时分心去考虑下一个问题如何提，提什么。结果听没听仔细，想没想明白。一旦对方迅速结束这一轮回答，自己会迅速陷入慌乱的状态。资深记者的做法恰恰相反，他们总是能十分专注地倾听被采访对象的发言，不时地做好相关记录。当他们听清楚、听明白对方的发言时，新的问题便产生了。换句话讲，记者在认真倾听对方发言的同时，头脑中要有对这一回答的分析、判断和思考，以便应对接下来的提问。

（二）练习倾听谈话

在倾听过程中，记者要注意消化采访对象的发言内容，针对采访对象的最后一句话或者最后一个观点引出接下来的问题。我们在生活中与亲友聊天时总会有不间断的问答进行，其实采访过程也是如此。记者完全可以根据访问情况转变话题。

（三）注意批判性地倾听

在采访过程中，记者要注意批判性地倾听，即在倾听时关注三个主要问题：第一，事实；第二，哪些受访者的话可以作为今后的直接引语；第三，内容是否详尽、证据是否充分。采访对象是否说清楚、说明白了自己的观点。他所提到的内容是否可信，有何证据可以证明？如果出现对方表述不清，或者解释得较为晦涩难懂，记者应当及时要求其重复或者解释刚才的发言，或者复述对方发言的核心意见并询问是否理解正确。

（四）保持安静

在受访对象发言时，记者应当学会保持安静。不要随意干涉对方的发言，即便他的意见是错误或者偏颇的，记者也不能随意地用自己的观点打断他的发言。有时记者正是要收集采访对象的不同观点，在不违反法律规定的情况下，要允许采访对象畅所欲言，即便他说的内容记者已经掌握。

（五）及时反馈

在采访过程中，记者要注意随时反馈，让采访对象看出自己在认真听取他的讲话。当对方讲到其确信无疑的观点时，记者需要默默地点点头；当对方讲到愉快处，记者需要面带微笑表示肯定；当对方讲到动情处，记者甚至可以眼含泪水；当对方谈到关键所在时，记者需要及时追问："为什么""后来呢""结果呢"？这都是积极反馈的表现。

（六）重视遗漏的问题

采访过程中，记者可能会遇到采访对象回避某个人或者某件事情的情况。这个时候，记者一定要有高度敏感性，这个地方极有可能存在问题。通常当调查这些问题时，记者会有意外的收获。

（七）用眼睛"倾听"

在采访的过程中，记者要注意采访对象的肢体语言，尤其是对方的表情、动作。观察他是否有紧张、不安。在记者提问时，他是否微笑、皱眉或者不舒服？在被问到一些关键问题时，他是否有撩头发、摸下巴、眼神恍惚的情况……这些从心理学上讲都存在"说谎"的可能。

（八）注意采访礼仪

在采访时要注意尊重采访对象的说话权，不要随意插话、打断对方的思路。如果确实需要插话，也务必选择在对方说话的间歇处插话。

（九）排除个人情绪的干扰

新闻记者应当有起码的职业操守和心理素质，无论个人出了多么大的问题，无论心理遭受了多么大的创伤，只要进入工作状态，就应该排除杂念，不使个人情绪干扰正常的采访工作。

（十）在倾听中保持好奇心

在新闻实践中，一些成熟的新闻记者往往通过常年的新闻工作形成了一套采访提问套路，这种套路看似提高了工作效率，但其实存在一个问题，那就是基于此套路的新闻稿也会千篇一律，没有任何新意。我们主张新闻记者在工作中应保持好奇心，根据不同的采访对象采用不同的提问方式。出于新闻实践的需要，记者可以采用"套路"+个性化定制的组合方式开展采访活动。

三、做笔记的技巧

一位成熟记者只需要几张便笺纸便可做好所有的采访记录，新入行的记者记上若干篇 A4 纸也免不了有所疏漏。为什么会出现这样的情况？科技新闻工作者在采访中究竟应该如何做笔记呢？我们从以下几个方面加以说明。

（一）做好准备工作

采访前记者应准备好几支中性笔、铅笔，最好少使用钢笔。在采访中，万一出现钢笔没水是非常尴尬的事情。准备铅笔的原因是防止雨水，另外在一些重要资料上亦可做相关批注和笔记。

（二）集中精力

记者需要集中精力倾听采访对象的发言，当遇到十分精彩且很有可能作为引文的句子时，应当毫不犹豫地完整记录下来。当然，科技新闻记者还应当练就"一心三用"的能力，一边想着前一话题，一边听着当前话题，还能在潜意识里准备着第三个问题。

（三）使用关键词

当采访对象语速较快时，一般不建议要求其放慢语速，这样会影响其思维和说话的习惯，采访效果会受到影响。记者除了使用录音机录制外，还需要注意记录关键词，例如某件事情的主要人物、时间、地点、结果。其他问题后期撰稿时可以再行组织。

（四）学会速记

采访中，由于采访对象提供的信息量较大，记者很难一字一句地记录下来。此时就需要使用一些速记的方法。例如，使用汉语拼音 a、b、c、d、e、f、g……或者英语的 A、B、C、D、E、F、G……代替采访对象所说的时间、地点、人物。"成都"可以写成 cd，"五点"写成 5d，"张三"可以写成 zs……

（五）控制节奏

在记录完采访对象的一个回答后，记者可以尝试暂停一会儿，但这个时间不能太长，容易打破原有的访问气氛。如果还没有记完，可以问一个无关紧要或是开放式的问题让采访对象回答，给自己留出记录时间。

（六）请求重复

在一些关键问题上，记者不要怕让采访对象重复回答。有时候，当采访对象重新组织语言再一次表述的时候，往往会更加准确、生动。记者应当不厌其烦地倾听并认真记录下来。

（七）给予肯定

遇到十分紧张的采访对象时，记者要学会多给予肯定和赞扬，稳定受访者的情绪，使其平复心情，以一种正常聊天的状态投入采访中。

（八）注意标注

采访进行时，当记者听到关键的话语或者足以触发其他话题联想时，应果断将其标注在笔记本的边页。不要指望凭借自己的记忆力在采访结束后回想起刚才的"灵光一现"。

（九）核实信息

在采访结束后，记者应养成习惯将采访中涉及的人名、地名、职务、单位名称、相关产品或机构的番号逐一核实，特别是采访对象的姓名和职务要再三核实，确保不出现硬错。另外，对采访中涉及的核心问题或者表达，记者应当主动将笔记本交给采访对象，请他仔细核对，若无异议，请他签字确认，避免刊发后出现法律纠纷。

（十）心态要开放

在开始做笔记时，记者可能已经对该篇报道有了大致的想法，但千万不要被预设的想法所左右。有时在采访中，记者会根据采访对象的表述临时更改重点或者方向。因此，在记笔记时要保持心态开放，不局限于任何一方面的内容。

（十一）学会使用着重符号

在新闻实践中，记者应当学会建立一套自己的标记方式。将那些比较重要或者有待考证的信息打上符号，提示自己在后期撰稿时高度关注。

（十二）站立记录

新闻记者要学会在站立的情况下记笔记，因为在很多时候，没有条件让记者坐下来在桌子上慢慢地记笔记。记者在很多时候需要走进新闻现场、车间、实验室进行采访。因此，练就站立记录的能力十分必要。

（十三）保存笔记

新闻稿发表前后，记者所记的笔记都应该妥善保存。建议永远不要丢弃这些笔记，哪怕时隔多年。一方面，它将成为记者反思新闻工作，总结经验教训的重要资料；另一方面，它也是证明信息采集客观、真实、合法的有效证据。

（十四）誊写重要报道笔记

在时间允许的情况下，科技新闻记者应当花时间整理当天的采访笔记，并结合录音重新梳理谈话内容，进一步确定采写的思路和方向，核实相关信息的真实性，尽快写出新闻稿件。

第四节　科技新闻采访技巧

科技新闻记者的采访活动事关整个科技新闻报道的成败，做好采访前的准备工作，合理使用采访技巧为后期的信息收集和撰稿工作提供了保障。谢丽尔·吉布斯、汤姆·瓦霍沃曾在其著作《新闻采写教程》中说："没有什么比记者问的问题更能塑造一个报道，而且没有什么比能否熟练地在正确的时候问正确的问题更能区分有经验的记者和新手。"[①]初学者或传媒新人面对采访，尤其是面对知名人士的采访时往往感到手足无措，究其原因，除了缺乏社会经历外，主要是采访技巧的缺乏。那么，一线记者究竟应该如何采访，都有哪些基本的技巧呢？下面从五个方面加以介绍。

一、新闻敏感

新闻敏感是指新闻工作者快速、准确判断具有新闻价值的事实的能力。科技新闻工作者在新闻实践中要注意提升新闻敏感性，准确判断各类信息是否可以成为新闻，其价值到底有多大。在面对采访对象时，要注意区分知名人士和普通群众，他们在对待媒体时展现的受访状态是完全不同的。知名人士，例如一些知名学者或者科学家，他们具备应对媒体采访的丰富经验，记者在采访时需要寻找一些具有特色的问题。普通群众往往缺乏受访经验，记者需要注意挖掘和引导，提醒采访对象他们所提供的信息将会作为新闻报道见诸报端。采访对象都希望通过媒体在公众面前营造一种良好的对外形象，个别知名人士以造假、贿赂等不道德方式操控记者为其"摇旗呐喊"，科技新闻记者务必遵守职业道德，保持清醒的头脑，维护公平、公正，加强对信息准确性和两面意见的重视力度。

二、采访者的秘诀

科技新闻记者不是信息的记录员，需要衡量信息的准确性、公正性和新闻价值。在新闻采访活动中，记者应努力找寻事实真相，拟定好的引语，落实有价值的"干货"以及新闻报道所必需的5W。要重点思考报道本身同受众的关联性，提问时应按照信息收集的基本目标逐一提问，直到足以开展撰稿或者编辑工作。

---

① 柳邦坤. 当代新闻采访与写作教程[M]. 2版. 武汉：武汉大学出版社，2017: 84.

一般来讲，采访一位受访对象仅仅为采访活动开了个头。为保证新闻报道的可信性和公正性，记者还应该采访多位相关人士，并仔细核对他们提供的所有信息。具体到采访中，记者还要高度重视前期的准备工作和实施采访过程中的技巧，下面从三个方面加以说明。

（一）准备阶段

科技新闻记者在接到采访任务时，应如何做好相关准备工作呢？这对采访活动的顺利实施十分重要。要知道，一场对科学家或者知名学者的采访往往需要花费大量的时间和精力去预约。如果准备不足，极有可能丧失一次发表具有深远影响报道的机会。所以，记者在准备阶段要注意做好以下六方面工作。

1. 研究背景

在采访准备阶段，要注意查找所有与此次采访相关的资料，包括被采访人物的背景调查，他身边的亲属、朋友、同事等相关社会关系的调查，详细了解被采访人物的生活习惯、逸闻趣事等，这类似于编导在综艺节目中对嘉宾的背景调查。另外，还需要为即将开始的采访设计一个有趣的开头，特别是那些经常接受采访的知名人士，他们早已习惯记者的"套路"。记者需要设计一些独特的问题，这些问题的设计灵感可能就来自前期的背景调查。

2. 明确目标

在采访准备阶段，科技新闻记者需要明确此次采访的目标。关于目标，主要包含两个层次的问题：其一，记者想通过采访某个人获取什么信息；其二，这个被采访对象在新闻报道中处于什么样的地位。他是唯一的受访者，还是众多受访者中的一个？

3. 设计问题

问题的设计源自记者想要获取的信息。科技新闻记者在设计问题时，要思考稿件需要获取什么样的信息。明确主要信息后反过来思考围绕这些信息应该设计哪些问题。在这个过程中，还可以做两件事：其一，在正式采访前记者可以打电话给采访对象。除了确定采访时间和地点外，还可以问几个问题。这些问题可能不成熟，但完全可以将其看作是前期调查或者"试探性"的提问。有时候，记者打完一通电话后，原有的思路就需要调整了。其二，将所有问题分为两类：一类是核心问题，另一类是次核心问题。这样做的目的主要是应对受访对象给予记者的不同采访时间。

4. 预约采访

预约采访通常采用电话或者邮件的方式进行。一般在我国科技新闻采访中，电话预约的方式居多。国外则还可以采用邮件的方式。在预约电话中，记者需要表明身份和来意，并简要地说明采访的主要内容和报道的形式，尽可能多地争取采访时间。如果对方是科研单位的专家、学者，政府官员，或者企业的 CEO，还需要联系他所在的单位或者秘书。

5. 注意着装

记者在采访活动中，要注意根据不同的场合穿不同的服装，否则在走进实验室时会感到十分不便，采访对象会质疑记者的专业性；当走进试验田时，记者如果穿上"三件套"，农民朋友们一定会怀疑他在"作秀"。

6. 按时到达

在采访活动中，记者一般至少提前 15 分钟到达现场。因为这里面涉及熟悉环境，同被采访人或者单位接洽，电视台还涉及机器设备的架设等相关问题。作为一名合格的新闻记者，我们宁愿等受访对象，也绝不能让对方等我们。

（二）实施阶段

采访中的问题一般分为开放式和闭合式两类。

开放式问题主要是为了引出导语、详细阐述或者更长的答复。闭合式问题主要是为了引出简短的、详细的、实际性的回答。这类问题适合于收集基础性的信息，比如采访对象的姓名、年龄、头衔、主要成绩等。像"您参加这个项目的研究多长时间了？""你们这个科研小组有多少人？""您在这个课题中的主要工作是什么？"通常情况下，闭合式问题的后面最好跟开放式的问题，比如"为什么？""怎么样？""您对该项目的研究前景怎么看？""您可以给我们举个简单的例子吗？"……在提问的过程中，记者要注意仔细聆听，把自己置于学习者、请教者的角度，提问要简短，倾听时要积极反馈，对采访对象所说的话要不时地点头、微笑或者做出其他积极的反应。西方新闻界有观点认为，在采访时，记者显得笨拙一些，多问一些看似不太高级的问题，远比采访结束后，不能给受众完整呈现一个客观、真实、全面的报道要好。那么，记者在采访过程中，都有哪些实施采访的途径，包含哪些主要的问题呢？下面我们逐一作解释说明。

1. 寻找合适的"破冰船"

采访中，打开"话匣子"是一件十分重要却不太容易的事情。科技新闻记者应首先简短地陈述此次采访的目的，通过必要的寒暄建立起同采访对象之间的良好关系。与此同时，仔细地观察周围的环境，看看周围的事物，小到对方衣服上的配饰、脸上的妆容、桌子上的全家福，大到墙上的奖状、字画、挂件……每一个物件都可能存在故事，记者要善于将这些东西作为"破冰船"撞开受访者心灵的大门。

2. 用不具威胁性的顺序安排问题

在采访时，记者要特别注意，前几个问题主要关注一些报道所需的核心信息，最好不要涉及敏感、尖锐的内容。当然，如果采访的时间有限，则另当别论。

3. 询问基本信息

科技新闻稿仍需要按照基本的新闻要素收集信息，表现在新闻采访中，记者需要了解"何人""何事""何时""何地""何因"等基本的要素。当然，与受众的关联性问题也是需要重点关注的。

4. 跟进问题

新闻记者应当学会在倾听的同时，顺着受访对象的思路，继续跟进问题，深挖问题的根源，从一个话题转移到另一个话题上，逐步进入采访对象或者相关事件的最深处。

5. 控制采访

如果采访对象的回答过于啰唆、冗长，请不要直接粗暴地打断对方的谈话。成熟的记者通常有两种应对方法：其一，在其说话的间隙，插入一个问题或者反馈意见，之后将话题引到记者设定的思路上；其二，在其说话间隙，插入一段总结性的话语，之后将话题引到记者的既定路线上。

6. 重复问题

当记者问采访对象一个较为敏感的话题时，他可能转移话题或者直接拒绝回答。这时，新闻记者不要紧追不放、咄咄逼人，可以先问别的问题，暂时将这个问题搁置。过几个问题后，再换一种方式问这个问题。

7. 询问背景信息

在采访时，记者要弄清楚事情的来龙去脉。包括问题或者项目是什么时候开始的，为什么。

8. 询问发展过程

在采访过程中，记者要注意询问事件发展的过程，包括现在、过去、未来。例如，最初这个科研项目是因何而建的？目前有什么进展？未来的发展方向是什么？这些要点可以充当报道的引语和结束语。

9. 建立事件顺序表

在采访过程中，要注意问一些有关事件发生顺序的问题，以便于建构事件发生先后顺序时间表。尽管在行文中不一定会按照时间顺序来，但必要的逻辑对日后撰稿十分重要。

10. 转换角色

注意站在受众的角度思考问题，如果你是受众，你需要知道一些什么问题呢？记者可以试着进行换位思考，对采访和其后的撰稿都很有帮助。

11. 询问正反两方意见

在采访过程中，记者要注意询问采访对象，了解他对同一个问题的两方面意见。赞同什么，反对什么，理由是什么。这对丰富报道信息量，维持稿件公平、公正的立场具有一定价值。

12. 询问解释性定义

在科技新闻报道中，往往会涉及很多科学技术领域的专业词汇或者理论，这对广大普通受众而言是陌生的、深奥的。记者在采访过程中，要主动请受访对象解释和说明相关专业词汇、实验流程或者学术理论。必要的情况下，还可以追问、复述他的表达，"您的意思是不是……""我可不可以这样理解……""简短地说，您的意思就是……""相当于说……"等等。只有得到采访对象的肯定表达，记者才能在后期撰稿中以通俗的语言刊发稿件。

13. 验证

采访中，记者要高度重视对采访对象提供信息的验证。即便是已经掌握的信息，也需要得到对方的肯定。因为在后期撰稿中，文稿可能需要直接或者间接引语，要确保消息的可靠性。另外，对采访者的一些基本信息，例如姓名、职务等，记者要再三核实，不能出现信息错误。对采访对象提供的相关人员信息，在条件允许的情况下也需要找到他说的这个人核实。

14. 使用"沉默对峙"法

在采访过程中，记者可以采取"沉默对峙"法处理问题之间停顿的时间。具体的操作是这样的，当问完一个问题后，可以试着停顿几秒甚至超过一分钟。此时，由于心理作用的影响，采访对象往往会忍不住先开口补充或者解释。

15. 使用"归咎他人"法

当问到一些敏感话题时，可以采用"归咎他人"法。例如，记者可以说，某人对您的这个结论持反对意见，认为这是伪科学，您怎么看？这样的问题往往会引起对方的不满甚至愤怒，他会全力回击这种反驳或者带有攻击性的意见。在此过程中，记者可以收集到很多有价值的信息。当然，采访对象可能会说"我不在意这些言论"。有这类回答的人，一般心理素质较好。记者可以追问："您可能不在乎他们对您的人身攻击，但是您也不在意对学术或者专业的否定吗？"绝大部分人在听到这样的问题后，都会情绪激动，进而把心中的不满一吐为快。如果这样还是不能让对方正面回答，记者可以尝试前文讲到的"重复问题"方法。

16. 智取情感问题

如何处理情感问题是采访中的难点，处理好了将会是报道的"出彩"之处。反过来，如果记者问一些有失水准的话，会使整个报道陷入绝境。例如，在2008年汶川地震的一些报道中，有新闻记者冲到废墟面前，面对刚被营救出来的幸存者，问出了众多不合适的问题。例如，"你痛不痛""你们家就剩你一个人了，你心里怎么想"……这些问题不仅愚蠢，而且麻木不仁。一名合格的科技新闻记者，面对此类人生的不幸，应该更多地关注受访者平淡生活的点点滴滴，应该关注他如何应对这突如其来的巨大困难。

17. 概要总结式提问

在采访对象针对某一问题展开长篇论述时,记者要学会采用"概要总结式"提问。例如,"您认为刚才您讲到的问题哪点最重要?""您认为最大的困难是什么?"等等。

18. 应用"媒人"技巧

记者要学会将采访对象作为"媒人",为自己介绍其他知情者,以丰富报道的消息源,确保公平、公正。

19. 问自选问题

在采访快要结束时,记者可以询问采访对象是否还有什么可以补充说明的。

20. 以肯定语结束采访

在结束采访时,记者要向采访对象表示感谢并及时留下联系方式,方便后期进行补充采访或者核实信息。

(三)图表资料采集

图表在科技新闻报道中是极为常见的,也是十分重要的辅助手段。记者在前期采访时需要注意收集相关资料,方便后期美编设计图表,提升稿件的可读性。例如,记者在采访中要注意收集位置信息、事件的时间顺序、天气情况、统计数据以及其他反映采访对象职业历程的信息。当然,在采集图表信息时,要注意三个问题。第一,图表的科学性问题。有些图表的数据并不是可靠的,甚至是编造或者猜测的。记者在采集信息时,要特别注意核实信息。第二,图表之间的数据闭合问题。有些系列图表资料,图表之间是存在逻辑关系的。有时候会出现图表之间所呈现的数据或者态势不一致的问题。记者在采集信息时要特别注意再三核实,必要时应找相关领域的专家或者权威人士审定。第三,图表资料的采集还要注意方法问题。一般可以采用直接引用或者仅使用数据进行重新设计的方式。当然,还可以将几个图表融合在一起。

三、GOAL 采访法

GOAL 采访法是一种帮助记者组织采访问题的方法，尤其在人物专访、专题报道中比较常见。这种方法是由新闻教育家拉吕·W. 吉尔兰提出的。所谓 GOAL 指的是如下几个方面。

（一）G=goal（目标）

记者需要在采访中了解采访对象的工作或者生活目标，这种目标不仅是近期的，还有未来的长远目标。

（二）O=obstacle（困难）

在采访中，记者需要重点关注采访对象在工作和生活中所遇到的困难，这些困难能极大地提升报道的"故事性"，增强受众的兴趣和同情心。

（三）A=achievement（成就）

陈述困难并非最终目的，记者的最终目的是呈现受访者如何排除万难，最终取得了成功。

（四）L=logistic（背景）

任何一个决策或者现象的出现都有着特定的时代背景，记者在采访中需要收集背景方面的信息。例如，环境、政策对受访者的研究有什么样的影响？受访者的求学经历对受访者的工作作风有什么影响？市场环境对受访者的科研项目是否有不利影响？

四、电话采访

前文曾讲到"电话采访"的问题，这里详细阐述"电话采访"行动指南。

（一）表明身份

记者需要在第一时间表明自己的身份，姓甚名谁，来自哪个媒体和部门。

（二）融洽气氛

注意说话的态度，努力营造良好的谈话气氛。千万注意不要咄咄逼人，采访对象不是嫌疑人，记者也无权质询他们。当然，所谓"融洽气氛"并不是说一味地讨好对方，记者还是应该将注意力放在问题上。

（三）控制问题长度

电话采访时，记者要注意控制问题的长度，尽量避免冗长的问题。这样做的原因很简单：一是电话采访时间有限，二是冗长的问题会导致对方遗忘。

（四）表明疑惑

在电话采访中，记者要用自己的语言将一些重要的问题或者论述重复一遍，请被采访者确认自己的理解是否正确。

（五）时间限制问题

在电话采访之前，记者要注意拟出两个不同版本的问题清单。有时采访对象可能会因为某种原因提前结束电话访问。这时，记者可以将包含核心、重点问题的清单拿出来，迅速提问，把握住报道的核心信息。

（六）采访控制

在采访中，记者要注意把控问题的走向，不能出现被采访对象"带偏"的情况。

（七）检查核实

对采访中的重要信息，记者在电话采访中要注意核实，例如姓名、地址、职务和主要成就等。

五、电子邮件采访

电子邮件采访在我国新闻实践中相对较少。记者在利用电子邮件采访时需要注意以下三方面问题。

（一）限制问题数量

通常，采访对象没有那么多时间和耐心去阅读记者的邮件，因此邮件中的问题务必简短。尤其是那些知名科学家、学者，他们往往不喜欢回答那些冗长且没有含金量的问题。

（二）阐明来意

邮件中，记者需要表明采访的主要目的以及想要了解的相关信息，力图消除采访对象的不安因素，让其感觉回答这些问题是轻松、简单的。

（三）确认采访对象的姓名、职务、头衔

在电子邮件中，记者还需要询问对方的姓名、职务、头衔等信息，提问时要注意方式方法。例如，在邮件最后，记者可以这样写："在对您的初步了解中，我们发现，您是一位杰出的量子物理学科学家。您的成就与朝气让我们为之一惊。为了更好地宣传报道，让更多的年轻人向您学习，请务必不要谦虚，写下您方便透露的其他职务。谢谢，盼复！"这样的文字既赞美了对方，又索要、核实了相关重要信息。

第十章　科技新闻报道的构成要素

在进行科技新闻写作阶段之前，需要明确一个问题，那就是科技新闻报道的构成要素。通常，媒体中各类新闻报道都拥有各自不同的写法或者套路。但仔细研究可以发现，几乎所有的报道都需要回答"何人""何事""何地""为何""如何"等问题。究其原因，这些内容是一篇新闻报道客观呈现事实的基本信息。换句话讲，记者要把事情"讲清楚"，必须要解决前面提到的几个基本问题。那么，当明确了这些基本信息后，记者应当将其放在文章的什么位置呢，有何讲究或者门道呢？这就牵涉到新闻报道的构成要素问题。

第一节　科技新闻报道的矛盾与解决方法

在科技新闻的采写工作中，新闻从业人员总结、归纳了一整套的新闻采写方法、模式和套路，但随着传播环境的变化，受众的信息接触渠道呈现多元化趋势。受众在关注新闻报道 5W 的同时，更关注"这条信息跟我有什么关系"，或者说，这条新闻有什么值得关注的点或者有趣的内容。在科技新闻报道中，这些值得受众关注的点往往集中在"矛盾与解决方法"上。当然，"矛盾"这个词语需要我们正确地理解。它不同于时政新闻、民生新闻中的"矛盾"，可能就是科学实验中的一个想要攻克的难关和技术瓶颈之间的矛盾，可能就是科技成果转化与市场需求之间的矛盾……矛盾的存在，有助于提升报道的可读性或者故事性。在一篇科技新闻中，记者提出了"矛盾"，必然要有相应的"解决方法"。这一方法不见得是切实有效或者说在短期内可以实现的。受众所关心的也并不是一定要立刻解决的问题。他们所关注的，是报道中要陈述一个解决问题或者矛盾的"说法"。下面这个例子就是如此。

文稿标题：《摆脱邪教 果园里响起幸福"音符"》[①]

来源：《四川科技报》

文稿内容（摘选）：

2010年，魏芳受他人蛊惑信起了"全能神"。受邪教邪说毒害，她变得对"全能神"极度痴迷，导致她长期失眠，身体状况每况愈下，经常产生思维混乱与幻觉。（矛盾冲突）

当地政府和反邪教志愿者得知她的情况后，找到她家，对她进行反复耐心的劝导和帮助。后来，通过学习科学知识，魏芳逐渐认识到"全能神"的邪教本质，特别是大量真实案例里当事人的悲惨结局，常常让她陷入疑惑和悔恨中。慢慢地，她醒悟过来了，痛定思痛，决心与邪教决断，重新迎接新生活。为了帮助她回归社会，重塑美好人生，当地政府和防范处理邪教办的工作人员经常带着农业技术员，穿行崎岖的山路来到魏芳家……了解他们夫妇的身体状况、生活中遇到的困难，把"贫"脉，找"穷根"，施策动员和商议产业项目。在政府的大力支持和帮助下，加上自身的努力，魏芳家的小日子过得一天比一天红火。（解决办法）

第二节 科技新闻报道的基本构成元素

科技新闻报道通常由以下几个部分组成：标题、开头部分（导语）、中间部分（主体）、结尾以及其他部分，包括新闻背景、补充导语、主要引语、核心段落、消息源、影响、详尽细节等。下面介绍主要部分。

一、标题

科技新闻的标题通常置于文章的顶部或者左右侧，旨在告诉读者报道的主要内容。一般是由记者本人撰稿时书写，也有责任编辑、编辑补充的情况。通

[①] 凯风. 摆脱邪教 果园里响起幸福"音符"[N]. 四川科技报, 2018-12-21: 4.

常来讲，受众通过阅读标题即可了解新闻的主要内容，尤其在“硬新闻”当中，标题归纳总结新闻内容的作用更为凸显，例如，《普陀区完成科技研发平台项目验收工作》《十二省市知识产权行政保护协作会议在沪召开》《中国（德阳）电子信息产业发展大会在中江县举办》。

这些标题在业界称为一行题，也就是采取一行标题陈述文章的主要内容。还有一些新闻标题在主题之下采用副标题或者叫“肩题”“概述句”“提要”来进行补充，这种标题称为“两行题”。下面，我们看两个例子（图 10-1、图 10-2）。

中国(德阳)电子信息产业发展大会在中江县举办

本报讯 11 月 27 日～29 日，第四届中国（德阳）电子信息发展大会在德阳市中江县举行。来自全国的相关学会、高等院校、科研院所和电子信息行业领域的专家学者及省内外相关企业的企业家，德阳市、德阳凯州新城、中江县有关部门负责人近 300 人参加会议。

据了解，此次大会由德阳市科协、德阳市凯州新城管理委员会、中江县政府、中国电子材料行业协会磁性材料分会、四川省电子学会等单位共同举办，大会结合电子信息产业时代特点，以“5G 时代磁性材料与元器件的机遇与挑战”为主题，围绕构建德阳（中江）电子材料产业生态圈建设，聚焦 5G 时代磁性材料及电子元器件发展趋势以及培育消费类电子（智能终端）产业集群发展等内容开展学术技术研讨和产业对接交流活动。

大会期间，中国科学院院士都有为、原兰州大学校长李发伸、电子科技大学材料与能源学院教授孙科分别作了题为“5G 时代的电磁材料”“5G 与新型软磁材料与器件技术”“自偏置微波铁氧体材料及准平面化微波磁性器件研究”的学术报告。 **（德阳市科协）**

图 10-1 “一行题”稿件：
《中国（德阳）电子信息产业发展大会在中江县举办》①

抓实基层治理引来文明新风

东坡区红丰村深入实施乡村振兴战略

入冬的天气虽然寒冷，可走进眉山市东坡区秦家镇红丰村却是另一番景象：通红的柑桔压弯枝头，村道两旁花卉飘香，庭园内外干净清爽，墙体彩画美丽耀眼……“养眼”的景致像一幅充满生机活力的田园风景画。村党支部书记张文胜喜不自禁地告诉记者：“这就是我们抓实农村基层社会治理，树立文明乡风带来的可喜变化。”

红丰村发展柑桔历史悠久，是典型的水果一品专业村，去年全村水果人均可支配收入突破 3 万元，经济水平位居全镇前列。然而，山村农民物质生活的富裕，并没有使村里陈规陋习得以改变。张文胜介绍，以前村里矛盾纠纷、环境脏乱、迷信赌博、土葬盛行等问题比较突出，影响了农村和谐稳定和长远发展。村“两委”深切认识到，随着农村物质生活水平的提高，精神文明建设必须跟上，就需要结合实际抓实抓好基层社会治理，不断提升村民素质和社会文明程度，进而为实现乡村振兴打牢基础。

为此，近年来，红丰村把推进乡风文明建设提到乡村振兴的重要位置，因地制宜制定乡村文明建设实施计划。首先是充分利用农民夜校、党群活动日、群众坝坝会、图书阅览室、文艺宣传队等多种载体平台，加强农民思想道德教育，引导村民改变落后思想观念和不良行为习惯，在全村树立科学文明健康向上的良好风气。

与此同时，一方面充分发挥村民组织自我管理、自我教育、自我服务、自我约束作用，依据有关法律法规，根据全村实际状况，从遵纪守法、环境治理、勤俭持家、团结互助、殡葬改革等 12 个方面，制定《村规民约》，使之成为全体村民自觉遵守的“紧箍咒”；另一方面，以先促后抓好示范引领，今年以来坚持每季度在全体村民中开展一次“十星级文明户”和“黑名单户”双向评选活动，并通过“红”“黑”榜的形式在村公开栏进行公布。截至目前，全村共评选出不同星级的文明户 604 户，占全村农户总数的 95%。张文胜介绍，让这些星级文明户上“红榜”，对典型的“十星级”户进行表彰，以此增强群众荣誉感和自豪感，激发参与文明乡村建设的新动力；而对因庭院环境较差等原因未能评上星级的 10 户农户，让其上“黑榜”“曝光”，起一个警醒作用，促使其积极整改。“以往我家垃圾乱堆乱放，地面卫生也没有清扫干净，在星级文明户评选中上了‘黑榜’，心头确实不是滋味。”一组村民伍春华感叹说，“现在经过整改，我家院坝内外很干净，住起舒服多了。”

为把村民文明素质的培养转化为推进美丽乡村建设的动力，红丰村抓住近年获评“市级森林村庄”“市级四好村”“四川省卫生村”的契机，以改善人居环境、增加村容“颜值”为重点，以“垃圾、厕所、污水”三大革命为抓手，全力推进美丽乡村建设。截至目前，全村道路绿化植树 577 株，栽植三角梅、一串红等花卉 20181 株，有效利用废旧轮胎 1000 余个，分别喷上不同色彩的油漆，全部种上各种花卉，摆放在农户庭院和道路两旁，让“五彩花盆”成为了一道靓丽风景。同时，加大风貌打造力度，共制作农房墙体彩绘 19 幅，面积 962 平方米；通过实施沿路、沿渠等“5 沿”项目，按照多户联建、单户单建模式，新建厌氧湿地池 24 个，重点解决 46 户村民生活污水处理问题，还新建成污水处理站一处，消纳 160 户农户污水排放。目前，全村“五沿”污水处理率达到 78%。

打造优美宜居环境，效果显而易见。如今，红丰村各种矛盾纠纷、社会治安案件、乱堆乱放垃圾、不尽赡养义务、迷信赌博、越级上访等现象明显减少，文明新风正气上升，展现出一派和谐美丽新村景象。

（陶广汉 本报记者 苏文保）

图 10-2 “两行题”稿件：《抓实基层治理引来文明新风
东坡区红丰村深入实施乡村振兴战略》②

科技新闻记者要善于自拟标题，不要把希望寄托在编辑身上。编辑虽然可以根据整版稿件的情况和长期的工作经验帮忙拟定标题，但作为采访、完成这篇稿件的人，记者无疑是最了解文稿内涵的人。所以，科技新闻记者要长期训练归纳、总结能力，自拟标题，在开始文稿内容写作前拟好一个暂定的标题，以指导接下来正文部分的写作。对于那些带有政策性、会议性质的标题，不要

① 德阳市科协. 中国（德阳）电子信息产业发展大会在中江县举办[N]. 四川科技报, 2019-12-06: 2.
② 陶广汉, 苏文保. 抓实基层治理引来文明新风 东坡区红丰村深入实施乡村振兴战略[N]. 四川科技报, 2019-12-06: 3.

顾及标题的长度，尽可能完整地介绍文稿内容，例如，《中国科协党的建设工作会议在京召开》《四川省委决定毛大付同志任四川省科协党组书记》。

二、导语

科技新闻导语通常位于报道的开头部分，作用是告诉读者文章的主要内容，可以认为它是标题的一种扩展。一条好的导语能够吸引读者进一步深入了解新闻的内容。在硬新闻中，导语通常只有一句话，涵盖了新闻事件中最重要的信息。

通常，在硬新闻中，"概述式"的导语最为常见，它通过概括事件的主要内容，回答前文提到的5W问题来满足受众的基本信息需求。如果导语过长，会导致科技新闻的主要内容难以被受众认知，受众很可能会选择放弃阅读。下面来看一则科技新闻的导语。

近日，2019年自贡航空产业园投资推介会暨项目集中签约仪式在成都举行。①

三、补充导语

在一些科技新闻报道中，导语需要有一段文字进行补充或者支持，这段文字称为"补充导语"。它通常是对导语的解释、说明和补充。下面来看一篇报道。

日前，上海市政协召开了2019年优秀提案获奖者与记者见面会，介绍了各党派团体、各界别政协委员运用提案积极履职的事迹和成果。（总结式导语）

市政协提案委员会向各承办单位、党派团体、界别和专委会（指导组）征集推选（推荐或自荐）优秀提案，在推荐期内共收到候选提案187件。其中，集体提案56件，委员个人提案或联名提案131件。（补充导语）②

---

① 秦勇. 顺丰大型物流无人机川南运行基地落地自贡航空产业园[N]. 四川科技报, 2019-03-06: 2.
② 陶婷婷. 市政协2019年优秀提案奖出炉[N]. 上海科技报, 2020-01-08: 1.

四、主体的核心段落

科技新闻报道的核心段落是其主要内容的一句话或者一段话，能够明确地指出这篇报道的新闻价值。尽管一则科技新闻可能会包含很多段落和要点，但都是围绕一个主题来进行的。一般来讲，拥有总结概括式的导语的科技新闻不需要另写一个核心段落，但如果科技新闻的导语不是概括式的，就需要增加核心段落，对导语未说明的核心、重要信息进行补充。

一般来讲，科技新闻的核心段落通常位于文稿的前面部分，大概处于第三段到第五段之间。有些时候如果导语非常吸引人的话，核心段落还可以靠后。当然，这不是绝对的定律，新闻写作还是具有较强灵活性的。下面，我们来看一则科技新闻。

一篇刊登在《医学病毒学杂志》网络版的论文显示，新型冠状病毒2019-nCoV 可能是蝙蝠冠状病毒与蛇冠状病毒之间的重组病毒。该研究由北京大学、广西中医药大学、宁波大学及武汉生物工程学院学者联合完成。

（导语）2020 年 1 月 10 日，通过对病毒 RNA 基因组进行测序，鉴定了一种由世界卫生组织命名为 2019-nCoV 的新型冠状病毒。更重要的是，还从 1 名患者中分离出了新发现的病毒。（补充导语）

冠状病毒科根据其遗传特性由 4 个属组成，包括 α 属、β 属、γ 属和 δ 属。冠状病毒可以感染哺乳动物、鸟类和爬行动物，包括人、猪、牛、马、骆驼、猫、狗、啮齿动物、鸟类、蝙蝠、兔子、雪貂、貂、蛇和各种野生生物。

基于 2019-nCoV 现有 RNA 序列，结合不同动物物种之间的相对同义密码子使用偏倚（RSCU）情况，研究人员发现，2019-nCoV 似乎是蝙蝠冠状病毒与起源未知的冠状病毒之间的重组病毒；重组发生在病毒 spike 糖蛋白内，该蛋白识别细胞表面受体。（核心段落）[1]

五、主要引语

我们把支撑导语的第一个引语称为"主要引语"，主要引语对导语起着支

---

[1] 耿挺. 最新研究: 蛇是带"毒"最大"嫌疑犯"——有质疑: 仅凭生物信息学分析得出结果有问题[N]. 上海科技报, 2020-01-24: 1.

持作用。尽管并非所有的科技新闻中都需要有"主要引语",但吸引人的"主要引语"会使新闻文稿更加地生动有趣。下面,我们来看一则科技新闻的"主要引语"。

殷尚勤,一个典型的"80后",2003年,他回到老家眉山市丹棱县承包茶场创业,从此为了这抹"绿"而奋斗。(导语)

从单打独斗到成立专合组织,从20亩茶场发展到5236亩,从寂寂无名到获得国家认证的有机含硒茶,从粗放型的茶叶到创建名优茶叶品牌,从小作坊到建立四川老峨山茶业有限公司,殷尚勤的十六年创业路,艰辛、坎坷,却也收获颇多……(补充导语)

如今,他是丹棱县老峨山茶业协会会长、丹棱县老峨山茶叶专业合作社理事长、四川老峨山茶业有限公司总经理,拥有国家高级茶艺师、国家高级茶评师等多个头衔,为家乡的发展默默做着贡献。(核心段落)

"丹棱本地茶叶品质好,就是因为没有名气、没有品牌,价格差距就那么大。想到茶农辛苦一年却没什么回报有点心疼,于是便有了帮茶农们做点什么的想法。"殷尚勤说。(主要引语)[①]

六、影响

在科技新闻中,记者要学会写明报道本身对读者的影响,体现"影响"的句子通常会说明报道的重要性。通俗来讲,就是"报道中的什么问题会吸引受众的关注度",有些科技新闻报道会在导语或是核心段落中说明事件的影响,有些则会在文稿的后半部分写出。但这里有一个问题需要大家注意:并非所有的报道都会直接说明新闻的影响,但几乎所有的报道都应该包含一个对新闻价值做出解释的段落。下面这个例子就是如此。

"科幻小说本身是一个具有强烈创新色彩的文学题材,它能够激发青少年的想象力,开拓他们的视野,让青少年对未知的世界、对科学产生兴趣。"本届大会上,科幻作家刘慈欣认为,中国科幻发展最良性的状态应该是百花齐放,有众多的风格、众多的题材,目前中国的科幻也正在朝着

[①] 张艺达, 苏文保. 殷尚勤: 让"素翁硒茶"走向世界[N]. 四川科技报, 2019-11-15: 1.

比较良好的方向发展。（影响1）

本·亚洛说，本届世界科幻大会让中国更多人更有兴趣地去了解科幻、尝试科幻创作，即畅想众多未来世界的生动场景，并把这些场景透过小说、动画、电影等不同方式投射出来，"我们可以根据这些场景里出现的一些高科技产品，在现实中去努力地创造出来。"（影响2）

记者在会场看到，许多中小学生在老师和父母的陪同下来到成都科幻馆。"大会将在这些孩子的脑海里种下科幻的'种子'，当孩子们长大后，他们中有的人也许就会成为科学家，创造更好的未来。"《指环王》特效团队维塔数码创始人理查德·莱斯利·泰勒说。（影响3）

作家阿来认为，这场"仰望星空"的科幻大会最大的影响便是能点燃社会对未来的想象，形成一种基于科学对未来大胆想象的氛围。（影响4）[1]

科技新闻报道中的"影响"在新兴媒体中不仅在文中以单独的部分体现，还可以开辟专门的网站栏目、网页来加强。

七、消息源

消息源主要用于说明记者获取消息的途径和来源。科技新闻中所有的引语都必须要有出处，引用必须完整、准确。对于科学技术领域有争议或者批判性的直接引语，要慎重使用，一般放在导语当中。一些关键性的数据或者结论必须要有详细、准确的消息源，否则，新闻报道可能会出现重大失误。当然，对于那些常识性或者显而易见的问题，记者则不必说明来源。下面，我们来看一个例子。

近日，复旦肿瘤医院乳腺外科邵志敏教授团队在世界乳腺癌研究领域的最高级别讲坛——圣安东尼奥大会上，作为大会主题发言揭晓了一项关于化疗药物卡培他滨辅助治疗三阴性乳腺癌的研究成果。（导语）

这是中国大陆第4次，也是复旦大学附属肿瘤医院第3次在圣安东尼奥会议中发出"中国声音"。在大会首日，邵志敏教授团队的李俊杰教授

---

[1] 董小红，温竞华，李倩薇，等. 点燃未来想象 激发蓬勃活力——写在2023成都世界科幻大会闭幕之际[N]. 四川科技报，2023-10-25: 1.

在全球近万名学者面前,公布了本项临床试验的结果,引起国内外肿瘤学者广泛关注。该项研究证实,联合卡培他滨方案治疗三阴性乳腺癌,将使患者5年无病生存率从80.4%提升至86.3%,疗效显著优于传统化疗方案。(补充导语)

在复旦大学附属肿瘤医院邵志敏教授牵头下,中国乳腺癌协作组(CBCSG)开展了全国多中心、随机、三期、前瞻性的临床试验。在这项长达5年的研究中,研究人员在全国35家中心共筛选了636例患者,最终成功入组并接受治疗的患者有585例,其中297例患者使用了联合卡培他滨的化疗方案。研究者通过持续的随访获取患者的生存情况。(核心段落)

邵志敏教授还透露,今年,团队还公布了一项三阴性乳腺癌采用多基因组学技术予以分型治疗的研究成果,绘制出全球最大的三阴性乳腺癌基因图谱,该项研究也将与本次公布的研究"携手",以获得更多突破。(消息源)[1]

八、新闻背景

新闻背景在科技新闻中起着十分重要的作用,它有助于受众理解事件发生的历史环境或主客观因素,是增强科技新闻可读性和客观真实性的重要构成因素。绝大多数的新闻报道需要相关的背景资料来进行解释说明。下面,我们看一则新闻。

本报讯 为进一步提升网格员服务群众成效,春节前,成都高新区石板凳街道召开网格化服务管理暨"一标三实"基础信息工作会,总结2019年工作并安排部署2020年网格化服务管理暨"一标三实"基础信息工作。(导语)

2019年,该街道网格员通过"一日双巡"网格巡查,累计上报各类事件信息5518条,办结5518条,办结率达100%。其中,录入特殊人群信息188条、关怀对象信息1044条、重点单位场所信息61条,调解各类矛盾纠纷253件。新采集人口信息7922人,新增房屋信息1640条,新增单位信息29条,新增单位从业人员信息766条。(新闻背景)[2]

---

[1] "三阴性乳癌"有了更好的治疗方案——上海医学研究团队在全球顶级乳癌研究大会发出"中国声音"[N]. 上海科技报, 2019-12-18: 1.
[2] 胡智. 成都高新区石板凳街道提升网格员服务成效[N]. 四川科技报, 2020-02-05: 6.

九、详尽细节

在科技新闻报道中，我们把与主要事件相关的细节和事实称为"详尽细节"。它可以是叙述、引语或者能够进一步解释、说明事件的细节，比如，事件为什么或者是怎么发生的，群众的反应是怎样的。在这一部分的写作中，记者需要以前期扎实的采访为基础，搜集大量的事实，保证报道的平衡性和公正性。毕竟，如果只依赖于一个消息源很有可能会出现错误或者偏见。下面，我们来看一则科技新闻中的"详尽细节"。

  研究发现，长期坚持太极拳训练对帕金森病患者具有积极效果。太极组患者 UPDRS 分数平均每年上涨约 3 分，而对照组平均每年上涨近 5 分，提示太极组相较对照组疾病进展慢。另外，在接受抗帕金森病治疗的需求方面，无论是左旋多巴等效剂量还是接受深部脑刺激等外科手术治疗方面，比对照组、太极组的需求有延缓。此外，研究团队还发现，在自主神经功能、认知（特别是前额叶皮层功能）、睡眠及生活质量方面，太极组患者的进展相较对照组延缓，在情绪、嗜睡及后皮层认知方面也有延缓的趋势。[①]

十、结尾

科技新闻报道中，结尾一般包括以下几种情况：①预测或者预告未来事件的发展方向；②用陈述句或者引语来总结全文但不重复前文已说过的话；③补充细节。下面，我们来看几篇报道的"结尾"。

  （1）浦东新区科协副主席刘耀华表示，未来新区科协将不断探索科普活动新模式，继续在党建引领下，与新时代文明实践活动、基层社会治理模式、基层党建工作相结合，不断提升基层科普工作效能，营造出更优质的科普环境，更好地助力文明创建工作和科技创新发展，为引领区各项工作迈上新台阶作出更大的贡献。[②]

  （2）大数据，这有温度有力量的技术，正在"智慧"相助疫情防控，"数战数决"、速战速决。（总结）[③]

[①] 陶婷婷. 坚持太极拳训练对早期帕金森病患者具有显著益处[N]. 上海科技报, 2023-11-03: 1.
[②] 龚福星. 家门口有了航天馆[N]. 上海科技报, 2023-11-3: 2.
[③] 马爱平. "数战数决"大数据"智慧"相助疫情防控[N]. 科技日报, 2020-2-24: 2.

（3）论坛上还举行了第四届高分北斗无人飞行器智能感知技术竞赛启动仪式，上海北斗导航创新研究院与海克斯康测量技术（青岛）有限公司签署了战略合作协议，为上海北斗导航研发与转化功能型平台第一批特聘专家颁发了聘书。（补充细节）[①]

十一、图表

科技新闻报道中，图表是解释说明相关科学技术问题的重要手段。尽管提炼加框是编辑的事，设计图表是美编的事，拍照是摄影记者的事，但在计划有图表的文稿中，记者对内容和语句的把握是需要特别注意的。图表的存在会导致文字的调整和删减，也会提升科技新闻报道的可读性。下面，我们来看一则科技新闻的图表运用。

新闻标题：《严守标准 保安全》[②]
来源：《科技日报》2020年2月21日第2版
文稿内容：

针对避免医务人员感染，结合医疗队生活驻地实际情况，驰援武汉抗击疫情的青岛大学附属医院建立起一套卫生管理标准流程，设立了工作地上下班和生活驻地管理标准和规范并严格执行（图10-3）。

图：

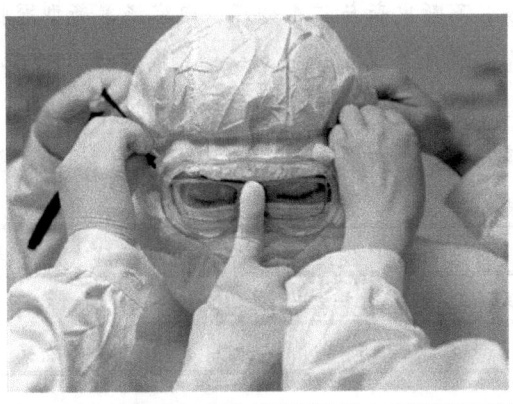

图10-3 两位医护人员按照标准流程为即将进入病区的同事穿戴防护服

---

① 戴丽昕. 北斗导航功能型平台将促进长三角地区产业发展[N]. 上海科技报, 2019-12-18: 1.
② 李贺. 严守标准 保安全[N]. 科技日报, 2020-02-21: 2.

第三节　科技新闻报道基本范式举例

前文我们讲到了科技新闻报道的构成要素，并就各个部分的内涵及要求做了说明。下面，我们以一篇科技新闻报道为例，具体分析各部分的组合方式。

<u>继长三角科普场馆联盟日前发起线上科普知识有奖竞答，全国百余家科普场馆陆续加入，活动不断升温。</u>（软导语）记者16日从上海科技馆获悉，由中国自然科学博物馆学会主办，上海科技馆等领衔承办的新一轮"新型冠状病毒肺炎科普知识有奖竞答活动"将于17日上线。（补充导语）

<u>截至16日记者发稿时，全国已有134家科普场馆、动物园、保护区、出版社、高校博物馆、图书馆、科技公司、中小学、新媒体等机构将共同承办或支持该科普活动；领衔承办单位包括中国科技馆、上海科技馆、中国铁道博物馆、中国湿地博物馆、中国地质博物馆、国家海洋博物馆、重庆自然博物馆、北京自然博物馆、青岛水族馆、北京天文馆、山西省科技馆等。</u>（新闻背景）

活动的题库建设委托上海科技馆负责，参与或支持的科普场馆将紧跟疫情最新进展，不断更新与扩充题库，内容涵盖新型冠状病毒感染的肺炎的相关病毒学、临床医学、流行病学、预防医学、防疫心理健康等知识，SARS、埃博拉等多种传染病及其防治科学史科普知识，生物多样性保护科普知识以及防控疫情相关的政策法规知识。（核心段落）

<u>上海科技馆副馆长、上海自然博物馆管委会主任顾庆生介绍，长三角科普场馆联盟自2月3日发起"科普联动筑防线，众志成城抗疫情——新型冠状病毒科普知识有奖竞答"以来，截至16日15时，全国有3万多网友上线作答，总答题次数超过16.8万次，网友分布在全国各地。</u>（消息来源）

"首轮答题活动的火爆折射出人们对疫情进展的关注以及对准确靠谱的知识的渴求。虽然疫情期间实体场馆暂时关闭，但科普活动不会停止。

最近我们还将联合通信运营商开展线上直播，让观众不动腿也能云逛馆、动动脑。"顾庆生说。（主要引语）

为帮助网友答疑解惑，巩固学习效果，上海自然博物馆（上海科技馆分馆）微信公众号每天增加了高频错题解析。上海科技馆展教服务处处长、上海自然博物馆管委会副主任顾洁燕介绍，从首轮答题情况来看，大部分网友对疫情相关知识有一定的了解，但在野生动物保护、预防医学及政策法规领域等方面还需加强科普。

"线上问答活动不仅能为老百姓提供'科学食粮'，也是我们了解民众科普需求、知识短板的契机，让我们能更精准设计科普内容、丰富科普形式。"顾洁燕说。（反应）

<u>疫情发生以来，众多科普场馆不断完善线上展览展示和科普服务，让观众在家就能看展涨知识。</u>（影响）上海科技馆通过科技馆网站、微信、抖音等平台发布疫情相关信息，内容包括病毒防护知识科普文及漫画、常设展览和临展虚拟导览、线上科普游戏等。浙江自然博物院通过官网推出"在线课堂"，课程包含"自然之美"昆虫标本制作等。南京科技馆及时转载国家权威部门发布的疫情信息，陆续发布疫情防控措施和辟谣等微信内容。

顾庆生说，科普机构应该把最新科研成果、科学知识转化为通俗易懂的图片、文字、视频甚至游戏，也应该把日常生活中的科学原理提炼出来，把单纯的知识传播向科学素养能力培养拓展。在互联网等技术的帮助下，这些最新的、有趣的知识将取得最大化的科普传播效果。<u>未来，在线科普还将有更大的发展空间。</u>（预测未来式结尾）[①]

第四节　科技新闻的引语和消息源

在新闻报道引语中，一般分为直接引语和间接引语两种。间接引语指的是记者用自己的语言转述采访对象说过的话，而直接引语则是直接引用采访对象

[①] 全国百余家科普场馆联合推出在线科普知识有奖竞答活动[EB/OL][2020-02-17]. https://www.cnfin.com/life-xh08/a/20200217/1914148.shtml.

说过的话。在科技新闻写作中，间接引语主要是保证转述的准确和语言的精练，直接引语则有选择、引用的方法和规范问题。

一、直接引语

在科技新闻中，好的直接引语有助于增强新闻的真实性。记者在撰写直接引语时要注意挑选生动、清晰且能够反映受访者情感的话语。是否使用直接引语主要看它是否带有某种受访独享的情感，或者是否能增加新闻稿的信息量，而不是为了引用而引用，正如一些年轻记者或者新闻专业学生的做法那样，直接引语只是为了证明自己采访了对方。正如西方记者所说："记者应该把引语当作报道的调味品，而不是牛肉土豆。"①下面，我们介绍几种使用直接引语的情况：①当引语很有趣味并且有一定信息量时；②能够对导语、核心段或报道的观点起到补充和支撑作用时；③能够反映采访对象的情感时；④直接引语具有一定的戏剧性或者描述性时。

反过来，如下的几种情况，我们不建议使用直接引语：①受访者的话没有任何的信息量，基本可有可无；②受访者的表达含糊不清；③受访者情绪失控，或者言语中带有指责、谩骂。

二、引语的写作方法

在科技新闻报道中，引语的写作看似简单，记者只需要把受访对象说过的话写下来即可。其实，如果我们要把对方的话恰到好处地引用，还需要遵循以下几个原则。

（1）注意标点符号的使用。我们在引用受访对象的话语时，要注意添加冒号、引号。例如，郁金泰说："探索脑结构的遗传基础是非常有意义的，不仅可以帮助我们深入理解脑疾病的内在机制，也有助于发现脑疾病影像标志物，促进脑疾病的早期诊断、预测、进展评估。阿尔茨海默病是一种可防可治的痴呆类型，侧脑室下角体积则是一种无创、价格低廉、极易评估的影像标记物。本次的研究结果有望辅助临床医生尽早识别阿尔茨海默病高危患者，尽早干

---

① 戴梦岚. 如何找到最有新闻价值的"那句话"？[EB/OL][2022-08-24]. https://mp.pdnews.cn/Pc/ArtInfoApi/article?id=30774062.

预，提高病人的生活质量。"①

（2）如果直接引语指的是引用的内容，那么问号和引语中的其他标点符号应该放在引号之内；否则就放在引号外。比如下面这两句引语。

  他问："这个项目您预计什么时候完成？"
  王教授说："我希望这个实验能取得成果。"

（3）在科技新闻中，不同的人所说的话不要放在同一个段落当中。

（4）在写作中，不需要重复写引语的出处。如果在一段话里面引用同一个人的多句话，也只需要说明一次说话人的信息。

（5）如果出现对一个受访对象较长的引语，务必将受访人信息放在他第一句话的后面。

（6）通常情况下，不建议把受访者的信息放在一段引语的中间，这样会打断读者的思路。

（7）如果要在两个段落中连续引用同一个采访对象的话，第一段结束时不要用后引号，在第二段开头写前引号，然后在第二段中写明引语的出处。

（8）不要把不同人的话捆在一起。

（9）不要在引语中做更多的解释。

（10）在几句引语之间，尽量少用过渡性的话。特别是那些连接比较紧密的话，可以不必有过渡句。

（11）尽量少用不完整的引语，以免造成受众误解和受访对象的质疑。

（12）尽可能少在引语中使用省略号。

（13）不使用引语来重复前面已经说过的话。

（14）不要滥用引号，特别是不要随意地用引号把你强调的话引起来，除非是别人说过的话。

三、何时写明消息源

在科技新闻报道中，所有的引语都应该有消息源，不能出现抄袭剽窃的现象。即使所有的信息都来自记者本人，依然需要明确地告诉读者消息的出处。

---

① 吴苡婷，孙国根. 研究发现："侧脑室体积增大"是阿尔茨海默病可遗传的影像标记[N]. 上海科技报，2023-11-3: 3.

当然，并不是所有的信息都需要说明出处，下面是几条关于消息源写作的基本原则。

（1）对于那些早有定论、记录或者已是常识的问题无须写明出处。

（2）如果相关信息在之前的报道中早已出现过，则无须说明出处。

（3）如果收到的信息带有明显的指控、指责或者批评，而记者并没有亲眼看到，则必须写明出处。

（4）在引用消息源的话语时，难免会使用某人"说"这样的模式，但请注意，要尽可能避免"说"的代替词，比如"大笑"或者"哽咽"……因为从逻辑上看，人在说话的时候不可能大笑，可以表达为"随后她哈哈大笑"等。

（5）当消息源自无生命的资料时，可以说"据……""研究表明"等。

（6）在一段话中，如果只有一个采访对象，可以不必每次都说明消息源。但如果出现两个及以上的采访对象则需要说明出处。

（7）在同一段话中，如果第二次引用同一个人的话，可以采取"姓氏+职务"的方式。比如下面这个例子就是如此。

A市第12研究所所长王家炳说："这次实验我们集结了所里几乎全部的骨干力量，力图用最短的时间拿下这一国家级前沿科学项目"。王所长强调，"时间不等人，我们每天都在争分夺秒，很多同志主动放弃了休假的机会，真是很难得"。

第十一章 科技新闻报道的写作程序与结构

如何开启一篇科技新闻报道的写作，可能是很多传媒新人和初学者的苦恼之处。一名成熟的记者，不会在采访结束后，回到自己的办公室马上就开始写作。他们通常会坐下来，听一听录音、看一看采访视频，再翻一翻采访笔记，之后，喝上一杯水，沉思片刻，一气呵成地写出初稿。当然，面对一些特写、通讯或者专题报道，一些记者可能会先拟一个提纲或者是结构性的框架，之后再逐个部分地丰富和细化。科技新闻的写作有很多不同的技巧，在这里，我们很难穷尽。但本章力图通过一些常规的技巧辅助读者找寻一种适合自己的写作程序。

第一节 科技新闻写作程序

一、掌握写作程序的途径

美国知名记者唐·弗赖伊曾说："当我准备报道的那一刻起我就开始构思整个报道了。"[1]对于很多老练的科技新闻记者来讲，他们在采访时已经在思考行文的基本思路了。他们会写下几个段落的关键词，拟定一个行文的基本顺序，然后往里填充内容、突出重点，最终，一气呵成，完成整篇报道。弗赖伊的这种写作方式主要包括了五个基本环节：构思、采访、拟定结构顺序、打草稿、修改。这在新闻实践中是非常有效的做法，接下来，我们以此为参考，谈论写作的基本程序，即：FORK 写作法、简讯、在线写作程序。

---

[1] 卡罗尔·里奇. 新闻写作与报道训练教程[M]. 3版. 钟新, 译. 北京: 中国人民大学出版社, 2009: 110.

（一）FORK 写作法

FORK 写作法是一种新闻写作的程序，F 指的是报道重点（focus）、O 是结构顺序（order）、R 是重复关键词（repetition of key words）、K 是消息源各自集中（kiss off）。

1. 报道重点

报道重点一般会出现在导语或者核心段落当中。如果在写作过程中，不注重对关键、核心内容的把控，新闻稿主要内容就会出现散乱、偏题的情况。因此，全文应当围绕导语或核心段落进行扩展和补充，不相关的内容要避免出现。下面，我们提供几种方法确定报道的重点。

第一，标题技巧。尝试给新闻报道取一个标题，思考用哪几个词表达报道的主要内容。

第二，向身边人讲述技巧。如果向身边的朋友讲述正在进行的报道，会怎么讲？会从什么地方说起，哪些内容是想要重点突出的，哪些问题是可以寥寥数语带过的呢？

2. 结构顺序

在写作之初，记者可以将采访笔记浏览一遍，将其中重要的内容做上标记。之后，在一张纸或者电脑上写出关键词或者句子提醒自己记住所要用到的条目，随后，按照打算在报道中使用它们的顺序进行排列。有些记者习惯于在写作前拟一个提纲，或者用几个词语建构文稿的结构。这些方法在实践中都可以使用，关键在于记者本人更适合哪一种。下面，我们提供几个帮助记者厘清写作顺序的方法。

（1）整理信息点。记者在写稿之初可以将稿件的信息点一一列出来，之后按照重要性进行排序，并对信息点进行分类，包括引文以及起支撑作用的事实。

（2）揣摩导语。记者可以试着写出导语创意，思考该导语提出了什么问题需要在报道中得到进一步的解释和说明。

（3）结尾。如何结束一篇报道，对科技新闻来讲是十分重要的。前文讲过，记者可以采用总结概述式结尾，预测、预告未来式结尾。在完成导语和结尾部分后，记者还应思考开头和结尾之间需要哪些信息。

（4）时间顺序。在科技新闻报道中，涉及科学研究、项目试验往往有一定的时间顺序，记者在写作当中，要注意内容安排上的逻辑性问题。

（5）引语。将所要写的引语列举出来，然后按照重要性进行简单排序。文章节奏感的转变可以将引语、解释性信息、事实、奇闻轶事结合起来使用。

（6）自由写作。采访结束，伏案写作，如果感觉困难重重，没有头绪，不妨将采访笔记放到一边，写下自己记得的内容，然后按照逻辑顺序进行排列，中间再插入引语和其他客观事实。

（7）向朋友讲述技巧。跟身边的朋友、同事、亲人交流，试着讲述自己的写作顺序，他们可能会从不同的角度给你建议。

3. 重复关键词

写作时，记者要注意观察每个段落的最后一句并找出其中可以导出下一个段落的关键词。这些关键词能够触发下一段需要回答的问题，或者可以成为衔接下一个观点的桥梁。

4. 消息源各自集中

在一篇科技新闻报道中，往往会出现两个或者两个以上的消息源。如果不加以明确说明，或者将多个消息源散放于文稿的各个部分，整篇报道的信息就会十分混乱。这里提供一种方法解决这一问题，那就是在写作时将消息源各自集中，简而言之，就是把一个人说的话集中在一个段落进行表述，这样就不会出现凌乱的情况。当然，这里有一种例外的情况，如果采访对象是众所周知的人物，例如国家领导人、知名科学家……则不受任何影响。

（二）简讯

先将报道写成一篇简讯可能是帮助记者厘清写作顺序的一种方式。记者不妨将报道先写成一篇200字左右的简讯，其间可以分为几个主要的段落来表述。当简讯完成之后，可以顺着这一思路扩展每个部分的具体信息，包括对引语的使用。

（三）在线写作程序

在线写作程序有别于普通的电视、广播和报纸，有着独特的语言习惯和写作顺序。通常记者要从网络的"非线性结构"入手，充分考虑受众网络接触行为的随意性和无序性，从"规划""采集""组织""写作""精简"几个方面思考在线写作的程序。

1. 规划

在撰写网络科技新闻报道时，记者需要思考这样一些问题：报道篇幅有多长，中间是否需要引入某些链接，是否需要一些背景信息，是否需要打开评论功能，是否需要视频、音频的辅助，是否需要有一些同受众的互动，例如有奖竞猜、投票等等。

2. 采集

如果在前期构思中需要使用视频、音频或者其他资料，那么记者在采访过程中就需要主动地收集这些信息。为了避免遗忘，还可以在自己的采访笔记本中将这些重要信息列举出来，以免遗忘。

3. 组织

网络在线稿件的写作，有别于传统的平面媒体，需要考虑各种网络元素，例如超链接、时间线索、评论等。不必完全按照传统稿件的做法写出提纲，而是要草拟一个"报道样式图板"。这种图类似于一个逻辑结构图表，清晰呈现了写作的思路（图11-1）。

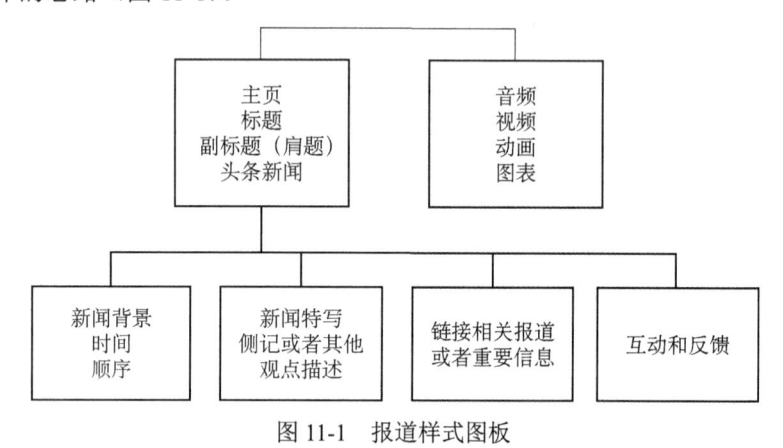

图11-1 报道样式图板

4. 写作

网络稿件写作中，记者不妨从受众的反馈意见入手，找寻报道的重点或者核心，然后试着将其写成一篇简讯。毕竟，"快餐式文化"影响了大部分受众，尤其是年轻受众，他们一般不会耐着性子花上十分钟甚至更长的时间去阅读。所以，写出一篇简讯或者简要版本的稿件是大有益处的。长篇的稿件可以留给一部分愿意深度阅读的受众去接受。另外，在文稿中，记者要习惯于添加副标题或者段落小标题，让受众可以选择性地阅读。

5. 精简

删掉不必要的词语或句子，摒弃任何无关主题的信息，剔除一些不重要的文字或者段落，它们往往通过链接即可满足受众深层次的信息需求。

二、修改

科技新闻记者对报道的修改不仅仅在于文稿的字句本身，还在于构思、信息采集和文稿的整体结构。在修改过程中，记者应当从以下几个部分着手。

（一）构思

在完成稿件后，记者需要考虑这篇报道的重点是否突出，是否可以另换一个角度。

（二）信息采集

思考报道的信息是否充足，是否存在采访上的疏漏或者有待核实的信息。

（三）结构

思考报道的结构顺序是否合理，是否存在逻辑性错误，重点是否突出，是否有一定的趣味性。

（四）具体内容修改

科技新闻报道的修改要注重对语言文字的校对和语言精练问题的审查。科技新闻记者要在保证信息量的同时，加强对语言文字的提炼。具体来说，记者在修改文稿中要遵循以下几个原则。

（1）一句一意。科技新闻稿中的每一句话只表达一个意思。

（2）中心紧凑。在科技新闻报道中，要着重强调核心内容，强调新鲜的、有重大意义或价值的事实。这部分的语言表达要准确、精练。

（3）在导语中强调影响。科技新闻写作中要特别注意强调影响，而不是简单地陈述事实。例如下面这个例子。

陈述事实型：近日，中国妇女发展基金会（以下简称妇基会）携手赛默飞世尔科技（以下简称赛默飞），在上海交通大学闵行校区文博楼会议厅成功举办2023"女科学家成长计划"首场活动。"女科学家成长计划"公益项目，旨在鼓励高校理工科女生、女性科技研究人员在科学领域中坚持职业发展道路，追求更高的发展目标。2021年项目邀请了来自不同科研领域的多位杰出女性科学家，讲述她们在科研领域中的非凡故事；并通过一系列线上与线下的互动，鼓励众多身处科研领域的女性进一步发掘、追求和实现自我价值，相关话题点击量超过80万人次。2023年"女科学家成长计划"线下高校系列活动的正式启动，将连接更多来自高校、科研机构的女学生、女科技工作者，通过主题分享鼓励女性在科研中发挥优势，进一步提升女性创造力，助力未来女性科技人才的培养。

推荐写法：近日，上海交通大学闵行校区成功举办了2023"女科学家成长计划"首场活动。活动旨在鼓励高校理工科女生、女性科技研究人员在科学领域中坚持职业发展道路，追求更高的发展目标。该计划将连结更多来自高校、科研机构的女学生、女科技工作者，通过主题分享鼓励女性在科研中发挥优势，进一步助力未来女性科技人才的培养。据了解，2021年该项目邀请了不同科研领域的多位杰出女性科学家，讲述她们的非凡故事；并通过线上与线下的互动，鼓励众多身处科研领域的女性进一步发掘、追求和实现自我价值，相关话题点击量超过80万人次。[①]

（4）推进报道。科技新闻中要尽可能早些明确观点、意见，只用那些有助于立论的信息。

（5）保持行文紧凑严密。注重用标点符号推进新闻报道，尤其是冒号、分号、着重号等帮助读者有效阅读的符号标点。

（6）使用细节而不是形容词。在科技新闻报道中，不要大量使用形容词，

---

① 王毅俊. 助力女性科技人才培养[N]. 上海科技报, 2023-11-3: 4.

而是用细节说话。例如下面这个例子。

原文：这次的实验场地非常大，据说有上千平方米。

修改：这次的实验场地足有7100平方米，基本等于一个标准足球场的大小。

（7）不要过度强调信息来源。前文已经讲到，在科技新闻报道中，记者不必在每句话后都加上"他说"。

（8）使用有力、生动的动词。在行文中，记者要注意对动词的使用，避免平淡无味的陈述。

（9）避免软弱无力的过渡。一篇好的科技新闻报道往往只需要少数几个过渡句。

（10）选择能够提升报道整体质量的引语。在科技新闻报道中，记者要注意引语的质量。不能仅仅使用补充信息量的引语，而应该引用更多激发受众情绪、精练的语句。

三、写作程序技巧

对于初学者或者新人来讲，新闻写作是一件不太容易的事情，它需要长期的训练和实战。下面，我们提供几种写作程序的技巧供大家参考。

（一）牢记报道重点

在写作过程中，记者要注意将中心段落放在文稿的前端，时刻提醒自己文稿的主题和核心部分到底是什么，主动将相关信息收拢在一起。

（二）多写几条导语

试着多写几条导语，然后从中挑选一条最好的。关于"好"有三条标准：第一，直击核心，简单明了；第二，信息量足，满足受众基本信息需求；第三，具备一定趣味性，能吸引受众注意力。

（三）以后修改

在修改过程中，对一些不太通顺或者值得推敲的句子，要果断批注"修改"

或者做上标记。在初稿写作时，尽量一气呵成，不要做太多的停留，以免影响思路。

（四）使用提问/回答技巧

某个段落是否会提出应该在下一段得到解释、说明的问题或者观点。记者要善于思考读者可能提出的问题并作相应的回答。

（五）大声朗读

对一些值得考究的句子，记者不妨在修改的时候大声朗读，此时可能会有别的思路或者想法出现。对修改文稿有十分重要的作用。

（六）检查准确性

在科技新闻报道中，对受访者的基本信息，尤其是姓名、职务、单位等信息要逐一校对，最好是让对方审核并确认。对涉及科学技术方面的专业知识要向采访对象核实，有必要的情况下还要找专家证实。

（七）尽量使用主动句

在科技新闻写作中，要尽可能避免使用被动句，而要使用主动句。这跟受众的阅读习惯有关，更有利于受众理解报道内容。

（八）写短语

在行文过程中，记者要尽量使用短句子，而不要过多使用长句。

（九）写简单句

科技新闻报道是给广大普通受众看的，我们要特别注意语句的通俗易懂，简单明了。

（十）避免使用专业词汇

在科技新闻报道中，可能会涉及众多科学技术领域的专业词汇。记者在撰稿中要特别注意对这些词汇进行解释说明，最好是用老百姓熟知的"大白话"来阐述。当然，这并非绝对。在一些专题或者政策性较强的文稿中还是要注意语言的准确和得体。

第二节　科技新闻的导语与核心段

融合媒体时代，受众的媒介接触行为更为多元化。从目前的传播环境看，受众对新闻报道的质量要求逐渐提升。如果记者不能确保在几秒内吸引受众的眼球，他们很有可能转移目光或者换台。为此，西方记者曾有过这样的论断，"三秒钟内读者会决定阅读或转到下一个报道"①。所以，科技新闻记者在撰写稿件时，要高度重视导语的写作。当然，从目前的受众阅读习惯看，不少人从导语直接跳到核心段落。这对新闻记者提出了更高的要求。写好导语、核心段成了每一位科技新闻记者必须攻克的难关。下面，我们就具体的写作技巧作如下介绍。

一、硬新闻导语、软导语和核心段

导语主要想告诉受众的是报道的主要内容。我们可以将导语看作是新闻报道的引子或者预告片。无论选择什么类型的导语都需要用实际信息支撑，否则将是一篇失败的报道。

成熟的记者往往会撰写焦点陈述，它可以帮助记者撰写导语。在焦点陈述中，记者可以试着问自己这样几个问题：这篇报道是关于什么的，最重要的部分是什么，要点是什么？这不仅对导语写作十分重要，对核心段落也至关重要。

当然，有些时候核心段就是导语，有些时候又不同，我们可以从以下几个方面加以区分。

（1）硬新闻导语。硬新闻导语一般称为"概括式导语"或者"直接导语"。在硬新闻中，记者通常采用一两句话概括报道的主要内容，直击要点、开门见山。

（2）核心段。核心段也称为"中心段"，是新闻报道的主要内容，硬新闻中的导语往往可以代替核心段的这些基本信息。

---

① 卡罗尔·里奇. 新闻写作与报道训练教程[M]. 3版. 钟新, 译. 北京：中国人民大学出版社，2009：121.

（3）软导语。软导语通常被称为"延迟性导语"或者"特写导语"，往往由一个段落组成，逐步进入报道主题。软导语和硬导语不同，不会直接告诉读者报道的主要信息，而是采用描写、讲述故事的方法挑起读者的兴趣。如果采用软导语，务必要在核心段落中告诉受众报道的要点。要知道，现在的受众群体中充满了缺乏耐心的人。

到底采用哪种导语，其实取决于报道本身的新闻性、适时性和接近性。面对不同主题的新闻报道，也需要慎重选择导语的类型。例如，突发公共卫生事件、重大科学技术成果、自然灾害等就不适合采用软导语写作。反过来，青少年科普方面的信息就完全可以采用软导语撰稿。

当然，判断使用硬导语还是软导语的标准不是固定的，大多数时候取决于作者自己的从业经验和基本判断。有些时候，受众读到报道的导语会"哇"地一声叫出来时，可能更应该使用硬导语。因为这些信息往往具有较强的社会效应，对公众的生产、生活也会造成巨大的影响。

二、硬新闻导语

硬新闻的导语使用范围较广，包括大多数的突发性新闻报道和时政类新闻报道。它们通常采用概括式导语，开门见山、直奔主题。

（一）概括式导语

概括式导语通常应回答几个基本问题：何时、何地、何人、何事、为何、如何。但如果将这些内容都放进导语，整个句子会显得十分冗长。一般而言，我们建议把最核心的内容放在导语中，其他部分留给"补充导语"或者其他段落。概括式导语主要包括主、谓、宾三个部分，记者应当把最重要的部分放在前面。关于导语中的时间问题，我们不必在一开始就把准确时间完整叙述，可以在后文逐步明确、细化。对于导语中人物的头衔也不必一次性全部说清，尤其是那些知名人物，完全可以在后文说明。

（二）影响式导语

影响式导语同其他类型导语的区别主要在于强调了新闻报道对受众或者社会的影响。尤其是在牵涉到与大众相关的科学技术变革与创新的问题上，科技新闻报道可以采用影响式导语，以吸引受众的注意力。

（三）导语中的消息源

1. 何时写

在科技新闻写作中，消息源太多可能会造成一种杂乱的感觉，不利于受众的阅读体验。如果写太少，又会造成受众对信息真实性的质疑。那么，应该在什么时候注明消息源呢？下面说明几种情况，供大家参考。

第一，如果记者所知道的信息是亲眼所见且掌握了第一手资料时，不必写消息源。

第二，当报道中出现反对、质疑、指责意见时，必须注明消息的来源。

第三，必须指明导语中引语的消息源。

2. 写何处

导语的基本原则是把最重要的信息放在前面，如果消息源的出现会导致整个导语比较冗长，特别是出现几个单位和组织共同作为消息源时，可以将其放在后面的段落。

三、软导语

软导语又被称为"延缓导语"，一般也放在文稿前部分。由于软导语的"延缓"属性，所以必须在后文中作进一步补充。在软导语的科技新闻稿中，核心段应尽可能提前。目前，软导语通常分为描写式导语和叙述式导语。描写式导语是指描写某人或某个场景，类似于人物聚焦，适用于新闻或者特写。叙述式导语则是指讲述故事型的导语，它主要以生动的方式叙述新闻事件，类似于文学作品中小说的情节。这类导语需要精心构建核心段，确保信息的完整性。

除了上述两种软导语外，软导语还有聚焦人物式、对比式、噱头式、并列式、提问式等多种类型。聚焦人物式主要是采用描写的手法描述一个人的行为、动作；对比式主要是以冲突或者矛盾双方的对立来建构导语；噱头式主要采用让读者感到惊讶的元素将受众引到报道中，例如使用一些不同寻常、特别、神秘的词语，激起受众的好奇心；并列式指的是将几个简短的例子并列起来引入报道；提问式则是在导语中提出一个受众可能好奇或者想要知道的问题，之后在报道中逐步揭开谜底。

四、如何寻找导语

好的导语并非记者凭空想象，其来源主要是核心段落。当确定核心段落后，记者可以问自己如下几个问题，以便寻找导语。

（1）针对所要报道的内容主题，受众会关心哪些问题？

（2）在所有收集的信息中，哪些是最让自己印象深刻或者难忘的？

（3）以人为中心：在报道中，有什么人可以用来诠释矛盾或者问题吗？能否通过展现他的故事引出核心段落的报道要点呢？

（4）描写手法：对场景的描写能建立与报道重点之间的联系吗？

（5）报道能通过意见导出核心段的惊人事件吸引读者吗？

（6）是否有可以支持导语的精彩引语呢？

（7）采用过去和现在对比的方式可以吗？

（8）可以设置一个问题让受众去找寻解决办法吗？

（9）如果准备讲一个有趣的故事，要怎么开头？可以重新组织语言把读者带入新闻场景中吗？

第三节　科技新闻报道主体的建构

要写好一篇科技新闻报道是极不容易的。著名记者肯·富森曾说："我知道绝大多数报纸读者不会从头一直读到尾。但是我对自己说如果我写得足够好，他们会读完我的报道。"[①]一篇优质的科技新闻报道，需要有漂亮的导语、精彩的主体部分和让人回味的结尾。严格地讲，做好每一部分都不是容易的事情。尤其是开头和结尾对于初学者或者媒体新人来说都是棘手的问题。那么，应该如何建构科技新闻的主体部分呢？下面从报道的中间部分、结尾部分入手，具体说明主体建构的方法。

---

① 卡罗尔·里奇. 新闻写作与报道训练教程[M]. 3版. 钟新, 译. 北京：中国人民大学出版社, 2009: 184.

一、报道的中间部分

科技新闻记者要想写好一篇新闻稿,需要特别注意对报道中间部分的思考。因为从大量的受众分析可以看出,稿件要留住受众,关键在于中间部分的质量。要提高文稿中部的质量,需要利用好前文讲到的相关方法。将稿件信息排序,重要的前置,其他的后置,这是解决科技新闻可读性的重要措施。当然,这是不够的,还需要掌握一些写作的技巧。

(一)过渡技巧

在科技新闻写作中,过渡问题是无法避免的。我们常常思考怎样才是一个流畅的过渡。其实,如果常年采写新闻稿件,会发现这样一个现象:最好的过渡就是没有过渡。在成熟的新闻记者眼中,好的过渡基于顺畅、自然的思维。上一个段落中的信息提出一个问题,下一个段落解决这个问题或者补充、印证、支持上一段落的观点或者事实。这是一种比较理想的状态,实际操作中可能达不到这样的效果。可以采取一些行之有效的措施解决新闻稿过渡的问题。

(1)使用原因和结果的过渡方式。如果上一段提出了问题,下一段就试着回答这一问题。

(2)如果需要在前一个说话者后介绍一位新的说话者,可以使用新说话者的陈述,之后导入引用的话或者相关材料。

(3)从一个观点转到另一个观点,尤其是在讨论一些科学技术热点问题时,可以使用"关于另一个问题"或者"关于相关问题""这个问题还包括"……

(4)上一段中的词语在下一段中被重复使用,类似于语文中讲到的"顶真"。

(二)维持阅读兴趣的技巧

1. 并列的方法

记者可以在报道中采用并列句来帮助受众迅速有效地阅读整个报道,并在一定程度上影响读者的情绪,提升报道的整体质量。

2. 变化节奏

记者可以尝试在长句后面接一句短句,以改变文章的节奏,引起受众情绪的变化。

3. 奇闻轶事

记者应当善于在采访过程中收集一些有趣、有意思的事情，这样的小故事或者例子会提升报道的吸引力。

4. 对话

激烈或者有趣的对话会激起受众的围观欲望，记者在报道中不妨选择一些有价值的直接引语，触发观众的好奇心。

5. 枯燥却重要的材料

在科技新闻报道中，往往存在众多枯燥难懂却十分重要的材料。对于这些信息，通常的处理方法是"分散开来，各个击破"。将这些信息放在不同的段落当中，用较为通俗易懂的话进行解释说明。

6. 用简单话，说复杂事

在科技新闻中，我们经常会看到很多生涩难懂的信息，尤其是生物医学、航天科技、量子物理中的很多专业词汇和概念都让我们望而却步。科技新闻工作者的任务就是要将科技信息及时、准确地传递给受众，这就牵涉到用简单话、简单句解释说明复杂问题的能力了。下面举个例子。

原文：通过系列实验发现，在光学镜头中，当视场角或者像角变大时，焦距将会变短。与此同时，被拍摄物体焦平面背后的清晰成像范围将会变大，镜头虚化效果将会减弱。

修改版：在照相机镜头里有一种有趣的现象，当你使用可以改变焦距的镜头时，越往后拉，视野越宽，被拍摄物后面的影像也越清晰。这其实是光学镜头的一种常见现象。

7. 列表

在科技新闻中，有时可以采用列表的方式逐条统计数据或者其他繁杂信息。

8. 悬念

在科技新闻报道中，记者不妨将一些科学难题、科学趣事分解开来，安置在文稿不同的地方，以便吊足受众的胃口，提升报道的吸引力。

二、报道的结尾

一个好的结尾绝不比一个好开头要逊色,在西方知名记者的眼里,好的结尾和开头是可以互换的。尽管现在的受众已经不太习惯耐着性子去读完一篇科技新闻的结尾,但对新闻从业者来讲,在面对竞争激烈的传媒环境时,更需要找寻扭转被动局面的方法。

(一)循环式结尾

在科技新闻中,记者可以在结尾采取返回导语内容的方式,使受众重新回到文稿的核心部分,以进一步强调报道核心。

(二)用引语结尾

在一些科技人物特写的稿件中,不妨选择一句受访对象较为经典的话作为新闻的结尾。这里请注意一点,务必不要将消息源放在段落最后,而是让他说的话成为全篇的结束语。

(三)用未来行动结尾

在一些科技新闻中,可以用该事件、该问题的下一步进展或者规划来作为结尾。这样的方式会给受众以期待和思考,有助于引发受众群体的思考。

(四)用高潮结尾

在科技新闻中,并非所有报道都适合采用高潮结尾的方式。一般而言,可以将某些科学实验、科学攻关或者世界级难题的最后成功等放在结尾处,以引起受众的共鸣。

(五)用悬念结尾

前文谈到了"悬念",这里指的悬念主要是将不确定的信息分置于文稿的各个部分,其中典型的位置之一就是结尾。在结尾处给受众留下未解之谜、未完之话,吊足他们的"胃口",进而起到吸引受众注意力的作用。

(六)用事实结尾

在一些震撼人心的科技新闻中,可以将一些经过科学证实的有力证据或者结论放在文稿的结尾处，引起受众的思考和关注。

三、主体建构：从文头到文尾

在科技新闻报道的主题建构过程中，首先需要一个基本信息完整、有趣的开头，使受众能有兴趣进入报道的中间部分。在中间部分需要考虑稿件的节奏，尽量用简单明了的句子来代替冗长的表达。对于段落之间的过渡问题，首先应当以自然过渡为主，也可以考虑将一些直接引语合理布局，形成较为清晰、顺畅的过渡。当然，结尾也是十分重要的。首先要拒绝那些戛然而止的结尾，初学者或者新人不妨用手挡住最后一段，看看后面几段是否能成为一个更好结尾的选择。毕竟，结尾同导语一样重要。要特别注意避免以消息源来结尾，避免重复主体信息，试着用一个令人难忘的句子作为全篇的结尾。

第四节 科技新闻报道的常见结构类型

写一篇科技新闻报道，如同建设一栋大厦，必须考虑其框架结构的问题。如果一栋大厦结构有问题，即便内部装修再为精美，它也注定是一个畸形建筑，甚至有巨大的安全隐患。科技新闻也是如此，记者在写作时需要考虑如何处理报道结构，对顺序、逻辑、叙述等问题都要再三思考，妥善地将前期采访中收集的大量资料、信息合理地安排在报道中。在目前的新闻实践当中，常见的报道结构有七种，分别是：倒金字塔结构、华尔街日报体、沙漏型、列举型、金字塔型、章回型、非线性型。下面依次介绍这几种常用报道结构的基本内涵和操作方法。

一、倒金字塔结构

倒金字塔结构是新闻报道中最为常见的一种结构形式，通常是把最重要的内容放在稿件的前面，其他内容依次往后安排。这种结构通常使用概括式导语，主要说明何人、何时、何事、何地、何因。记者在判断信息的重要性时，主要依据这些信息对受众的影响程度，或者受众想要了解信息的迫切程度。一般来讲，这种结构形式可以帮助受众迅速获取其需要的关键信息，问题也恰恰如此，受众在了解了相关信息后就很难再接着阅读下去。在突发性的科技新闻或者新兴媒体中常常可以看到这类报道结构。

二、华尔街日报体

第二次世界大战结束后，西方学术界把日常的新闻报道分为事件性新闻报道和非事件性新闻报道两大类。事件性新闻报道拥有具体的人物，且涵盖了事件发生、发展、结束的相关情节，容易引起受众的关注。非事件性新闻报道由于涉及观点意见、政策法规、行业机构等抽象性问题，往往枯燥乏味。所谓华尔街日报体新闻，是《华尔街日报》头版上常见的一种新闻写作形式。记者在报道非事件性新闻时，往往在开头先讲一个与新闻主题有关的人物或者故事，并通过这个人或故事引出所要报道的新闻，进而一步步展开、细化新闻主题，使本来抽象、枯燥的非事件性新闻因人物的介入变得生动、形象，这样既提升了人情味，又增强了传播效果。

三、沙漏型

沙漏型结构在文章开始部分同倒金字塔结构类似，都会在文稿靠前部分给出最重要的信息，之后按照时间顺序写出其余部分或者全部报道。通常在沙漏型结构的新闻报道中，新闻事件本身都具有一定的戏剧性情节，这些内容可以按照时间顺序叙述出来。这种方式增加了文稿的故事性。但按时间顺序叙述的这些内容可能会重复文章开头提到的关键信息，文稿比用倒金字塔结构的同一内容篇幅要稍微长一些。

四、列举型

列举型结构在科技类报道中不多见，主要以概括性或者软导语作为开头，然后紧接着写核心段落，为导语提供支撑性的材料，也可以使用事实材料或者引语，之后便可以逐条列举主要观点，直到文稿结束。这类结构在科技新闻中非常实用，但写作时列举的条目最好在五条以内，如果是文章末尾，可以稍微长一些。当然，这样的列举并非必须，一般每个条目都应独立成段。

五、金字塔型

金字塔型结构和沙漏型结构类似，金字塔结构通常按照时间顺序叙述，从开头一直持续到结尾，在一些简短的新闻稿中比较常用。读者可以不必花费太多的时间就可以知道发生了什么。当然，并不是说这在长篇稿件中就不适合。长篇报道中可以辅之以戏剧性情节、核心段、伏笔以及任何可以勾起读者兴趣的故事。这类结构可以营造悬疑气氛，让读者带着好奇心看完全文。但如果操作得不好，那些不够有耐心的读者会果断地放弃阅读。

六、章回型

章回型的报道是将文稿的每一部分当作独立的章节来对待，用独立的导语、结尾来引导受众的阅读。在写章回型新闻报道时，记者可以根据不同人群或者派别的观点将文稿分为几个段落。每个段落内部有专门的导语、主体和照应开头的结尾。另一种划分章节的方法是根据时间框架，先说明现在，再说明过去，最后说明未来。三部分独立成段，每部分有各自的小标题。

七、非线性型

网络同其他媒体如广播、电视、报纸是有所区别的，它可以将网络的多种元素结合起来，使读者以自己的想法选择接收信息的顺序，这就是我们谈到的非线性型结构。无论网络新闻选择什么样的结构，记者都需要根据一些话题来安排文稿，之后使用粗体小标题，方便读者进行选择性的阅读。这里要提醒大家注意，在这一过程中要将背景、信息源和其他相关信息写进网络平台，而不是单一的一篇文章。同样，非线性型结构的报道也可以分为几个段落，每个段落内部可以是线性的结构。下面来看一则节选的网络科技新闻报道。

新闻标题：江波：在科技发展中探寻科幻创作的更多可能[①]

稿件来源：四川科技网

稿件内容节选：

江波是中国"硬科幻"代表作家之一，毕业于清华大学微电子专业，

---

① 廖梅. 江波：在科技发展中探寻科幻创作的更多可能[EB/OL]. [2023-11-03]. https://www.sckjw.com.cn/info/0606c6b1087c4f56bb3ea7b24b76ff75.

2003年发表第一篇科幻小说《最后的游戏》。随后相继发表了长篇科幻小说8部、中短篇小说60余部，作品多次获得星云奖、银河奖。他对科技和社会发展的未来趋势也有着独到的见解。

理论——
科幻创作是基于科学技术的想象

10月21日，在第81届雨果奖颁奖典礼前一小时，记者见到了素未谋面的江波，他急于参加雨果奖颁奖典礼，彼此只是匆匆一别。不苟言笑的他，加上黑色西服、黑色边框眼镜的着装，给记者留下的印象，和"硬科幻"作家不谋而合。

再次见面，是在第二天举行的"科幻作品中的十大未来科技"发布会现场。当时，他和刘慈欣、刘兵、严峰、吴岩等科幻作家、专家学者在台上畅聊关于科幻作品中最具未来感的科技。江波是这样回答主持人的提问的："科幻作品中的一些'未来科技'已经渐渐渗透到现实生活中，比如元宇宙、脑机接口等。未来，人工智能等主题的科幻作品会越来越多。"

提及科技，无论是出于理工科出身还是科幻创作的需要，江波都十分关注在未来很大程度上能改变人类社会整体面貌的技术，诸如航天科技、脑机接口、人工智能、基因技术等。其中，他认为最有意思的还是脑机接口，这项技术的背后需要脑科学研究的支撑，而且很容易和人工智能结合。"这项技术将从根本上改变人类接收信息和控制外部设备的方式，甚至导致人类的深度异化。"江波说。

"只要能够展示出给人类带来某种益处的技术，我都非常期待。"关于这一点，在江波以往的科幻小说中就有很好的体现。如已发表的《机器之门》《机器之魂》《"银河之心"系列三部曲》《未来史记》等广为人知的科幻作品，虽风格迥异，但想要表达的内核始终一致，就是关于人类的梦想和未来。

实践——
更新创造最好的方式是拓展新领域

毋庸置疑，科技迅猛发展会不断扩宽人类认知的边界，让科幻拥有更广阔的舞台。但这对科幻作家而言，显然并不那么"友好"。科技发展让各种知识随时有"过时"的可能，科幻作家需要不断更新自己的知识，才能赶上时代的发展。江波在采访中谈到,"虽然新技术的突破是一件值得欣喜的事,各种原本只在科幻作品中出现的事物纷纷出现在现实生活中,越来越多的好作品也随之涌现。但对科幻作家而言,也形成了更大的竞争,我们必须更加努力才能不掉队,甚至是被淘汰。"

谈起自己的创作历程,江波笑言,自己是一名实打实的理科生,加上本身对物理比较感兴趣,这为自己的科幻创作提供了良好的逻辑思维训练,让他能够在小说创作中,尤其是在故事背景设定时保持一种逻辑上的严谨。这从他的多部作品设定硬核新颖可见一斑。记者不禁想,这或许也为江波走上"硬科幻"创作之路奠定了基础。

第五节　科技新闻叙事与特写技巧

科技新闻不会因为"科技"二字少了许多有趣的故事,记者在撰写科技新闻报道的同时,需要思考叙事的方法和技巧,这正如前文所说,"讲故事"是吸引受众注意力的有效手段。资深的科技新闻工作者务必要掌握这样一种"讲故事"的能力,或者说"叙事"的技巧。比尔·布鲁德尔在《特稿写作的方法与艺术》中曾说:"我们是事实的发现者,也是事件的讲述者。如果我们达不到这个标准,我们写的东西就没人去读。"[①]要达到让受众青睐的程度,记者要做的工作还有很多,尤其是对大量事实、细节的收集、整理、核实。毕竟,科技新闻并非连载小说,必须以事实为依据。那么,在科技新闻写作中,应该如何运用叙事和特写的技巧呢?下面我们逐一介绍。

一、叙事写作

叙事写作过去是在文学作品中常见的一种写作方式,这种风格的新闻作品需要详尽的前期采访和大量的细节描述。前文提到的引语也是增强文章"故事性"的有效手段。叙事写作不同于以往的硬新闻,更像是小说或是戏剧,文中

[①] 卡罗尔·里奇. 新闻写作与报道训练教程[M]. 3版. 钟新,译. 北京:中国人民大学出版社,2009:222.

的消息源成了人物角色，这些角色共同构建了稿件中叙说的一个个故事。既然是新闻报道，当然也少不了 5W，只是表达的方式有所不同。所谓的"何人"指的是"主人公"，"何事"指的是"故事情节"，"何时"指的是"时间顺序"，"何因"指的是行为动机，"何地"则是"故事发生的地点"。记者通常会利用描写和情节张力把各种客观事实编织在一起，形成一篇"故事化"的新闻报道。

二、善于阅读

一名优秀的科技新闻记者一定要善于阅读各类文学作品和科技读物。这样做的目的有三：一是培养记者的文化修养；二是提升科学素养；三是学习"故事讲述者"的思维方式。在新闻实践中，众多优秀的新闻记者都是善于讲故事的人。他们沉浸在某个主题之中，使用人物、场景、对话和其他情节来构建一篇报道，让受众获取一种曲折故事情节带来的特殊体验。

三、叙事的理念

在科技新闻写作中，要放下常规的新闻报道写作方式，转而使用"叙事手法"是极为不易的，必须高度关注报道的焦点。思考事件的要点的是什么，最重要的地方在哪儿，然后，还要试着去寻找更富有戏剧性的重要情节。例如，事件本身是在什么时候发生变化的，什么时候开始支离破碎的，什么时候人们开始吸取教训的。可以将这些要点概括为"变化"，往往只有变动的信息才是受众最为关注的要点。当然，在稿件写作中，也要打破一些常规的视角。一般来讲，大多数的新闻报道都是站在旁观者的角度进行创作的。要提升报道的"可读性"，使之朝着"故事化"的方向迈进，将"旁观者"改为"参与者"不失为一个好办法。下面来看一个例子。

新闻标题：《"穿上防护服，儿子说我像宇航员一样帅"》[1]

稿件来源：《科技日报》

稿件内容：

"我和南京市第二医院的医生一组，看着他们已连续奋战很久，很辛

---

[1] 邱冰清."穿上防护服，儿子说我像宇航员一样帅"[N].科技日报，2020-02-03：4.

苦,我好心疼。希望我们的到来能为他们分担工作,缓解他们的疲劳。但愿确诊患者都能早日康复,疑似患者都能解除警报,早日出院。"忙完一天的工作,东南大学附属中大医院呼吸内科主治医师陆远这样写道。

1月27日上午,陆远接到医院呼吸科负责人朱晓莉的电话:"派你去支援南京市第二医院汤山分院,下午两点集合,行吗?"南京市第二医院为江苏省级新型冠状病毒感染的肺炎定点收治医院之一。没有半分迟疑,陆远答应了。妻子得知后给他理了发、帮着收拾生活用品,一直嘱咐着要保护好自己。比起妻子的担心,两个儿子知道爸爸要离开倒是很开心。大儿子说:"爸爸不在家,终于不用学英语了。"

下午两点,陆远到达南京市第二医院汤山分院。进行了一系列必要的培训后,当天深夜陆远就进入隔离区病房值班,先后来了几名疑似病例。写病历、开医嘱等忙完已经是第二天凌晨四点。"总算度过了紧张的第一天。"陆远在日记中写道。

陆远所在的病区约有30名医护人员,相互轮换保证24小时值班。因为接触的都是新型冠状病毒感染的肺炎确诊病例或疑似病例,做好自我防护非常重要。只要在隔离区病房工作,必须穿戴一次性工作帽、护目镜、医用防护口罩、防护内服、一次性防护服、四层乳胶手套、鞋套等。如果给病人呼吸道采样,就要加上防护面屏。"一穿就是四小时,脱下以后最里面的衣服都湿透了。"

在战疫一线工作的时间里,陆远总挂念家里的两个"调皮鬼"。只要一休息,他就和两个儿子视频。有一次,大儿子在陆远妻子手机上看到他穿防护服的照片,说像宇航员叔叔一样帅。"当一名宇航员是孩子的梦想,现在的我在他心里也是英雄!"陆远说。

四、报道工具

在一名成熟的科技新闻记者看来,焦点是撰写一篇报道的重要理由,它应该在核心段落被呈现出来。主题则是一个角度或切入点的文学化的表现形式。记者要写好"特写"稿件,关键是要搜集好能为文章服务的若干细节。采访过程中,记者可能无法预见哪些信息是今后撰稿一定会用到的,尤其是初学者或新人，应学会尽可能多地去搜集全面的细节信息。记录人们想什么、说什么、听什么、问什么、用什么、感受到什么……力求做到精确。例如，当描写一个农业科学家时，可以运用这样的思维组织语言：一个男士——一个穿着花格子衬衫、深蓝色牛仔裤、运动鞋的男士——一个穿着花格子衬衫、深蓝色牛仔裤、运动鞋的九十岁高龄的男士——一个穿着花格子衬衫、深蓝色牛仔裤、运动鞋的九十岁高龄的中国工程院院士——他的名字叫袁隆平。

五、写作工具

收集了大量细节信息后，摆在记者面前的就是如何处理它的问题。越是老练的记者，越是愿意在信息选择上花费时间。在长期的新闻实践中，成熟记者总结了三种最基本的叙事工具，分别是主题、描写和叙述。

（一）主题

当记者开始写作之前，必须明确一个主题，一个能够诠释稿件大意的概念。

（二）描写

在新闻写作中，记者可能会遇到这样一些困惑：细节太多，报道会显得十分累赘；细节太少，报道会显得空洞无味。究竟应该如何处理细节呢？这里可以用两个词来概括：一是"详尽"，二是"重要"。好的描写首先应当是尽可能详细的，其次还应该具备一定的重要性。换句话说，新闻报道中追求的描写并非只是"详尽的细节"，还应当是与报道内容、主题密切相关的。记者在写作过程中，可以采用以下几个基本的描写技巧。

1. 避免使用形容词

前文提到过这一点，在科技新闻写作中，记者要避免使用形容词，尽量使用名词和动词。因为在使用形容词时，记者会不自觉地把个人的观点注入稿件中。

2. 使用类比

在科技新闻报道中，可以用一些通俗易懂的例子与科学技术领域的问题作类比，这样有助于受众更好地理解稿件的内容。

3. 外貌描写须谨慎

对稿件中人物的描写可以将受众快速地带入特定事件或者场景当中。但这里要注意一个问题，文章中的外貌描写必须同主题相关，否则就应该删去。

4. 避免带有歧视和偏见

如果在报道中有多个不同的人，请不要使用带有歧视、偏见的语汇。新闻报道应该维持最起码的公正和正义。

5. 展示动作

恰如其分的动词会增添报道的活力，记者应当学会在文稿中使用合适的动词展现主体的状态，使文字描述显得更有活力。

6. 使用生动的动词

科技新闻本身反映的是一种动态，应当习惯于把生活从一个充满动感的世界中挤出来，尽可能合理地描绘新闻中主体的动作。

7. 设置场景

在科技新闻中，如果场景同报道主题密切相关，记者则需要通过对时间、地点的描写来构建一个合理的场景。

（三）叙述

叙述将动作描写、人物对话、故事情节、事件重现结合在了一起。记者必须确保消息的准确性，开展全面彻底的采访，试着用不同的方法来获取信息。假如记者亲临现场，不妨发动五官，全方位收集现场的信息。当然，在此过程中，可以使用伏笔，创造一种"基调"或者"心情"，让读者从文字层面进入心理层面。

六、叙事写作结构

在使用叙事写作方法时，记者首先应该确定文稿的焦点。围绕复杂问题和解决问题的办法来写作。如果稿件中拥有不错的情节，那么焦点就是主人公如何去战胜困难。当然，也可以从情节中间开始写，但务必向读者解释报道的目的。当然，不管使用哪种技巧，在写作之前都需要计划好报道的顺序，在新闻特写中，根据"逐步吸引读者的原则"展开构思。第一步：给一个让读者阅读下去的理由。第二步：说明这篇报道究竟说了什么。第三步：提供支持主体的证据。第四步：确保文章思路清晰，结尾令人难忘。

具体到特稿写作中，应该注重以下部分的内容。①报道焦点：说明稿件的主题。②导语和核心段落：说明稿件的关键问题是什么。③历史：说明矛盾在过去是怎么样的。④范围：说明矛盾的扩展程度有多大。⑤原因：说明矛盾为何会出现。⑥影响：说明为什么会有影响，都影响谁。⑦运动和反向运动：说明什么人正促成或者反对事情的发展，他们做了什么。⑧未来：说明事件未来将会怎样。

以上内容是特稿的主要部分，记者不一定完全依照这一顺序撰写稿件，但相关信息需要尽可能完整地呈现。

在叙事写作中，记者还需要应对"叙述性记事"和"在线叙事"的问题，由于它们承载的平台不同，所使用的采访和写作技巧也是不同的。

（一）叙述性记事

在采访环节中，记者需要明确时间顺序，大量收集细节，提出涉及感官的问题，得到信息去重现特定的事件。在写作中，可使用章回体组织文稿，每一部分都应该反映不同时期"主人翁"的发展、变化。

（二）在线叙事

网络叙事报道跟传统纸媒上的叙事技巧没有本质上的区别。记者在组织网络特写报道时要注意首先把文稿设计成若干独立的段落或者小节，然后在话题比较流畅、自然的地方断开，吸引受众进入下一个段落的阅读。

第十二章 科技新闻的专门领域报道

在媒体实践中，科技新闻还会按照内容领域进行划分，比如中国科学报社主办的综合性科学网站"科学网"就按照"生命科学""医学科学""信息科学""地球科学"等领域进行板块划分。这是因为科技新闻的范畴非常广，在一些专门的领域有自己的特殊报道规律。"专门领域"指报道的特定范围。相比一般的科技新闻，这些专门领域的科学专业性非常强。只有掌握具体领域的基本规律，才能真正做好科技新闻报道，成为"专家型"新闻人才。在一众科技类题材中，医学领域的新闻报道因贴近用户，一定程度上成为"刚需"。近年来自然灾害频发，自然灾害事件的报道也备受公众关注，媒体不可避免地加大了对自然灾害的报道。因此，本章以医学报道、灾害报道为例，分析科技新闻专门领域的报道规律。

第一节 医 学 报 道

科技以人为本，这是科学技术发展的终极目的。医学更是一门特殊的科学，医学即人学，它以人为研究客体，又直接服务于人，关系到每一个人的生命健康。正因为与大众健康和日常生活息息相关，医学新闻受到社会大众的广泛关注。大众媒体、专业媒体都把健康信息和医学新闻作为重要的报道内容。医学新闻报道可通过对专业人士、政策制定者的影响而对临床实践或医生执业环境发生作用，进而对一般社会大众的生活产生影响。然而，由于医学领域专业壁垒高，信息高度不对称，这一领域的报道难度有所增加，其结果往往是公众获得深度、真实且易懂的信息变得格外困难。因此，理解和掌握医学新闻的报道理论和技巧具有现实意义，其成果和结论能直接转化为当前对医学新闻报道的具体操作方法。

一、如何理解医学

加拿大知名医学家威廉·奥斯勒被称为"21世纪最伟大的医学家、医学教育家"，他曾经说过：医学是一种不确定的科学和可能性的艺术。[1]奥斯勒的医学思想，特别是他的人文精神在科技发展的当下具有更深刻的意义。医学比科学起源早，因此不能仅仅将医学视为科学的一个分支或其隶属于科学、服从于科学，甚至把医学视为医学科学的简称，这些都是不恰当、不够准确的。

诺贝尔生理学或医学奖获得者 S. E. 卢瑞亚曾指出，"医学在本质上具有两重性，它既是一门科学，又是一门人学，需要人文精神的滋养"[2]。中国工程院院士、第四军医大学原校长樊代明在演讲中，也就医学与科学的关系提出了深度思考，他大胆地提出：医学要远比科学复杂！[3]医学不是纯粹的科学，也不是单纯的哲学，医学充满了科学和哲学，还涵盖社会学、人类学、艺术学、心理学等。因而，我们不能笼统地用科学的范畴来解释医学，也不可以简单地用科学的标准来要求医学。

（1）医学是一种以自然科学为基础的应用科学，但是医学的内涵还包括人文、伦理、社会、哲学等各个方面，不能将其简单理解成科学的分支。

近代医学强调的确实是医学是科学的观念，在这个观念的指导下，近代医学通过物理、化学和生物手段对患者进行观察分析，在生理层面总结出一些有效的治疗方法。但是在这种模式下，人被当作物质去研究，容易忽略心理和社会属性对疾病转归的影响，同时也忽略了治疗是否符合伦理的要求。这样的医学模式其实只是所谓的"还原主义"和"机械论"，把病人当作物质而不是当作人。

不言而喻，这种只把人当作物质的医学模式在医疗实践中会造成很大问

---

[1] 转引自王一方. 医学的真谛与哲学求解[J]. 协和医学杂志, 2019 (6): 710-712.
[2] 转引自赵维彦, 郭夯, 邱旭东, 等. 加强医学生医患沟通能力的培养[J]. 中国实验诊断学, 2012, 16 (3): 570.
[3] 樊代明院士：医学远比科学复杂[J]. 世界复合医学, 2015, 1 (3): 258.

题，比如，如果将医生看作主要决定者，就可能忽略了患者的自主决定权而强制患者治疗。虽然治疗方案也许符合科学规范，但是却可能违背道德和法律，增加患者的痛苦。所以，治疗需要综合考虑医学和人文等方面的因素。

（2）现代医学综合了生物、心理、社会等几个层面，进一步完善了以生物学模式为主的近代医学模式，即生物医学模式，和科学相比，医学具有其特殊性。现代医学在关注生物学属性的同时，更关注生命的尊严和生活质量。

现代医学模式，是在现代医学、科学和哲学基础上形成的医学观和医疗卫生结构体制，也称为生物-心理-社会医学模式（图 12-1）。该模式把人看成一个多层次的完整的连续体，疾病和健康的形成是生物的、心理的、社会环境的各种因素综合作用的结果，其基本特征是不仅把人体的健康和疾病看成某种生物变量的结果，而且将其看作心理、生物和社会之间关系的协调与破坏的结果。

图 12-1　生物-心理-社会医学模式

（3）除此之外，医学还是一门艺术，治疗的艺术影响医患关系。医生是人，患者是人，患者亲属也是人。如何得到患者的信任，增加患者的心理支持，对有效治疗非常重要。对于无法治好的疾病，治疗更多的其实是辅助和安慰，正如来自美国著名医生爱德华·利文斯顿·特鲁多广为流传的墓志铭：有时治愈，常常帮助，总是安慰。对于那些无法治愈的疾病或者有永久性残疾的患者来说，相对于单纯的生物学治疗，如何让他们接受既定的事实，建立信心带病生存，增强来自家庭和社会的支持，提高生活质量显得更加重要。

在移动互联网、人工智能等新技术的改造下，医疗服务的内涵不断丰富，医疗技术和诊断水平越来越高，患者也期望得到更好的医疗服务。

"为什么医学越来越发达，医疗手段越来越先进，社会大众的不满和抱怨却越来越多、与日俱增？"这个简单而又不失尖锐的问题也给医学报道者提出了新的挑战。医学实践一旦脱离了人文关怀，就会产生医患矛盾。

医学并不是类似物理化学等学科的机械的自然科学，而是一门自然科学结合人文科学和社会科学的应用科学，同时还是一门实践的艺术。因此，可以这样下一个结论：医学具有特殊性和复杂性，它不像纯粹的科学，但离不开科学。医学比科学复杂。

二、医学新闻报道的注意事项

医学新闻除了具有新闻的经典价值要素外，其医学科学的特殊性，使得对医学新闻报道的要求不同于一般社会新闻，更强调内容真实和循证，贴近临床实践。

目前国内外对于医学新闻的报道存在相当多的问题，往往集中在以下几个方面：①对研究结果的报道不全面；②在报道医学研究结果时缺乏对背景信息的介绍；③在报道医学研究时存在选择偏倚；④出现与制药企业和医疗仪器生产商有利益关系的有偿新闻等。

因此，在医学新闻报道中要注意以下一些情况。

（1）拓宽报道维度，确保报道全面、公正、客观。第一，在选稿过程中应注意选择临床期刊、大型随机对照临床研究以及与医学相关外延领域中的热点问题。第二，当一项研究成果刚刚发表在权威期刊上，医学记者应迅速就此进行报道，资助该项研究的制药公司、相关科学家与研究者都可以成为理想的采访对象。采访顺序可以如下：首先，拜访大学或政府的医学研究组织，采访专门的医生、研究人员和统计人员，邀请他们对治疗手段、测试和药品的疗效、安全性等进行评估；其次，在看完医学研究部门的评估报告后，可以到论文研究人员的单位进一步了解研究论文产生的背景；最后，为了使报道更丰富，还可增加相应的患者群体的意见。在采纳专家观点时需注意维持学术争鸣气氛。

（2）确保事实的准确性和科学性。医学新闻报道的事实必须准确、科学，即医学概念、术语、数字等的运用要准确，所报道事实的作用、意义、价值要准确，不仅要确有其事，新闻各要素确凿可靠，还必须注意区分进程与结果，辨别和剔除假象，注意核实新闻来源以及争取第一手资料。

采写中要注意把握分寸，不随意抢争"第一"；警惕随意使用"首家开展""首例""填补空白""神医"等词句。随意夸大技术作用，会扰乱医疗市场的有序竞争，误导读者，降低新闻媒体的权威性和公信力。

（3）注意甄别潜在的商业利益，不要被伪科学利用。

（4）树立批判意识，强化监督职责。随着医学的发展，医学记者应履行起批判者和监督者的角色。虽然当前医学记者的工作重心在于报道医学研究，但还必须为每一项新发现提供社会、政治和科学背景信息。要做好医学新闻报道，需要的不只是对医学技术的简单理解，还需要正确理解医疗产业在推动医疗科学中的作用，也就是说，得树立批判意识，质疑有关病理的假设。

（5）谨慎对待阴谋论。每种流行病都有其对应的阴谋论。20 世纪 80 年代艾滋病出现时，有人声称这是有些机构设计的一种杀害男同性恋者和非裔美国人的生物武器；2009 年 H_1N_1 流感暴发时，有人认为这是世界卫生组织或其他组织减少世界人口，或通过出售 H_1N_1 疫苗使制药公司牟利的阴谋；在 2014 年西非埃博拉疫情中，利比里亚报纸《每日观察家》（*Daily Observer*）曾发表一名植物病理学家的文章，文章声称埃博拉病毒是美国军方设计的，非洲公民被用作不知情的测试对象；等等。这种阴谋论的后果是严重的，它不仅会分散人们有限的注意力，还会使人们回避治疗，并转向对国际援助人员的指责。阴谋论往往没有任何证据加以佐证，体现出对科学的不信任。在报道时，记者应该谨慎对待并审视阴谋论，并时刻发问：证据在哪里？

第二节 灾 害 报 道

长期以来，人类受到各种灾害的袭击。地震、洪涝、干旱、水灾、火灾、农业风险、大流行病，均为灾害。我国还专门设立了全国防灾减灾日，即每年的 5 月 12 日，就是为了增强民众防治和应对灾害的意识，提高全社会防灾减灾救灾工作的水平。

灾害是能够对人类和人类赖以生存的环境造成破坏性影响的事物的总称，包括一切对自然生态环境、人类社会的物质和精神文明建设，尤其是人们的生命财产等造成危害的天然事件和社会事件。灾害不表示程度，灾害一旦扩大和发展，就会演变成灾难。如传染病的大面积传播和流行、计算机病毒的大面积传播、席卷全球的新冠疫情等都造成了灾难的出现。因此灾害报道是新闻报道的重点。

一、灾害的分类

不同的划分标准，可以得到不同的分类。按照起因分，有自然灾害和人为灾害；根据原因、发生部位和发生机理的不同划分，有地质灾害、天气灾害、环境灾害、生化灾害和海洋灾害等。

（一）自然灾害

自然灾害是指由于自然异常变化造成的人员伤亡、财产损失、社会失稳、资源破坏等现象或一系列事件。它的形成必须具备两个条件：一要有自然异变作为诱因，二要有受到损害的人、财产、资源作为承受灾害的客体。自然灾害往往具有突发性强、覆盖面广、危害严重、发生频率高等特点。而且人类只能加强预防和救治，无法彻底消除。

近年来自然灾害频发，媒体不可避免地加大了对自然灾害的报道。面对这种情况，媒体如何履行自己的社会责任，如何报道灾情、引导舆论和进行反思需要讲求一定的报道策略。

（二）人为灾害

由于人类的出现，人类的活动对自身生存的环境产生了不同程度的灾害，人类改造自然的能力在不断增强，一旦处理不好就可能造成灾害，比如森林锐减、温室效应、臭氧层破坏、生物多样性减少、酸雨蔓延、土地荒漠化、污染（大气污染、海洋污染、土地污染）、核灾害、交通灾害等。

二、灾害事件的报道策略

灾害往往因其突发性强、危害大，成为危机事件。因此针对灾害的报道，就是一种媒体对危机事件的应对。

（一）顺应灾情发生发展规律，建立一套完整的危机报道机制，注重平衡报道

根据灾情的发生发展规律，确定不同阶段的重点议题，建立一套完整的报

道机制，注重平衡报道，对于稳定大众情绪、避免产生社会恐慌，具有十分重要的作用。

在发生较大自然灾害时，媒体最重要的任务是迅速准确地传达信息。因此，媒体应致力于在最短时间内披露真相，满足受众知情权。一般而言，根据灾害事件的发生发展规律，应该在不同阶段进行相应的报道。

第一阶段，及时做好预警报道。一旦发现灾害即将降临或正在降临，立即跟踪报道。预见到灾害在某种范围内可能会造成的种种困难或危害，提醒民众做好充分的思想准备和物质准备。比如地震发生初期，媒体很少去报道救灾信息，主要是预防性报道，提醒民众避免第二次的灾害。

第二阶段，重点要做好救灾抗灾报道。媒体应积极关注受灾情况和受灾者的需求，如实报道灾情与充分报道灾情，如食物、饮用水、电力等，向公众提供这些必要信息。由于地震这类自然灾害可能导致交通发生混乱，地铁、飞机停运等，因此交通也是媒体关注的一个方面。同时，关注点还包括灾情跟进、党政指挥、社会义举、感人事迹等，做到全方位、立体化报道。

第三阶段，适时做好反思报道。迅速反思、即刻批评、马上总结（本身就是抗灾的内涵之一）。检讨、反省、问责是对抗灾松弛、救灾不力的重要督促手段。

（二）规范核实程序，确保信息的真实准确

报道的真实准确是媒体始终恪守的准则，自然灾害发生之后，灾害信息的真实准确对公众无疑是最为重要的。国务院办公厅2016年3月24日公布修订后的《国家自然灾害救助应急预案》，对灾害信息报告和发布都做出了具体要求，其中明确规定：信息发布坚持实事求是、及时准确的原则。

一是信息细节确保准确，如采访对象的名字、头衔等细节要保证准确无误，不要迷信名片、文件或网络词条。二要找到信息的源头，衡量来源的可信度和权威性，查找是否存在与掌握信息相反的事实，两方面求证，以求得真相，不要偏听一方。三要多方核实信息，针对同一个信息，找多个信源进行核实。其他核实信息的方法还包括查看文件、查看录音录像、在网上搜索、利用数据库以及分析信息的逻辑性。

灾害发生时，新闻媒体尤其不能随意给灾害扣上"大帽子"。比如，2021年7月河南郑州等地遭遇特大暴雨，部分媒体为了吸引眼球，在新闻标题中直接出现"'千年一遇'大雨"。但"千年一遇"的说法是需要依据较长的历史记录或通过百分比的统计学方法才能得到的结论，在没有得到可靠的、长时效的记录之前，很难得出"千年一遇""百年一遇"等判断。

（三）确保信源权威、专业与多样

信源是否具有权威性和多样性也会影响受众对灾害报道的信任程度。如2014年美国有线电视新闻网（Cable News Network，CNN）针对极地涡旋气候的报道采访了大量不同领域和不同背景的权威专业人士，使得报道可信度高，内容丰富。

（四）利用智能化手段采集新闻，增强灾害报道的现场感

灾害事件发生后，可以采用移动直播、短视频等方式同步呈现灾后现场、救援场景，增加新闻信息的真实性和感染力，制作融合新闻，让受众产生身临其境的感觉。

在一些自然灾害等现场，由于现场情况非常危险，近距离采访拍摄基本不可能实现，无人机由于不受自然条件和事故现场的制约，相较于手机和摄像机视野更加广阔，可以迅速到达突发事件核心现场，利用盘旋、滞空等多种方式对灾害性事件进行全景式覆盖报道，带给受众不一样的震撼体验。2017年8月8日，四川阿坝州九寨沟县发生7.0级地震，《中国新闻周刊》的新媒体平台上发布了无人机航拍震后九寨沟的视频，从卧龙海到火花海将震后九寨沟"内伤"全部收入镜头之中，提升了报道质量和传播效果。

（五）灾害报道中尤其要体现人文关怀

在灾害报道中，人员伤亡情况远比财产损失情况重要，因此灾害报道要突出对生命价值的尊重，体现新闻报道的人文关怀。灾害报道中的人文关怀主要体现在以下三方面。

第一，尊重受访者意愿。若受访者拒绝记者采访，要想办法给对方留下联系方式，告诉对方改变主意的话可随时联系自己。采访结束后打电话确认事实

和想要引用的话，如需使用照片也必须征得对方同意。

第二，关注个人命运。联系采访对象时，可以尝试通过殡仪馆去联系受害者的家属。采访遇难者家属时，要强调是想了解遇难者之前的生活，而不是一味地问他是怎么遇难的。

第三，不消费家属苦难。可以报道集体性的追悼会，但是不要报道私人的葬礼，避免让受难者的亲属一遍遍回顾伤痛。

第十三章 科技人物专访

有关科技人物的报道在科技新闻中占有相当大的比重。人物报道，顾名思义，就是对新闻人物进行专门报道，区别于事件性的新闻报道。如果说事件新闻重在写事，着眼于展现科技领域取得的新成就和出现的新问题，让全社会了解科学发展的最新动态，那么，科技人物报道则着眼于写人，以有新闻价值的科技人物为对象。事件新闻追求的是事实本身，而科技人物报道则通过事实来表现科技人物的精神风貌，反映其内心世界，通过科技人物的人格魅力来感染读者，由此弘扬科学精神、传播科学思想。在各类科技人物报道中，人物专访因其突出的针对性、生动性和新闻性，成为人物报道的常见形式，深受欢迎。

第一节 科技人物专访概述

科技人物是指以科学技术研究为主要任务的工作者。在科技新闻中，能够被报道的科技人物，大多是在各自专业领域取得成就的专家、学者，尤其是自然科学家居多。中华人民共和国成立以来，通过各种新闻媒体的大量报道，李四光、竺可桢、严济慈、茅以升、华罗庚、陈景润等人的事迹广为人知。他们为我国科技事业做出了重大的贡献，他们的动人事迹经报道后也激励了全国人民爱科学、学科学的热情。此外，也有一部分科技人物报道的对象属于普通的科技工作者或科技爱好者，如《中国医生的 24 小时》就报道了几位在非洲工作的普通中国医生，他们的工作虽然平凡、琐碎，却给非洲人民带去了生的希望，有着极为重要的意义。①《走进贵州省黔南布依族苗族自治州平塘县——中国天眼下，那些追寻星空的少年》则讲述了贵州省贫困县平塘县一群因为中国天眼建成后对天文感兴趣的学生。②

科技人物专访是科技人物报道中的一种纪实性新闻报道体裁，是记者对事先选定的具有新闻价值的科技人物进行采访之后，根据其谈话内容和基本观点整理而成的专题性采访报道，是科技人物的新闻报道。科技人物专访在弘扬科学精神、传播科学思想、宣传科学方法以及正确引导舆论等方面都起到了重要的作用。

科技人物专访的突出点就在于它的"专"，即对专门的科技人物进行专题性的访问报道。科技人物专访的写作手法虽然偏向于科技人物通讯，可以叙述、对话、描写、议论、抒情等多种方法并举，但它又具有自己的特点，即"专"，在采写时不需要面面俱到，写人也不必写全部生平，应围绕专题目的，集中选取最具代表性的事实、思想、环境加以描写，突出访问主题。

科技人物专访应当有意识地保留"访"的实感，要比较多地保留和引用专访对象的原话，通常必须涉及采访时的现场情景，让读者如身临其境，如见其人，如闻其声。科技人物专访不同于科技消息，它比科技消息详细、生动，容量也更大，写作手法更灵活、自由。可以借用散文、随笔的手法，也可以用谈话的形式展开，在采访报道的过程中有目的地勾勒人物形象，反映其精神风貌和思想感情。③

新闻性强。科技人物专访有突出的新闻性，不仅在于受访的科技人物本身具有新闻价值和社会影响力，而且在于在采访和写作中要考虑事实信息对受众的有用性、有益性和有效性，尽可能地寻找科技人物对受众的影响力。

第二节　科技人物专访的基本要求

记者在进行科技人物专访写作时，除了要考虑怎样编写稿件，还应当注意

---

① 汪苏华. 科教新闻采访与写作[M]. 北京：中国广播电视出版社，2002.
② 郑娜. 走进贵州省黔南布依族苗族自治州平塘县——中国天眼下，那些追寻星空的少年[N]. 人民日报海外版，2012-11-11: 3.
③ 王金星，杜春海. 新闻写作[M]. 重庆：重庆大学出版社，2010.

"专"和"访"的写作要求。一个明确的专访主题是科技人物专访的前提，一场成功的采访是专访写作的基础。采访通常又分为采访前的准备和正式采访两个部分。下面将以明确专访主题、采访前的准备工作、正式开展采访活动、采访后的写稿四个部分讨论科技人物专访的要求，梳理科技人物专访的全过程。

一、明确专访主题

科技人物专访的对象通常是在某一科学领域具有较高知名度或有杰出贡献的学者、专家。科技人物具有较高的新闻价值，不管是他们科学研究上的新成果，还是他们就某个科技现象发表的权威评论，抑或是他们的个人生活等都是公众所关心的，也是记者采访时追逐的焦点。所以，对科技人物进行报道有丰富的材料和主题可供选择。但科技人物专访是对专人进行专门采访，强调较强的针对性，围绕着某种目的展开一切工作，包括采访准备、采访、采后写稿等。要求采访者在准备前期就要确立专访主题，一方面保证准备工作高效，采访得到最佳效果；另一方面，也让被采访者有所准备，能够为采访内容提供具有代表性的材料。一个突出而鲜明的专访主题，是开展科技人物专访的前提，也是质量和效率的有力保障。[1]

二、采访前的准备工作

（一）研究采访对象的背景材料

科技人物专访中，记者有必要通过直接或间接渠道了解采访对象的背景材料，包括个人情况、教育背景、主要经历、科技成果等。这有利于记者正确了解采访对象，在采访过程中拉近双方距离，营造良好的采访氛围。并且在采访对象的背景材料中，会有一些具有价值的能够突显人物特质的素材，将这一部分材料与现场采访所获的材料巧妙结合起来，能使科技人物的形象更加生动立体。

（二）对专业知识资料进行准备

在采访某一科技人物前，记者需要了解采访对象的专业，搞清楚他的研究

---

[1] 贾宝良. 科技与科技新闻[M]. 上海: 上海科学技术文献出版社, 1994.

或科技成果是什么，学习该专业的相关术语。记者做到心中有数才能在采访中与采访对象有共同语言，提出有独到见解的问题。如果记者专业知识欠缺或错误表达专业术语，会让采访对象质疑这场访问的专业水准，丧失回答问题的积极性，从而影响这篇专访的质量。

（三）根据准备材料设计采访问题

记者在研究采访对象的背景材料后，需要紧紧围绕专访主题，设计一个有针对性、可行性的采访提纲。问题设置要简练有条理，要留有足够的时间让采访对象回答问题，要尽可能多地准备与主题相关的问题。提前设计好采访问题，能保证记者在采访时掌握节奏，始终围绕主题展开问答，以较少的时间获得较多的素材。

（四）与采访对象商定采访时间

记者应事先与采访对象商定采访时间，采访对象认可的时机往往是他能抽出时间、情绪较好的时候，双方能够在充裕的时间里深入谈话。有时候被采访的科技人物比较繁忙，不能腾出较宽裕的时间，就更需要记者提前沟通，彼此做好"速战速访"的心理准备和采访。

（五）与采访对象商定采访场所

采访进行的场所也需要与采访对象沟通，要取得对方支持，应尽量选择与该科技人物职业相匹配的场所，如办公室、实验室等，或者是他非常熟悉的生活环境，这样有利于采访对象以放松的心态本色表现，反映出自己的性格特征。

三、正式开展采访活动

（一）重视营造友好的采访氛围

完成一篇科技人物专访，是以一场成功的访问为基础的。双方之间能够在友好的氛围中进行交流，有助于采访迅速进入正轨。首先，记者应该注意在守时、仪表、风度等方面给采访对象留下良好的第一印象；其次，在采访的开始阶段，记者可以聊一些被访者熟悉的"题外话"，拉近彼此的距离，消除陌生和紧张感；最后，在访问科技人物时，记者应注意摆正双方关系，保持诚恳大方、庄重热情的专业态度。不能因为对方是某一领域的杰出人物，就唯唯诺诺、刻意讨好，引起对方的反感。

（二）注意提问的方式与应变能力

提问是记者挖掘新闻材料最重要的手段，一般是由易到难提出问题，使采访逐渐深入。同时问题要具体才更容易得到实质性的回答，问题要简洁才能让受访者更清楚地领会，问题要关键才能保证专访质量，问题还要站在读者角度来考虑才能吸引目光。记者在提问时还应注意多种方式方法交替使用，例如开放式提问、闭合式提问、反问、侧问、假设性提问等，使访问在自然活跃的氛围中展开。

提问的另一个作用就是帮助记者把控采访节奏，通过一个又一个的问题来控制谈话方向，紧绕专访主题进行。当受访者的话题逐渐偏离采访主题的时候，记者要随机应变，通过提问将谈话带回正确的轨道。当采访中出现了一些原本没有考虑到的关键性材料时，要及时反应，抛出问题继续深追。

（三）将谈话采访与观察采访相结合

谈话采访是指记者用嘴巴采访，观察采访是指记者用眼睛采访，观察采访有利于增强记者的切身体会，使新闻报道更具真情实感。在一场科技人物专访中，受访者的回答是关键，同时受访者的动作神态和采访现场的环境对于塑造人物形象也非常重要，因此要在访问的过程中注意用眼睛观察现场，把握生动典型的画面，使报道更加丰满立体。

科技人物专访的观察采访主要在现场访问时进行，有几点需要特别留意：一是观察采访现场环境，以烘托人物形象，增强报道感染力；二是观察采访对象的表情和语言动作，便于塑造一个有血有肉的科技人物；三是抓住生动有特点的细节，为专访增添有亮点的画面。[1]

四、采访后的写稿

（一）保证现场访问材料的准确性

科技人物专访的主要构成是采访时的谈话内容。所以在采访后写稿前，要

---

[1] 巨浪. 新编新闻写作[M]. 杭州：浙江大学出版社，2005：255-259.

及时整理采访材料,保证受访者的语言被完整准确地记录。若发现有模糊或遗漏的对话,应及时与受访者联系,进行修正。在采访过程中用眼睛观察到的细节,例如环境、外貌、动作、神态,应当及时记录下来,以免写稿时遗忘或出现记忆偏差。同时在写稿时也应当注意准确表达受访者的陈述,这不仅代表了对客观事实的尊重,而且准确地引用受访者的语言,更能让读者直观地感受其独特个性。

(二)在写作中重视其他材料的运用

有时候采访因为时间关系没能获得充足的材料,或者现有的采访材料还不足以支撑一篇科技人物专访,就需要在写作时借用其他材料来弥补或充实报道。这些材料主要包括第二手材料和背景材料。第二手材料通常从科技人物身边的同事、家人、朋友中获取。他们在工作、生活中对其有着相当深入的了解,通过采访他们侧面了解科技人物,获取第二手材料,是对科技人物多方面、多角度的补充。科技人物专访中,科技人物的背景材料是不可忽视的一部分。要灵活使用一些背景材料,例如科技人物的成长经历、获得过的科学研究成果、典型事迹等。将这些背景材料与现场采访所获的材料巧妙地结合,不仅使读者对科技人物的过去和现在都有所了解,而且可在广度和深度上使科技人物形象更丰满。[①]

(三)注意写作手法,把科技人物写活

通常专访的写作格式分为问答整理式、口述实录和散文处理式。问答整理式就是实录经过整理后的采访过程,以记者提问、受访者回答的问答体,是最简单常见,且能充分体现专访文体特征的叙述方式之一。口述实录的写作要领也很简单,即全文集中记录被访问者的口述,把记者所提的问题都删除掉,或者淡化地处理,主要保留被访问者的谈话。散文处理式也可称为隐性问答体,它基本摆脱了一问一答的模式,记者可根据专访报道的需要自由取舍问答的内容,并灵活地运用描写、议论、抒情等手法,穿插叙述访问的情景、过程,或者勾画被采访者的形象、性格等。对于科技人物专访而言,其写作目的是把"访"写活,通过塑造一个生动形象的科技人物,烘托其思想精神。科技人物专访应

---

① 贾宝良. 科技与科技新闻[M]. 上海:上海科学技术文献出版社,1994.

尽量避免问答整理式和口述实录这种平铺直叙的写作格式，应以散文处理式，在忠于事实材料的基础上，穿插环境、情态、动作、细节的描述，综合运用叙述、描写、议论、抒情等各种手法来写人描景和展现科技人物精神，让读者仿佛身临访问现场，增强专访的现场感和报道的感染力，让科技人物鲜活起来。[①]

（四）写作要突出现场感

在科技人物专访中，采访对象、采访现场、记者是必不可少的三个要素。为了带领读者进入采访现场，对谈话环境的再现是非常重要的。环境能起到烘托人物形象的作用，比如工作空间的风格或者陈列的个人物品往往能衬托出科技人物的身份、兴趣、性格。另外，通过对采访气氛的描写，对受访者外貌、动作、语态的刻画，对记者心理活动的描述，都能够使报道更具感染力，让读者产生亲切感。

第三节　寻找科技人物专访的消息源

对于记者而言，耳听八方是非常重要的。为了避免消息闭塞、信息不畅给自己带来致命的影响，记者应特别重视和利用新闻信息网络，不断征引可靠的消息源，并建立尽可能广泛的、保持有效运转的消息来源网络，以提高采访的效率。消息源的获取是科技人物专访的关键环节，消息源的质量直接影响着专访的采写和报道效果。因为科技人物专访是对特定对象的专题性访问报道，所以寻找科技人物专访的消息源更具针对性，要求围绕着科技人物展开。

一、科技人物专访的主要消息源

（一）科技人物本人

科技人物专访是在"访"的基础上进行的，专访写作主要由采访双方的对

[①] 王金星，杜春海. 新闻写作[M]. 重庆：重庆大学出版社，2010.

话内容构成。毋庸置疑，科技人物本人就是专访最重要的消息源，从对科技人物的采访中可以获取专访主题的核心内容，可以得到使专访更具深度的材料，一篇优秀的科技人物专访必须重视科技人物这一消息源，通过采访获取丰富关键的材料。

（二）其他媒体刊登的关于科技人物的新闻报道

作为已经被核实过的消息源，其他媒体刊登过的科技人物新闻具有较高的可靠性。另外，因为是经过加工处理过的新闻事实，报道呈现出的是科技人物重要突出的方面，对记者进行科技人物专访写作有较大的参考价值。

（三）科技人物的家人、同事、朋友

因为家人、同事、朋友是与科技人物接触最密切的人群，所以他们对科技人物的描述具有较高的可信度，是科技人物专访重要的消息源。而且不同于科技人物自己单方面的陈述，他们能从多方面、多角度提供许多生动的细节事实材料，有利于塑造科技人物的立体感。

（四）网络消息源

互联网具有时效性强和信息海量的特征，是记者极佳的消息粮仓。当下的网络消息源主要从几个途径获取科技人物专访的消息。第一，微博、微信等社交媒体平台。网络社交平台聚集了大量的网络用户，科技人物在这里发表的言论极具新闻价值，网络用户在社交平台也常作为消息源发布关于科技人物的最新消息。第二，科技论坛帖子。科技论坛是关于科技讨论比较集中活跃的网络平台，可以搜集到许多相关材料。第三，与科技人物相关的组织机构的网络主页。在这些网页上，通常会有对科技人物及其科技成果比较正式全面的介绍资料。

（五）科技人物发表或出版的作品

科技人物发表的科技学术论文或专著，是记者需要注意的消息源。这有助于记者去了解科技人物在本领域的学术成就和显著地位，帮助记者掌握该领域的基本知识理论。若科技人物出版了一些文章或个人传记，也是记者不能错过的消息源，能够从中得到许多有利于塑造科技人物形象的事实材料，甚至能从

科技人物的文笔和描述中感受其性格特点。[1]

二、科技人物专访消息源的使用原则

（一）真实性原则

新闻记者撰写新闻要坚持的最基本、最根本的原则是真实性，真实是新闻的生命。记者在进行科技人物写作时，要保证消息源的真实性，对材料去伪存真。同时要避免谎报消息源，甚至虚假编造、以少充多。只有以真实、丰富的材料去完成专访，才能让读者触碰到科技人物的本质。

（二）多源核实原则

为了确定消息源的真实性，记者不应该仅仅依靠单一的消息源，要用多个消息源来相互佐证，甚至通过两个以上的消息源来核准一个事实的真实、准确程度。专访记者要有宁可不用，也不可不知消息源真假的思想觉悟。

（三）透明原则

尽可能在科技人物专访中提供事实材料的消息源信息，包括对匿名消息源和要求保密的消息源的解释。要让读者对专访的消息源背景有一个明确的认知，对消息源的可信度有准确的判断。一般来说，消息源越透明，专访的可信度就越高，读者的信任和接受程度也就越高。[2]

第四节　各种专访技巧的融会贯通

一、记者要努力做合格的对话者

一场成功的采访，是记者和受访者能够在相互合作的基础上，消除彼此的隔阂，进行一场让双方都有所收获的谈话。记者要努力做一名合格的对话者，能与受访者真正谈起来。

---

[1] 徐国源. 当代新闻采访与写作[M]. 苏州：苏州大学出版社, 2006.
[2] 阿克那衣·木哈什. 传媒新闻信息源的获取研究[M]. 新闻研究导刊, 2017, (22): 178-179.

（一）学会倾听和理解受访者

在采访过程中，记者要尊重受访的科技人物，不只是将对方视作获取新闻材料的物体，而且要当成相互交谈的对象，让对方有受重视的感觉。因此记者要学会倾听对方说话，而不是只按照记者自己的思路走，甚至直接打断对方的"题外话"，用连续不断的问题让对方措手不及。倾听对方是一种基本的尊重，在倾听中记者也能获取更多的信息，并发现新问题，使采访更深入。同时，记者要站在对方的角度去理解他们，科技人物也渴望在这场对话中能够得到理解，而不是表面上的客套，这样才更有可能得到科技人物的信任，让他们真诚地表露自己。

（二）做好与科技人物对话的准备

这里包括知识准备和科技人物背景材料准备。记者不可能对任何科技领域的知识都精通，但是应该对采访所涉及的有关知识、专业术语进行学习。如果因为记者自身知识的不足需要受访者边回答问题边作解释，那么既浪费时间，又极可能让科技人物怀疑记者的能力，使采访难以深入下去。采访不是简单的一问一答，而是真正意义的对话，记者在采访时能正确理解专业知识，对方才会接纳与认同，才会无障碍地、爽快地谈下去。研究科技人物的背景材料是为采访而进行的采访，有助于记者对采访对象有初步的了解，可以在采访开始时通过一些共同话题尽快搭建起与采访对象沟通的桥梁。背景材料也有助于记者抓住采访重心和切入点，有较为清晰的采访思路，使对话有条理地进行下去。[1]

二、记者要训练采访的思维能力

（一）记者要有宏观意识，注重政治舆论导向

记者在确定科技人物专访主题时，要思考这篇专访的社会舆论目标是什么，要考虑受众的思想倾向。因为科技人物自身的新闻价值，专访容易引起读者关注，引发社会讨论，所以记者要格外注意自己所代表的媒体责任，从宏观的角度考虑报道对社会舆论的影响。

---

[1] 金梦玉. 新闻采访报道教程[M]. 北京：中国传媒大学出版社，2012.

（二）记者要用集中思维采访，将主题提炼得更出彩

记者在采访前要对众多的背景材料进行归纳，并确定专访的核心主题，继而在设计采访提纲和进行采访时，围绕专访主题设置问题。这样能保证在较短的采访时间里集中获取更多与专访主题相关的谈话材料，利于在专访写作时将主题表达得更精彩。

（三）记者要用发散思维采访，发掘科技人物特色，将其塑造得更生动、有活力

在明确的专访主题下，记者要发散采访思路，多角度、多方位地去思考问题，挖掘更多能反映主题的科技人物特色，展现科技人物的丰富性和层次感。

（四）记者要有逆向思维，采写出与众不同的科技人物专访

逆向思维是从与常规角度相反的方向去分析事物的本质，从而发现他人未注意到的特征和新价值。对记者而言，用逆向思维进行采访，要从常规的科技人物报道角度跳脱出来，用逆向思维去采访、塑造科技人物，从科技人物的现在面貌，往前追溯回忆科技人物的生平经历、科研历程，剖析科技人物能获得如今成果的本质，使科技人物专访展示出新的角度，更具新意与竞争力。[1]

三、记者要注重观察采访的技巧

在采访现场，眼睛也是记者锐利的武器。在科技人物专访中对采访现场进行观察，往往能起到增强专访感染力、激发读者情感共鸣的作用。观察采访的目的，是能准确地还原采访现场，形象地描述科技人物特征。进行观察采访，有以下几点需要注意。

（一）抓取具有新闻价值的生动细节

细节能够帮助记者讲述专访的场景，往往最能表达现场感，最让读者期待。细节观察是记者十分重要的采访能力，在采访现场，短短几分钟可能有很多事情发生，如果记者只是专注在谈话上，或者被表面现象吸引，就错失了那些有价值的细节。有价值的细节可能是采访对象的衣着风格、身体姿势，可能是生

---

[1] 金树华, 金丽琛. 怎样做记者[M]. 北京：中国国际广播出版社, 2012.

活和工作环境的物品整洁程度,也可能是谈到某个话题的反应等,需要记者深入、细致地观察,有选择、有目的地去抓取。

(二)注重观察科技人物的语言动作和外貌特征

在科技人物专访中,科技人物是主体,对科技人物形象的刻画要如同人像速写一样,把有特点的部位都观察得十分仔细,让科技人物的形象浮现在读者眼前。外貌特征是人物的直接呈现,语言动作就是人物个性和内心世界的投影。记者在观察中捕捉科技人物特色的、标志性的动作和语气,能让科技人物活生生地立在读者面前。

(三)对采访现场进行全景式观察

记者、采访现场、采访对象是构成采访的三个要素,科技人物专访要突出现场感,对采访现场的描述是必不可少的。记者在采访过程中,对细节、人物外貌动作的观察都是不同角度下的微观透视,但对采访现场的观察需要从全景式、宏观的角度观察才能展现整体场面,带领读者进入现场。[①]

第五节 科技人物专访的结构类型

科技人物专访的结构,要从专访主题的需求出发,依据材料的性质来灵活安排,不像简讯和消息那样,结构单一且固定。科技人物专访的结构是灵活多样的,但最常用的是纵向递进结构、横向并列结构和散文式结构。

一、纵向递进结构

科技人物专访围绕"访"展开,采访问题通常是由易到难,步步深入。在写作时按照访问的纵向递进关系来安排材料,是最常用的科技人物专访结构。纵向递进结构易掌握,有着较为清晰的写作线索,但它并不是纯粹地按照问题设置来组织材料,在选择材料时要注意取舍,否则容易写成呆板的问答录。纵

---

① 赵淑萍. 当代电视新闻采访教程[M]. 上海:复旦大学出版社,2010.

向递进结构强调的是以访问的递进关系为写作线索，亦可以在每个节点根据需要增添背景材料，使科技人物专访的段落之间转折自然，读者也能跟随访问的节奏一步步深入了解科技人物。

二、横向并列结构

科技人物专访强调"专"，即对专门的科技人物进行专题性采访报道，有着特定的专访主题。横向并列结构也被称为"葡萄串式"结构，即专访主题由几个重要的并列部分串联起来，也就是将采访问题提炼为几个部分，通过对这几个部分的细致描写来烘托专访主题。在横向并列结构中，每个部分通常使用小标题划分，部分之间是一种并列关系，是从不同的侧面对科技人物形象的集中描述，使科技人物专访具有条理性和层次感，使读者能清晰地理解这篇专访的主要构成。

三、散文式结构

科技人物专访也常使用散文式结构，即围绕着专访主题，运用文学写法，交替使用纵向递进结构和横向并列结构刻画科技人物，文风自由活泼。散文式结构的特点，一是不受某种固定结构限制，行文自由多变，能够在千篇一律的专访报道中脱颖而出；二是写作风格吸收了文学手法，颇具文采。专访中可抒发见闻和感触，或以优美、精练的文字描述事实，或以细致入微的刻画烘托科技人物形象，能够激发读者情感，加深印象。

第六节 科技人物专访的写作技巧

一、重视"情"在写作中的作用

科技人物专访的写作，必须注意把感情融化在写人叙事之中，潜移默化地感动读者。专访记者对采访对象的内心世界充满探索的欲望，才能挖掘出科技人物思想上的闪光点；依赖真情实感，才能使笔下所描述的科技人物给读者以立体感，才能把人物的内心世界与精神面貌栩栩如生地呈现在读者面前。

《人民日报》高级记者陈柏生，是中国科技新闻学会首任理事长，擅长新闻速写和专访写作，采写过许多科学家，如李四光、钱学森、钱三强、华罗庚、竺可桢、高士其、茅以升、童第周等。陈柏生谈到，在一篇好的科技人物专访中，情与实、情与意往往交融在一起，借景、借物、借事抒情，给读者以强烈的感染力。情与理的结合也是科技人物专访写作中应当予以重视的。[1]科技人物专访的目的不仅在于记载他们的业绩，而且要反映他们的思想。思想的表露容易流于空泛、枯燥，这就要求记者做到情与理的结合，寓理于情和实、情和意的交融之中，使科技人物的思想、主张、精辟见解能在情文并茂的具体场景中不知不觉地流露出来。[2]

二、认识到"真"是写作的灵魂

上文强调了"情"在科技人物专访中的重要性，作者要以带有感情的笔触刻画科技人物，常借鉴散文的写作笔法。但新闻与文学不同，文学可以虚构、夸张、想象，真实却是新闻的主要特性之一，是新闻报道的灵魂。科技人物专访作为一种纪实性新闻报道体裁，"情"与"实"的和谐统一就显得尤为重要。科技人物专访的内容构成，必须是真实的事实材料、人物语言和现场环境，要做到没有丝毫的添加和曲解，准确无误地表达。要让科技人物专访给读者真实、可靠的印象，"现场感"的营造至关重要。现场感是指记者作为一个带路人，用文字把读者带到采访现场，让他们能身临其境地感知科技人物。对现场感的营造，可以是对采访对象外貌、衣着、动作、语态的描绘，可以是对采访现场整体环境和细节的描述，也可以是记者对自己的心理活动和感情进行剖析。

三、在写作中要追求"特征"

说到底，科技人物专访就是要通过科技人物的魅力去感染读者。科技人物的魅力不仅在于他们所取得的独一无二的科技成就，作为独立的个人，他们各自拥有的性格、爱好、兴趣等特点，也是其人格魅力的重要部分。科技人物专

---

[1] 陈兰芬, 熊然. 柏生人物专访的艺术技巧[J]. 新闻前哨, 2009, (4): 73-76.
[2] 中国科技新闻学会. 科技新闻论集[M]. 北京: 中国科学技术出版社, 1988.

访并不是单纯的科技成就介绍，因此写作中要注意把概括的科技成就与具体的人物特点结合起来。比如，陈柏生在对气象学家竺可桢的专访写作中，提到他日记中详细地记录温度的特点以及他外出调查穿的网球鞋等，这些都是他特有的生活方式，同其他人不一样。专访写作一定要对事实材料进行构思、组织、取舍，着力描写人物特点，塑造人物的思想风貌，使人物活起来，使报道有声有色。

第七节　科技人物速写

一、何谓科技人物速写

科技人物速写和科技人物专访一样，都是对科技人物的一种纪实性新闻报道体裁。它是指对具有新闻价值的科技人物进行"片段截取"，在短时间内运用简笔白描勾勒为主的速写笔触，对科技人物形象进行再现。科技人物速写的特点有以下几点。

（一）短

科技人物速写的篇幅较短小，不需要从多角度完整地去报道科技人物，一般从一个有意义的新闻角度选题，只突出科技人物感人的、典型的、有趣味的细节画面或片段。科技人物速写通常用一千多字甚至几百字，就能塑造科技人物的精神风貌。

（二）快

科技人物速写可以快速捕捉科技人物的一瞬间，及时传递给读者。因为科技人物速写的选材较少、内容集中，不需要特意构思和组织材料，所以完稿速度快，在新闻时效性上能取得很好的效果。但也因为快，追求时效性，记者在执笔时没有充裕的时间去反复推敲炼词造句，往往很难篇篇都写得好。

（三）简

科技人物速写，借鉴了绘画中的速写手法，在短时间内即景写生，粗线条地勾勒出描写对象的形象和动态，反映其轮廓和动态。科技人物速写以白描勾勒为手法，并未对科技人物的各方面一一刻画，但简笔勾勒几句，便能体现人物个性，显现全轮廓的特点。

（四）活

即使是以简笔白描的手法勾勒，依然能把人物写活是科技人物速写的重要特点。因为科技人物速写就像剪纸艺术一样，即使是一个没那么多细节的人物剪影，也能惟妙惟肖，十分传神。科技人物速写和剪纸，都是在整体中抓住了人物的主要特征，用巧妙的手法刻画这个特征，让作品活起来。①

二、科技人物速写的写作要领

敏锐观察力，快速抓特征。科技人物速写不像科技人物专访那样要确立主题、获取充实的访问材料、写作需精心构思，速写要的就是快，因此记者反应也要快。在接触科技人物时，记者要保持敏锐的观察力，要具有新闻敏感，善于抓住人物的精彩瞬间和人物亮点。一篇科技人物速写能够脱颖而出，就在于记者比其他人观察到了更多细节，能敏感地在一个瞬间嗅到新闻价值，抓住能体现人物的特征。记者陈柏生在写竺可桢的速写时，就观察到他每天温度计放在上衣口袋这个细节，一下就刻画出气象学家的特色。②

行动要迅速，动笔就能写。记者写科技人物速写，光脑子灵敏不行，还要有雷厉风行的作风，看到了就要立即行动，说干就干。要有拿起笔来当场就能写的精神，有拿起笔来当场就写的本领。③一是因为科技人物速写和绘画速写一样，讲究时效。需要记者在当下就完成写作，及时发稿，即使周围环境很嘈杂不适，也要能从容提笔。二是在对一些特殊的科技人物进行速写采写时，为避免泄密，要做好现场审稿的准备，需要在最短的时间内以最快的速度完成速写。

笔上功夫练，人物形象显特征。即使科技人物速写是用简笔白描手法粗线条地勾勒人物形象，但作品也绝不是粗糙的草图，而是用笔准确，具有细节的

---

① 周胜林，尹德刚，梅懿. 当代新闻写作[M]. 2版. 上海：复旦大学出版社，2004.
② 林永年. 新闻报道形式大全（修订本）[M]. 3版. 杭州：浙江大学出版社，2003.
③ 柏生. 我爱新闻速写[J]. 新闻记者，1984, (8): 19-21.

精品。对速写记者而言，培养勾勒和表现人物形象的能力是不可忽视的重点。一是要集中笔墨突出人物特征。就像在绘画速写中，即使勾画出了人物轮廓，但依然需要将人物的主要特征进行鲜明的刻画才能让人物"活"起来。二是要兼顾人物轮廓的勾勒。速写以描绘人物特征为主，但它却不同于特写仅集中在一点上，仅放大一个片段。攻其一点，兼顾全局是速写这种体裁的特点和优势，让读者既感受到人物特征，又看到了人物的整体轮廓。三是要用细节打动读者。在科技人物速写中，除了特征和轮廓能够塑造人物形象，一些耐人寻味的细节也能给人物添色不少。例如陈柏生写地质学家李四光的速写时，抓住了他每迈一步跨度总是 0.85 米这一走路的细节，一下就刻画出了李四光的风貌和性格。科技人物速写中的细节往往简笔带过，不作渲染，给读者回味的空间。[1]

---

[1] 林永年. 新闻报道形式大全 (修订本) [M]. 3 版. 杭州: 浙江大学出版社, 2003.

第十四章　科技数据新闻

有数据的地方就有数据新闻，有科技数据的地方就会产生科技数据新闻。早在1821年，英国《卫报》创刊号上就有一张占据了大半个版面的表格，罗列了曼彻斯特每所学校的收费标准和学生人数；到了20世纪五六十年代，美国《纽约时报》已经出版了大量类似的作品，这些与我们今天所做的数据新闻几乎相同。现在，数据能以电子表格以及各种电子格式的文件储存，资料价值被无限放大，记者只要简单进行电脑数据分析就能够发现问题、找出故事。

在信息技术日益成熟的大数据时代下，科技传播迎来了新一轮变革。作为一种有关科学技术知识的传播门类，其核心目标是把科学知识以更高的效率与更好的效果传播出去，数据新闻的应用可谓适逢其时。通过数据的挖掘分析，探寻隐藏在数据资料背后的新闻故事，科技数据新闻利用图表和交互式多媒体等形式将新闻内容视觉化呈现，使受众对科技的理解变得不再为难。不过，科学传播中的数据新闻本身即是一场跨学科、跨领域的信息报道活动，当前若要将它准确把握还面临着诸多挑战。

第一节　数据新闻的概念与特征

一、"数据"的内涵

"数字"即是"数据"？事实远非如此。

既然数据新闻兴起自以欧美国家为主的西方，那么对于"数据"的考量也应借鉴西方的词语语境。在第9版《牛津高阶英语词典》中，"数据"（data）

具有两重含义：①事实材料或信息资料，尤其是当其被调查出来并且用于发现事物或做出决定时（facts or information, especially when examined and used to find out things or to make decisions）；②储存在电脑中的信息资料（information that is stored by a computer）。由此看来，将"数据"仅看作是统计数值的体现是对"数据"内涵的窄化。①

我国信息管理专家涂子沛从历史的角度对此作了解释。他认为，在前信息时代，数据指的是"对客观世界测量结果的记录"，是一个"有根据的数字"；但是进入了信息时代之后，数据的内涵得以深刻地拓展，因为计算机的产生，数字、文本、图片都被不加区分地保存在电脑的数据库中，数据逐渐成了它们的统称，"即'信息'的代名词"。②

因此，今天的数据其实是数字化的信息载体，不完全等同于数字或数值，还可以是文字、图形、语音、符号、视频、时间，以及地理坐标等，所以我国的香港、澳门和台湾地区普遍将"数据"（data）称为"资料"，而台湾地区也习惯性地把"数据新闻"（data journalism）叫作"资料新闻"。

二、数据新闻的定义

"数据新闻"（data journalism），又称"数据驱动新闻"（data-driven journalism），其目前在学界还不存在统一的界定。

"新闻的未来，是数据分析"，"互联网之父"蒂姆·伯纳斯·李曾于2009年这样描绘新闻未来的发展方向。的确，数据新闻是新闻业为适应时代的发展而对新闻报道进行创新的一种尝试，它改变了传统新闻的采编方式，为新闻报道的发展注入了新的活力，是推动新闻发展的一次浪潮。互联网科技的高度发展造就了庞大的数据资源，海量的数据以及由此伴生的数据分析技术深深影响了各行各业的数据化进程，这种革命性变革让以信息生产为己任的媒体行业更是难以避免。北京大学新闻与传播学院教授胡泳等③指出，在互联网时代，改造社会的主导力量已不再是资源、生产资料和科层化组织，而是信息的生产和

---

① 霍恩比. 牛津高阶英语词典：第 9 版[M]. 北京：商务印书馆 牛津大学出版社 (中国) 有限公司, 2016: 388.
② 涂子沛. 数据之巅：大数据革命，历史、现实与未来[M]. 北京：中信出版社, 2014: 256-257.
③ 胡泳, 王俊秀, 段永朝. 后工业时代意义互联网的兴起[J]. 文化纵横, 2013 (6): 18.

传播及其塑造的组织形态。其中，数据的参与至关重要，传统的媒体传播格局正在被打破。

实际上，一篇报道只要涉及对数据的收集和整理，都可以视为数据新闻，但这是广义层面的数据新闻。2010年8月，首届"国际数据新闻"圆桌会议在阿姆斯特丹举行，业界众多数据新闻记者彼此交换了意见，"数据新闻"这个概念开始被正式地阐明，会议主持人也即数据新闻项目负责人米尔科·劳伦兹对数据新闻如是诠释道："数据新闻是一种工作流程，包括以下基本步骤：通过反复抓取、筛选和重组来深度挖掘数据，聚焦专门信息以过滤数据，可视化地呈现数据并合成新闻故事。"①

如今，数据新闻在国内比较通用的界定是中国人民大学研究学者方洁等所提出的"基于数据的抓取、挖掘、统计、分析和可视化呈现的新型新闻报道方式"②，但是这种解释还是显得比较粗放。华南理工大学新闻与传播学院的吴小坤教授在论文《数据新闻：理论承递、概念适用与界定维度》中补充了自己的见解，强调"数据新闻是基于数据分析和计算机技术的可视化新闻样式，在新闻叙事中使用数据呈现原本仅靠文字所难以呈现的内容；或者通过数据分析发现问题，并进而挖掘出新闻故事"③。该定义旨在为数据新闻划分边界，从"数据分析"和"计算机技术"两条路径来规定条件，有助于解释和衡量长期以来令人困惑的，用大量表格和数据报道呈现的宏观经济分析、产业深度报道、个股评述等是否算作数据新闻的问题。此后，方洁在其著作中又对数据新闻的描述作了一些调整，表示数据新闻是"一种运用计算机程序对事实材料和统计资料进行采集、分析和呈现的量化报道方式，也指一种通过上述方式生产的新闻品类"，主张"当作为报道方式来理解时，数据新闻融合了新闻逻辑和计算逻辑"，有助于"透视数据信息的结构"，为报道者"提供新的洞察视角"；而"当作为一种新闻品类来理解时，数据新闻是结合了量化的数据证据和情境化的其他事实材料构成的一种新闻报道类型"④。

不难看出，数据新闻的工具化内核和标准化流程是其区别于一般新闻作品

---

① 方洁, 颜冬. 全球视野下的"数据新闻"：理念与实践[J]. 国际新闻界, 2013 (6): 73-83.
② 方洁, 颜冬. 全球视野下的"数据新闻"：理念与实践[J]. 国际新闻界, 2013 (6): 73-83.
③ 吴小坤. 数据新闻：理论承递、概念适用与界定维度[J]. 新闻与传播研究, 2017, 24 (10): 120-126.
④ 方洁. 数据新闻概论：操作理念与案例解析[M]. 2版. 北京：中国人民大学出版社, 2019.

的本质动力。综合以上解释，我们认为，数据新闻是基于先进的计算机信息技术和图像处理技术，通过获取可靠的计算机数据并对数据进行统计和分析，最终转化为各种形式的可识别视觉图式的量化报道方式或新闻品类；于是，科技数据新闻即是运用这种报道方式和新闻品类报道科技成果、科技活动、科技人物、事件或现象的科学解释等一切与科学技术主题有关的科技新闻分支。需要注意的是，数据新闻和科技数据新闻均由数据驱动，对数据的量化分析必不可少，产出的应是类似研究结果的知识而非信息，如果报道仅单纯呈现数据而不深究数据背后的潜在意义则在原则上不可视为数据新闻。

另外，数据有一般数据和大数据之分，数据新闻和科学数据新闻也有以一般数据为基础和以大数据为基础两种类型。相对于一般数据，大数据具有海量规模（volume）、类型多样（variety）和高速处理（velocity）三个特征，即数据的体量大（常在10TB甚至100TB以上），记录的信息趋于全面细致，要求处理和响应速度越来越快。这就意味着生产大数据新闻和大数据科技新闻前期所投入的人力、物力和财力也是巨大的，一家媒体可操作的数据量级难以达到大数据级别，因此我们现在所接触的数据新闻和科技数据新闻大部分都是利用一般数据得来的新闻，不过大数据新闻仍然是未来的发展方向，特别是对于科技新闻而言，数据的体量越大，最后所呈现的结果就越科学、越客观。

三、数据新闻的特征

近年来，全球一些具有创新精神的媒体及新闻工作者已经开始涉足数据新闻和科技数据新闻领域，尝试通过数据更好地报道新闻。具体来看，它们包含以下特征。

（一）报道目的的公众性

"服务公众利益"是新闻报道的出发点。媒体作为社会"第四权力"，舆论监督作用不可忽视。在信息时代，大多数组织机构都向公众公开了数据，可由于数据的浩繁与复杂，缺乏一定专业数据素养的公众无法在众多数据中发现有价值的信息，而优质的数据新闻尤其是科学数据新闻能够平衡或补充公众对官方信息了解的不对称性，通过对数据的过滤、整理，媒体在数据和公众之间架起桥梁，充当公众的"数据向导"，向他们清晰地展示数据的意义，提供相对于官方的独立阐释，剖析宏观数据如何影响我们每个人，进而提升公众的数据批判意识，敦促组织机构坚守为公共利益服务的理念和原则。

（二）报道基础的数据性

从"用文字讲故事"到"用数据讲故事"，数据新闻改变了传统新闻的内容生产和叙事模式，前期的"数据"成为数据新闻存在的前提：一些结构性数据存储在数据库中，有统一的结构和格式，如政府、企业和科研院所公布的统计数据，具有一定的权威性和可信度；而其余无法用数字或统一结构来表示的信息则形成了非结构性数据，如社交媒体上用户的评论、关注的话题、购物网站上注册用户的购买记录等。如果有关部门及其他社会组织不公开这些信息或者没有提供数据库资料，则"巧妇难为无米之炊"，数据新闻也不能够得以实施，更何谈科技数据新闻。

（三）报道手法的客观性

客观性一直是新闻业的基本准则之一，但是这一要求又难以实现。新闻生产的人际因素和新闻价值的选择缘故导致新闻报道往往只展现了事件的表象和片段，一定程度上影响了新闻的公正客观。然而，以科技数据新闻为代表的数据新闻体系却为新闻报道提供了一种准确而严谨的方法。依托于庞大的数据分析，数据新闻借用数据说话，能够揭示更大范围的事件或更接近事件的真相，而且改变了以往靠某个专家主观分析的报道传统，从而有着更为客观公正的视角。另外，数据新闻采用的数据和分析数据的技术公开透明，为新闻作品又赋予了"事实至上"的特征，提高了报道的真实性和媒体的公信力。

（四）报道核心的分析性

数据新闻以及科技数据新闻报道的核心性质就是对于事实材料和统计资料的结构化与知识化处理，实现从表层现实到深层现实的深度挖掘。标准的数据新闻成果通常有多个层面，置身其中的公众不仅可以直接探访许多个性化的细节，也能看清整体状况。其一，数据新闻基于一定规模的样本量，在纷繁杂芜的信息中找出数据的相关关系，发现常规新闻中不能体现的逻辑；其二，它将新闻事件当作一个考察立足点，由此扩展到其他相关领域，进行跨时间、跨空间的情景对比，对报道主题进行多维度的分析解读，让公众获悉事情的规律及发展趋势。

（五）报道团队的协作性

一般情况下，传统新闻的采编都可以由记者一人独立完成，因为以文字为主要叙事方式的新闻报道只需要记者具备基本的新闻采访与写作能力；但是数据新闻的生产除了涉及新闻传播领域，还涉及计算机、数学等多个学科领域，而且对于技术和技能的要求较高，特别是科技数据新闻，甚至要求新闻记者理解科学知识和科学原理。相反，专业数据分析人员精于与数据打交道，学科专家的理论水平更难以企及，他们对新闻信息不够敏感，而这方面恰恰是新闻记者与新闻编辑的长项。不同人员分工合作，能够有效地提高数据新闻的制作效率，加之每个部分都由专业人士完成，也保证了新闻报道的质量。

（六）报道内容的可视性

可视化是将数据信息和知识转化为一种视觉表达形式，以充分利用人们对可视图像快速识别的自然能力，确保信息传递给最大范围的公众。由于专业性太强，大部分的数据本身是枯燥乏味的，科技数据尤为如此。它不像一件商品，一旦被安放在超市货架上面，感兴趣的人就会主动购买。对于绝大多数公众来说，物质的化学结构或物理特性等都是无关紧要的。因此，数据新闻和科技数据新闻的报道更要强调信息的贴近性，即在内容表现上要以公众最感兴趣的方式呈现出来，力求将复杂、抽象、难懂的数据转化为简单、具体、生动的新闻作品，增强报道的"阐释"效果，而可视化手段就是首选的措施。

第二节 如何制作和传播数据新闻

关于数据新闻的报道流程，诸多媒体从业者积极地提出了自己的看法。美国互联网专家保罗·布拉德肖用两个金字塔结构明确标示报道数据新闻包括"制作"和"传播"两个环节，制作环节主要是数据编辑、数据清理、理解数据以及整合数据,传播环节可以分为视觉化传播、叙事传播、社交化传播、人性化传播、个性化传播和应用化传播。在借鉴以上经验的基础上,我们结合国内数据新闻报道的具体实践情况,从制作到传播连贯地介绍其操作技巧。

一、构建团队

如何面对数据新闻的跨学科特性重新审视新闻采编业务,决定了数据新闻制作的质量。中西方主流媒体为适应数据技术和可视化技术带来的冲击与挑战,对传统采编部门做了一些扩容式调整,建立起了专业的数据新闻生产线(表14-1)。

表14-1 中西方主流媒体的数据新闻团队构成[①]

数据新闻团队名称		数据新闻团队组成
国际媒体	《卫报》	主编1人、数据研究员1人、通用记者3人(属其他部门),并协同调动报社人力资源
	《华盛顿邮报》	近30人分成三个小组:一个报道组,负责报道新闻故事;一个数据组,负责处理可视化复杂数据;还一个信息设计组,负责最终呈现的方式
	《泰晤士报》	数据记者1人、数据挖掘员1人、编辑1人、视觉总监1人、图表设计29人、效果程序员1人
国内媒体	澎湃新闻	编辑6人、信息设计1人、专业设计(3D设计师、MG动画设计师、插画师等)13人
	《南方都市报》	专职编辑4人,并协同调动报社人力资源
	第一财经旗下DT财经	主编2人、数据记者8人、运营3人、设计师3人(属其他部门)
	第一财经旗下新一线城市研究所	主编1人、数据记者5人、数据研究员3人、设计师1人

可见,在一个数据新闻报道团队中,数据记者、信息编辑、美术设计三者是不可或缺的角色,不过也可以根据需要设置独立的新闻主编、数据挖掘员、数据分析员以及前端程序员等。新闻主编和数据记者负责新闻议题的选取与策划,构造新闻的整体框架,而且要介入信息编辑;数据挖掘员和数据分析员负责对相关数据进行挖掘、抓取和分析;信息编辑负责通过数据分析结论来编辑新闻文本;美术设计和前端程序员负责对数据结论和部分或全部的新闻文本及时可视化地呈现与发布。除此以外,若要报道科技数据新闻,最好引入权威的

---

① 引自:陈积银,曹树林主编.数据新闻入门教程[M].西安:西安交通大学出版社,2016.数据为2015年。

科学技术顾问。

二、确立选题

大量的实践证明,数据新闻的成功关键在于报道主题的选择,其次才是颜值。拥有优秀的报道主题和内容组织,即使可视化方面做得一般,新闻作品也会体现出很强的可读性;反之,尽管设计开发都非常突出,但报道主题和内容组织平平无奇,新闻作品还是很难提起读者的兴趣。

数据新闻的选题有话题优先型和数据优先型两种。话题优先型即以已经发生、出现或者即将发生、出现的重大新闻事件、新闻热点为中心,如突发自然灾害、"夸夸群"现象以及地球一小时活动等,要求报道者寻找相关的数据资料对之做出补充说明或科学解释的选题。这类选题主要考虑的是其可操作性问题,数据能否获得、数据是否充足、数据能否说明问题、数据是否经得起论证都要调查清楚。数据优先型即在数据资料充足、权威、可获得的情况下,通过分析数据发现新闻线索的选题。这类选题主要考虑的是其新闻价值,无论数据新闻还是科学数据新闻,第一必须是新闻,而不是数据分析报告或科学普及文章,然后再去斟酌报道的角度,做到贴近实际、贴近生活、贴近群众。

三、数据采集

科技数据新闻的数据来源是多样化的,目前大致有以下几种。

(一)政府组织及其网站

"国家数据"平台(data.stats.gov.cn)是我国官方认可的国家级数据门户,隶属于国家统计局,不仅涵盖了国内各大行业的年度、季度、月度数据,还有普查数据、省区以及主要城市有关数据等,而且更收录了国家各个政府部门、国际组织的官方网站和五大洲其他国家的官方统计网站链接。中国政府网(www.gov.cn)也公布了部分数据,以展现我国的宏观经济情况为主。至于地方层面,各级政府也积极开设了自己的统计网站或数据开放页面,区域特色比较明显,如北京市公共数据开放平台(data.beijing.gov.cn)、上海市公共数据开放平台(data.sh.gov.cn)、深圳市政府数据开放平台(opendata.sz.gov.cn)等。

如果想要了解更多的政府数据，还可以依法向各级政府申请信息公开。

（二）非政府组织及其网站

非政府组织关注的领域较广，很多数据信息都会对外公开，能够为数据新闻报道者提供有力的数据支持。如国际货币基金组织（www.imf.org）、世界卫生组织（www.who.int）、农业和发展国际基金（www.ifad.org）、世界银行（www.worldbank.org）等，它们披露的科技数据具有一定的国际性与代表性，对于拓宽新闻报道视角有很大的帮助。此外，中国红十字会（www.redcross.org.cn）、中华全国总工会（www.acftu.org）、中华全国工商业联合会（www.acfic.org.cn）、中华全国新闻工作者协会（www.zgjx.cn）与中国科学技术协会（www.cast.org.cn）也会定期发布其科技和组织事业发展情况等数据资料。

（三）大学、研究机构和国家专利局及其网站

研究机构可以分为高校研究所和独立研究机构。高校研究所偶尔会上传一些科研报告和数据资料，但是大多无法直接获取全文，需要提前申请登记或跳转到学术平台阅览，如北京大学中国社会科学调查中心（isss.pku.edu.cn）、武汉大学的水资源工程与调度全国重点实验室（waterlab.whu.edu.cn）等。其涉及的完全是某一领域的专业文献，价值较高。独立的国家和地方研究机构也是科技数据信息的主要来源，如中国科学院、中国工程院，以及各省市研究机构的专业报纸和网站。国家和省市专利局，是技术发明信息的重要渠道和科技新闻数据的重要来源。

（四）新闻媒体网站

媒体是信息的密集之地，社会信息每天都在媒体上不间断地更新，从其他媒体搜集信息同样是数据新闻报道者可以选择的渠道。传统媒体在媒介融合的进程中几乎都开通了网站，在网络上积聚着丰富的数据信息；新兴媒体本来就依靠互联网传播，网站是其重要的经营方式之一。个别媒体网站甚至创办了数据库，向公众开放自主调查的数据，如第一财经旗下的DT财经（www.dtcj.com）设立的"数据报告"频道和美国媒体ProPublica（www.propublica.org）设立的"数据商店（datastore）"频道等。这些资料的透明程度较高，查阅起来相对容易，也不会太过艰深晦涩。

（五）网络搜索引擎

网络搜索引擎在信息整合上有着极大的优势，能够利用计算机程序将互联网上面的信息进行组织并处理，以便用户随心所欲地输入关键词进行检索。为了精准查找信息对象，高级检索的技能必须为数据新闻报道者掌握，如加号（+）、减号（−）、双引号（""）、通配符（*/?）等的应用。详细操作如表 14-2 所示。

表 14-2　网络搜索引擎高级查找技巧

指令	作用
+/空格	搜索包含"+"或空格两边关键词的结果
（空格）−	搜索含"−"后面关键词的结果
""	完全匹配搜索
*/?	替代字符模糊搜索（"*"可替代零个、一个或者多个字符；"?"可替代一个字符）
filetype:（docx、xlsx、pptx、pdf 等）	限定搜索结果的文件格式
site:（网址）	限定在特定网站内部搜索
inurl:（gov、edu、org 等域名）	限定只在含有特定词汇的域名范围内搜索

（六）网络爬虫

网络爬虫，也称网页蜘蛛、网络机器人等，是指按照一定规则自动抓取网页信息的程序或者脚本，常用于广泛存在于网页中又无法系统获取的数据，例如购物网站上某一类商品的发货地址、参与网络评论的用户性别等。简单来看，一次网络爬虫要历经五个步骤：第一步，分析网站寻找数据目标及其参数；第二步，向目标站点发起数据请求；第三步，获取站点的服务器响应内容；第四步，解析获取到的数据内容；第五步，储存数据。然而，其实际过程要复杂得多，对于操作人员的计算机编程原理有较高的要求，所以这部分工作主要由专业的数据挖掘员、数据分析员或前端程序员承担。

（七）用户众包

众包即是一个机构把过去由员工执行的工作任务，以自由自愿的模式外包给社会公众的做法，表现在新闻报道行业就是媒体信息采集权的全面下放。新兴媒体的迅速发展使传播的双向互动性增强，伴随大数据技术成长起来的数据新闻，在告知新近发生的新闻事件以外，也能够汇聚用户的反馈信息。越来越多的数据新闻媒体人意识到不可计数的、主观能动的新闻用户是媒体巨大的外部潜在力量，探索出专业人士和非专业人士合作生产新闻信息的报道模式，促成了真正的"数据民主化"。

2014年春节前夕，《南方周末》联合环保组织发起了"回乡测水"行动。通过给192名志愿者发放测水包检测家乡水质，最终收到了来自20个省份的35组有效饮用水样本和12组有效地表水样本，随后运用可视化手段呈现了检测结果。

然而，根据该报记者谢丹讲述，组织数据众包工作，会遇到很多的干扰信息和不确定因素，比如志愿者的状态等等，因此样本检测结果的科学性是值得怀疑的，于是导致"数据是客观的，但是数据的收集、整理和分析，却带有很大主观性"，新闻说服力大打折扣。①

（八）自主调研

除了通过外部的渠道获得资料，数据新闻报道者也可以借助走访调查、电子邮件、问卷调查以及社交媒体等途径自行采集数据。其中，在线形式的问卷调查在使用方面颇为流行。问卷调查本身是一种目的性较强、对被调查者友好度较高的信息收集方法，调查者事先确定好了调查的问题，而且多数问卷以封闭式问题和半封闭式问题为主，被调查者只需如实作答即可，不用作过多思考与信息组织。不过，采取此种方式时，问题设计和抽样程序的科学性应该受到数据新闻报道者的重视，特别是要报道科技数据新闻。可是网民群体庞大，指数级别地扩展了调查问卷的覆盖范围，减少了网络非概率抽样的误差产生。通过在线问卷搜集的信息，不仅能以最轻松的方式真实地反映事件原貌，还表达了民众心声，保证了传播效果。

四、数据预处理

（一）数据审查

在信息冗杂的社会环境之中，数据新闻报道者即使找到了数据，也面临着

---

① 王博. 你不能错过的25个经典数据新闻案例大盘点[EB/OL]. [2016-12-11]. https://mp.weixin.qq.com/s/OrnlVQzELwt9vSgR0QLJbw.

数据能否满足报道需要的难题。第一，要审查数据的时效性、充足性以及与报道主题的贴近性。第二，要核验数据的真实性。真实是新闻的生命。对于数据新闻与科技数据新闻而言，数据即是事实，数据的真伪成为衡量新闻真实的一个标杆。有时我们得到的数据可能是对方内部修改的版本，对数据保持合理的怀疑极其必要。首先，判断数据来源是否可靠；其次，结合统计知识审查数据的逻辑结构，如数据的变量定义是否科学、数据单位是否正确、数据是否出现明显的异常等。

（二）数据清洗

一份原始数据通常不可直接分析，因为不同的主体会采用不同的记录标准，数据被保存的形式也不尽相同，执行二次加工就在所难免。以下一些细节是数据清洗要注意的地方。

（1）统一数据的记录参数，如将性别资料中的男性或女性分别用 M 或 F、0 或 1 统一表示。

（2）统一数值的记录精度，如确定保留小数点后几位有效数字。

（3）统一数值的记录单位，如将长度单位统一为米、时间单位统一为年等。

（4）统一数据的电子格式，如将 Word 文档的 docx 格式、PDF 图片等统一整合为 Excel 表格的 xlsx 格式。

（5）排查哪些是空白记录、哪些是没有反馈。

（6）清除误差数据。

（三）数据脱敏

数据脱敏是指对某些敏感信息按照脱敏规则匿名遮盖或过滤筛选，实现敏感隐私数据的可靠保护，避免在传播流通的过程中造成信息泄露。公众个人隐私、商业机密和国家机密等均为数据脱敏的对象。

2018 年 8 月，澎湃新闻和英文媒体"第六声"从上海市人民广场相亲角收集了 874 份相亲广告，以反映当代相亲者的婚恋观。尽管相亲广告是在公开场合的展示，不过数据新闻采集内容不应涉及隐私问题，因而他们分析数据之前隐去了人物的名字、所在公司与岗位等信息，这样既能反映社会学的特征和结论，又不至于侵犯隐私。

（四）数据分类

数据分类有助于数据新闻报道者理清思路，为数据分析做准备。我们可以依据数据属性划分数据的各种维度，而借鉴社会统计概念能够事半功倍。

（1）划分出哪些是定类数据（名义级数据），如性别、民族、品牌等。

（2）划分出哪些是定序数据（序列级数据/不可做四则运算），如文化程度、城市等级等。

（3）划分出哪些是定距数据（间距级数据/可做加减运算/有单位无绝对零点），如温度、智力指数等。

（4）划分出哪些是定比数据（比率级数据/可做四则运算/有单位有绝对零点），如身高、体重、年龄、人数等。

五、数据分析

传统的新闻报道是一种线性安排，强调文字和声画的过渡规则和叙事条理；而数据新闻和科学数据新闻倾向于体现数据之间的复杂关系，揭示出数据表象背后的深刻本质，所以数据分析是整个数据新闻和科学数据新闻生产环节的重中之重。

社会统计学者认为，数据分析有描述性数据分析、探索性数据分析以及验证性数据分析三种类型。描述性数据分析属于初级数据分析，是指对所有变量的有关数据做统计性描述，包括数据的频数分析、数据的集中趋势分析、数据的离散程度分析、数据的分布状态分析等，分析方法主要是对比分析法、平均分析法与交叉分析法；探索性数据分析和验证性数据分析则属于高级数据分析，前者侧重发现数据的新特征，后者侧重已有假设的证实或证伪，运用高等的分析工具完成数据的相关分析、因子分析和回归分析是人们习以为常的事情，同时还需要专业的数据分析员配合。

粗看下来，数据分析似乎困难重重，但是只要懂得"结构"数据，就会把握突破方向。数据是关于报道主题的离散且互不关联的事实，本来没有太多意义，其新闻价值是经过不断组合被人为赋予的，数据"结构化"可以视为一切数据分析措施的前提，也可以当作最基础的数据分析方法。

同时，要明白的是，数据新闻报道没有给出结论并不表示结论不存在。我们多次重申数据分析对数据新闻和科技数据新闻的意义,不是推崇宣告分析的烦琐程序,而是要取得分析的结论。然而,结论却不能贸然提出,报道者必须考虑数据结论的新闻影响。大众媒体报道内容的严格把关不能松懈,特别是报道科技数据新闻,专家学者的介入十分重要,要请他们用专业眼光鉴定分析的结论究竟是否失之偏颇,避免数据的误读与误导。另外,还应让公众知道,我们的分析结论有一定概率是片面的,确保新闻的客观公正。

六、数据呈现

虽然数据的可视化呈现不是数据新闻和科技数据新闻报道的重点,但是它影响着报道在公众脑海中的第一印象。新颖、充实、高效和美感是业界对数据可视化作品约定的设计规范。新颖是指一种崭新的数据表达视角或风格,能够带来眼前一亮的感觉,激起人们的阅览兴趣;充实意味着以最少的画面元素传递最多的有效信息,是可视化设计的核心要求;高效则提倡放弃那些与主题无关的材料,尽力使文图明快清晰;美感主张符合时代普遍的审美偏好。

通俗来讲,这样两点原则要谨记。其一,报道者不能为了可视化而可视化。在数据体量较少的状况下,直接罗列数据结论即可,不要浪费资源和时间执行不必要的操作,做到能用文字坚决不用图表,能用静态图表坚决不用动态图表。其二,报道者不能一味追求酷炫的数据呈现方式。可视化把信息映射到人体感官系统,以减轻信息感知成本、缩短信息理解路径为宗旨,功能作用远高于精神享受。一个好的信息图表是不用看文字就能领略其含义,一个差的信息图表是把图表都删掉也能使人明白其意图。为了更好地形成参考,几种常用的数据可视化技巧将在后面一节做详细介绍。

七、作品传播

数据新闻和科学数据新闻的传播效果很大程度上受制于新闻本身和新闻载体,从根本上找准相应的报道策略才有可能推而广之,由此建议如下。

(一)以沉浸式体验为追求

新闻现场感历来是新闻报道赢得社会肯定评价的强力保障。随着采编技术的提升，新闻报道还原现场的能力大幅增强，如闻其声、如见其人、如临其境的"沉浸式"信息接收感受愈发真切实际，新闻的消费状态正在慢慢自"欣赏"过渡到"体验"。尤其是对于格外依赖可视化手段的数据新闻和科技数据新闻，要思考怎样转变思维因势利导或为报道的传播添加助益。

报道者可以利用交互式图表，鼓励公众在大量数据信息中根据个人的兴趣选择性地关注事件碎片，逐步用自己的行动去探索新闻真相，充分释放内在的主观能动性，摆脱故事发生的第三者身份，进而不仅增加数据新闻和科技数据新闻的趣味性，还展现报道的个性化特征，让公众得以深刻地了解新闻事实和新闻议题。

2014年，北京市为缓解市内交通拥堵现象，收紧了购车摇号政策，命中率一度低至1/137。如果按此计算，大概12年才会摇中。不过当时很多人不太清楚这一实情，财新传媒则另辟蹊径，以游戏形式模拟了购车摇号过程。

（二）以移动端发布为主导

移动互联网普及以来，媒介的演进与迭代日益迅速，新兴媒体发展突飞猛进，"报（台）网并重、先网后报（台）、移动优先"成为全媒体背景下媒介融合建设的行业共识，数据新闻和科技数据新闻报道也不例外。尽管现在倡导打造多元渠道的信息传播矩阵，要求数据新闻以及科技数据新闻在作品封装之前兼顾印刷媒体、广播电视、电脑网页、智能手机等多类平台，但是各个平台的用户习惯和传播机制存在明显的差别，或许同样一个作品要尝试许多不同的设计以协调不同平台的传播所需，甚至还要适配同类平台的不同终端，如智能手机的iOS系统和安卓系统。这无疑延长了数据新闻和科技数据新闻的生产周期，削弱了新闻报道的时效性。因此若非必要，报道者可以有所取舍。相较于其他平台，移动智能平台可谓博采众长，它既具有动态的声画优势，又能够通过手指代替鼠标进行精确的点击和回应，而且升级了人与信息的交互途径，放大、缩小、滑动、摇一摇、语音指挥、视频互动、AR扫描等层出不穷，对公众沉浸式体验的支持有增无减，还可以凭借他们在社交媒体的转发引起一定规模的二次传播，几乎是一种向下兼容的"全能媒介"，是数据新闻和科技数据新闻报道载体的绝佳选择。

第三节　如何在科技新闻中应用数据可视化技巧

澎湃新闻数据新闻记者吕妍曾言："数字是骨骼，设计是灵魂。"[①]数据新闻和科技数据新闻主要以信息图表叙述新闻故事，图形、图像的直观性与艺术性，丰富了新闻的内容表现，更让数据可视化逐渐被引申为一种形象而灵活的报道方法。纵观国内外相关报道实践，以下一些图表形态得到了各大媒体的广泛运用。

一、数据地图

数据地图是建立数据与物理世界之间联系的一种信息图表类型，它能够使数据集里具有地域取向的数据或数据分析结果清晰地在地图上反映出来。其实，报道者搜集到的大量数据都离不开现实生活，数据地图则刚好可以准确地标记数据所在的地理位置，地图的级别也由数据的分布范围决定。

二、柱状图

柱状图是利用平面或者多维柱子的高度（横向排列）或长度（纵向排列）为变量来体现数据差异的一种统计图，适用于二维数据集（每个数据点包括两个值 x 和 y），x 是比较的项目，y 才是数据，因此只有一个维度需要比较。它可以是单个的、聚类的（表示每个变量类别中多个项目的值，如图14-1所示）、堆叠的（能够折射整体的比例，如图14-2所示）。一般来说，柱状图的 x 轴是时间维度，指在一定时期内某一变量的变化趋势，如果 x 轴不是时间维度，那么可以用不同的颜色或者其他方式相互区隔。

[①] 王博. 你不能错过的25个经典数据新闻案例大盘点[EB/OL]. [2016-12-11]. https://mp.weixin.qq.com/s/OrnlVQzELwt9vSgR0QLJbw.

图 14-1　聚类式柱状图

图 14-2　堆叠式柱状图

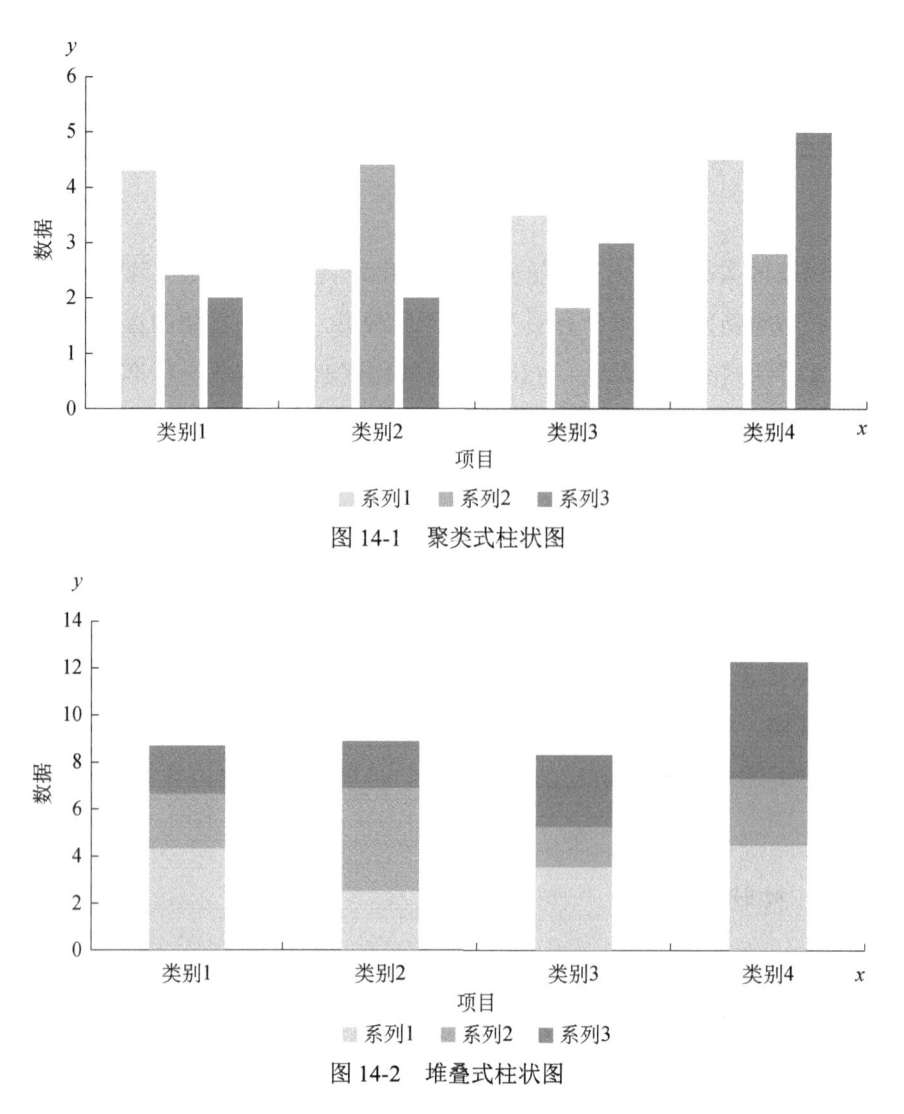

我们以一则主题为"数说台风 69 年"的数据深度报道（图 14-3）[①]来分析柱状图的使用。图 14-3 既使用了聚类式柱状图，又使用了堆叠式柱状图。聚类式柱状图中横向轴表示对比的年份，纵向轴表示每个年份的数据。点击图 14-3 中 图标处，每个年份单独的柱状图则会将堆叠式柱状图展开以呈现不同省（区、市）的情况。

[①]　选用时图和图题有删改，作品链接：https://h5.thepaper.cn/html/interactive/2017/typhoon/index.html.

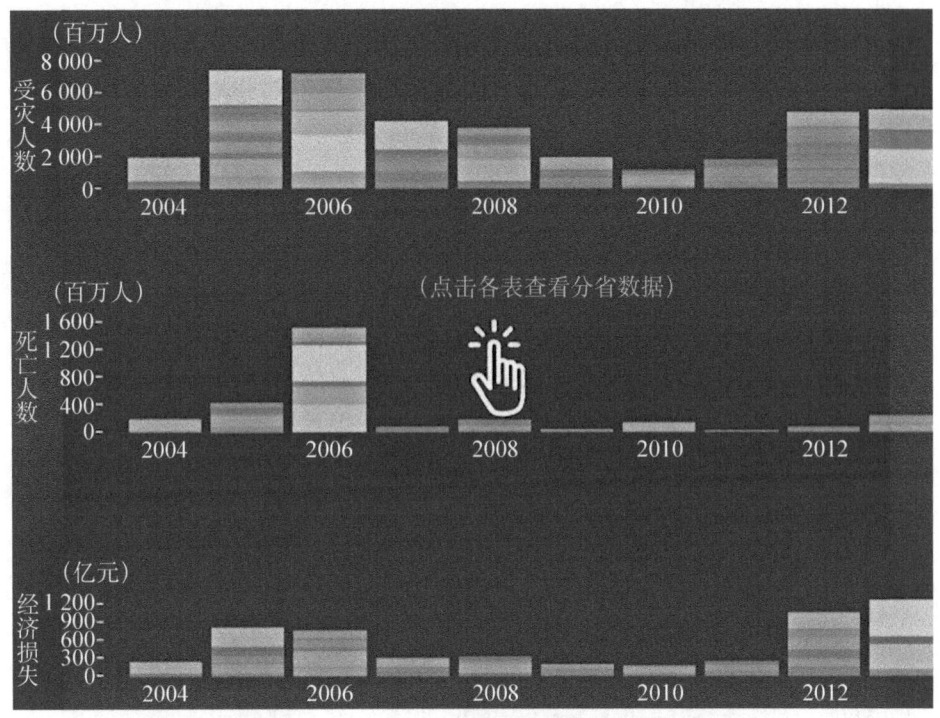

图 14-3　2004—2013 年热带气旋总体灾害情况统计

三、折线图

折线图是在一段时间内绘制单个数据点，再将其用直线连接起来，通过一连串曲折直线的上升、下降展示数据量变化幅度的一种数据图表，在显示数据随时间演变的波动性、趋势、加速度（峰值）和减速度（谷值）等方面有着独特的优势，特别适合呈现大规模二维数据集（每个数据点包括两个值 x 和 y），其中不同的变量（线条）最好区分不同的颜色，以形成醒目的比较。

四、饼状图

饼状图是用圆（规则或不规则均可）指代整体，用扇形指代部分，反映部分占整体比重的统计图形，通常以 12 点钟方向为起始点从右至左依次降序陈列各扇区，扇区的总数很少会超过 6 个，余下的则可以合并为"其他"。然而，若需对比各部分大小，饼状图没有柱状图简洁鲜明；若需表示数据变化趋势，饼状图没有折线图明确显著，因此适用于展现部分与整体之间的比例关系。

在 2019 年 9 月 23 日联合国气候行动峰会召开的前一天，《新京报》结合了上一月份人们为冰岛某一冰川消逝悬挂纪念碑的事件，推出网络数据新闻《气候变化影响：82%的西部冰川在退缩》，报道了我国西部地区的冰川现状，文内以多层的饼状图描述了每个省（区）的冰川数量在全国的占比（图 14-4）。

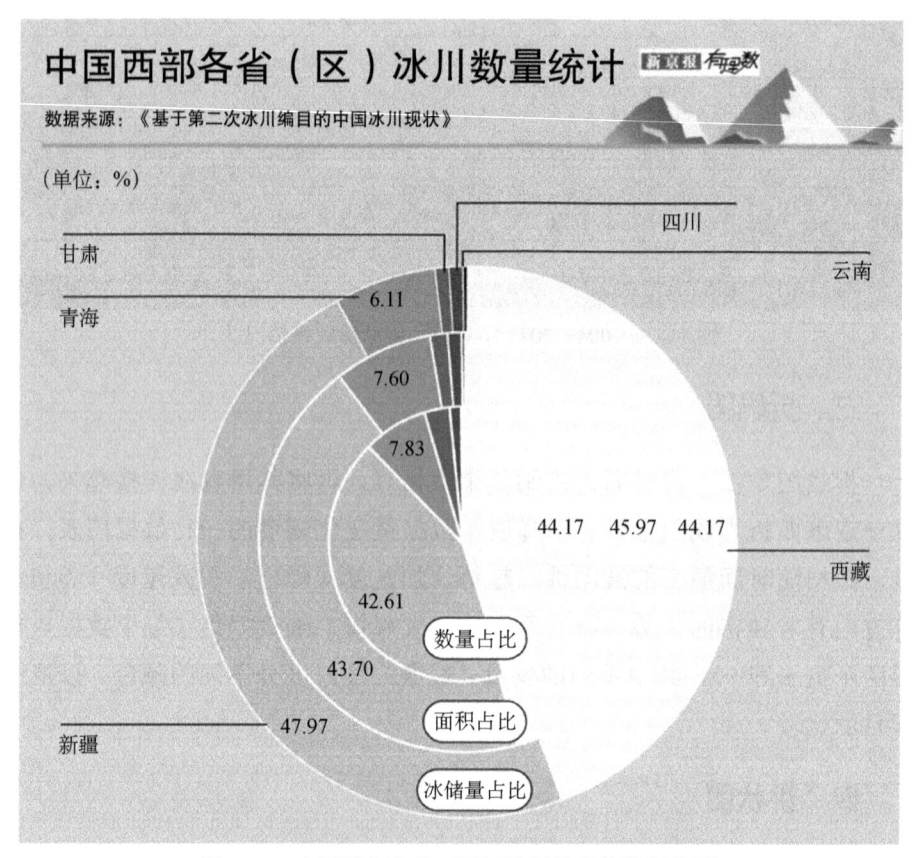

图 14-4　中国西部各省（区）冰川数量统计饼状图

五、散点图

散点图是表现平面直角坐标系中因变量随自变量变化而变化的大致趋势

的数据散布图，这种趋势是图中一系列散点的位置共同证明的，它能证有（二者呈正相关、负相关关系），也能证无（二者无明显关系），如果确实存在关系则还要加上一条概括性的趋势线来说明。报道者可以将其想象成一个没有线条的折线图，但是散点图与折线图最大的区别在于散点图的自变量（x）和因变量（y）都是允许比较的参数。

2018年5月7日，国家发展和改革委员会、自然资源部、住房城乡建设部和中国铁路总公司联合发布《关于推进高铁站周边区域合理开发建设的指导意见》，要求高铁车站的选址尽可能在中心城区或靠近城市的建成区，避免高铁沿线产业布局同质化和单一房地产功能开发。当时，财新传媒引入江苏省城市规划院研究者所提出的"车站距离指数"（距离指数=车站到市中心的直线距离/建成区面积的平方根，即指数越大，站点越偏远；反之，站点越近便）。他们发现，建成区越大，城市等级越高，高铁站的位置越近便；而距离指数高、位置偏远的车站多在小城市。

六、气泡图

气泡图是散点图的一种变体，它通过扩增每个散点的面积制造出大大小小的气泡来体现数据的第三维度，有时气泡颜色的深浅明暗也被加以利用，旨在指示数据的第四维度。不过，因为人眼对面积和颜色的细微差距不太敏感，所以气泡图只适用于不需要精确辨识第三维度和第四维度数据的场合。

2005年8月底，相当于10兆吨核弹的五级飓风"卡特里娜"在墨西哥湾沿岸登陆，使经过城市瞬间变成一座"水城"，其对美国南部各州酿成灾难性的破坏，经济损失高达约1760亿美元，共有超过1800人遇难，是美国历史上损失非常严重的自然灾害[①]；有媒体制作了卡特里娜飓风路径和强度气泡图，以不同大小的气泡和不同颜色直观展示了飓风的强度和风力等级。

在标准版气泡图之外，新闻报道中更常见的还是简化后的气泡图，即去掉了标准气泡图的坐标轴位，仅以气泡面积和颜色展现数据维度，而形式上多采取层叠、围绕等揭示数据的交汇与层级关系。

---

① 美国"卡特里娜"飓风灾害17周年 非洲裔儿童受灾者被遗忘.[EB/OL].[2022-08-30]. https://content-static.cctvnews.cctv.com/snow-book/index.html?item_id=520865342188528918.

七、雷达图

雷达图又称蜘蛛网图,是以平面形式展示多维数据(四维及以上最佳)的可视化方法,它能将几个指标聚集到一个平面上,按顺序连接各指标比率节点,构成一幅类似雷达荧光屏显示的图,可以较好折射各项指标之间的差异及其对全局的影响作用,也适合多个对象的多组数据指标同时比较而不会相互遮挡和覆盖。

八、网络图谱

网络图谱是由数据节点之间的外在或内部关系构成的网状数据信息图,能够可视化复杂的关系型数据,展示每个节点的关系网络。在运用网络图谱呈现数据之前,报道者应该找到一种适宜的方案对网络关系进行建模,尤其要注意节点的位置关系,否则做出来的就是一团杂乱无序的糨糊;也并不是每一个节点都必须在网络中出现,那些无关紧要的节点最好删去。另外,报道者还可以参考以下意见:①如果数据节点之间的关系有一定的流向性,可以用带箭头或带动画的线条表示方向;②如果数据节点之间的关系比较复杂,可以用各种样式的线条提升说明效果;③如果数据节点本身有不同属性,可以用颜色或形状来区别不同类型的节点。

九、数据漫画

数据漫画是以漫画的方式形象地展现数据,通过创造新的视觉化效果,让数字或文字等数据信息变得生动、有趣。面对抽象难懂的新闻议题,数据漫画能够有效地降低公众的理解成本,诸如科技领域的科学原理、经济领域的专业术语、法律领域的相关法条解读等,已经成为国内不少数据新闻栏目惯用的技巧,澎湃新闻的《冷知识|为什么要在低纬度发射火箭?》就是一个例子。

2016年6月,中央电视台报道了首次执行飞行实验任务的长征七号运载火箭定于我国纬度最低的卫星发射中心——海南文昌发射中心择机发射的新闻,这也是该中心首次承担发射任务。澎湃新闻用一幅动态的数据漫画图向公众阐释了在低纬度发射火箭的原因。原来发射基地设在低纬度地区有两大好处：一是纬度越低地球的自转速度越快，运载火箭在速度相同的情形下，地球的转动速度越快，被发射卫星的轨道速度越大；二是靠近赤道来发射航天器到地球静止轨道时，可使航天器的飞行距离缩短。二者相互叠加可以节省燃料、增加载荷、延长航天器运行寿命。

十、时间线

时间线是依据某一时间段内事件发生的时间顺序，把一方面或多方面的事件串联起来，组合成相对完整的记录体系的图文形式，最大的作用可以是把过去的历史系统化、完整化、精确化，适用于时间特质比较鲜明或急需以时间梳理的数据。例如，2023年5月8日，《科技日报》第7版刊载了《成都东部新区：培育三大集群，建设"未来之城"》一文，文中讲道：1月28日，首批4支科学家团队和2个公共技术平台入驻天府锦城实验室（未来医学城）；2月24日，四川大学华西东部医院首楼顺利封顶；3月9日，未来医学城首栋生物医药标准厂房——先进医疗成果转化中心项目4号楼实现主体结构封顶……目前，未来医学城"医教研产"的各个链条正以"加速度"的建设姿态逐渐步入运行轨道，散发出蓬勃的发展生机。[①]

十一、词云

词云是对文本中出现频率较高的关键词或短语予以视觉上的突出，制成"关键词（短语）云层"或"关键词（短语）渲染"，以过滤掉大量的文本信息，使公众只要一眼扫过图形就可以领略文本的大意，一般文字出现越频繁，其在云中所占空间越大。

2018年5月7日，中国人民大学新闻学院新闻系的同学浏览微博期间从一条"洗胃管催吐减肥"的热搜话题了解到患有贪食症的病人群体。他们自称"兔子"（"吐"的谐音），极度怕胖，在百度贴吧有着自己的话语体系，如把暴食说成"撸"，吃完之后吐出来则曰"生"，暴食前吃细碎东西叫"打底"，暴饮暴食或催吐顺畅的心理感受是"高潮"，而正常的进食是所谓的有"节操"。

[①] 陈科. 成都东部新区：培育三大集群，建设"未来之城"[N]. 科技日报，2023-5-8: 7.

随后，同学们抓取了"催吐吧"的 5 554 295 条帖子作文本分析，形成了该群体高频用语的词云（图 14-5）。

图 14-5　国内贪食症群体百度贴吧高频用语词云①

---

① 数据来自百度贴吧。

第十五章　科技新闻的互联网辅助报道

信息时代，信息量、信息传播的速度、信息处理的速度以及应用信息的程度等都以几何级数的方式在增长。掌握好科技新闻的互联网辅助报道技能可助力科技新闻的传播与科学知识的普及。计算机辅助报道是指收集和分析数据以加强新闻报道的一种报道技术，在新闻数据采集、量化分析、新闻报道的一系列流程中都要发挥作用，辅助的对象是以文字为主、数据为辅的新闻，多属于调查性报道或深度报道的范畴。科技新闻的计算机辅助报道就是相应地要收集处理分析科学数据，进行加工处理然后再以大众看得懂的形式报道出来。要想学会科技新闻的计算机辅助报道，运用高速发展的互联网技术是一个很好的途径。

第一节　使用互联网报道科技新闻

在传统的新闻报道中，新闻的生产要依靠记者根据自身的信源或者热线提供的线索开始新闻采访，然后进行一系列组织编辑，若遇到不懂的问题还要请教专业人士、查找专业文献，需要经过一个烦琐的过程才能将一条完整的新闻报道出来；而在互联网信息时代，新闻报道的很多信息我们可以从互联网上寻得，网络资源的出现和使用，也大大降低了科技新闻报道的难度。

一、通过互联网了解相关新闻

进行一个主体对象的科技新闻报道之前，可以利用互联网的搜索引擎来搜索相关的科技新闻报道。事件要成为新闻，首先是要有新闻价值，新闻的时效性是需要重点考虑的，对于科技新闻也是一样。要提前了解科技事件是否已经被报道过了，以及对该科学事件的新闻报道深入到哪种程度了。过去，报道者必须翻阅大量的新闻报纸、杂志充实自己的认知；现在，互联网带来了极大的便利，打开搜索引擎，键入需要搜索的字词或短句，就能看到很多有关科技主体的报道。显然，通过搜索可以获得很多条有关的新闻，据此便可以对科技主体的报道热度、报道程度有一个大概的判断，然后再去决定是否还有必要着手此类科技新闻的报道以及报道哪方面等问题。

二、通过互联网获取科技知识

在完成一篇科技新闻报道时，也许会碰上几个无法理解和解释的问题。当然，按照传统的方法去询问内行专家和自主查阅专业文献肯定可行，但是应用互联网的查找功能往往能帮助报道者节约很多时间。科技新闻的新闻性和时效性也应重视起来。报道者只要在搜索引擎一栏键入需要查找的对象，接着点击"搜索"按钮就会弹出关于该词条的丰富信息。如在百度搜索框输入"引力波"三个字，很快"百度百科"就会呈现出"引力波"的概念和解释，也有相关的知识网页显示，而"百度知道"、"百度文库"和"百度学术"等都可以为我们所用。互联网强大的信息群与庞大的知识体量好像能够让我们"取之不尽，用之不竭"。然而，网络知识成果却不能滥用，它仅仅是一种取巧的捷径，信息的权威性、正确性实在难以保证，科学报道要求秉持严谨的科学态度，深奥的问题还是要咨询专家。

三、通过互联网采集科技信息

信息在互联网世界可以快速地传播和扩散，而且传播的面积也很广。网络空间里的每个用户都是一个传播点，他们在使用网络资源的同时，自己也能轻松上传文字、图片、音频、视频等信息。伴随计算机网页技术的成熟和完善，公众的信息分享欲望变得日渐强烈，例如在微博上，好像随时随地都有用户发布个人动态，内容多是其周围的相关事，如果对微博信息稍加整理，则有可能发现一些科技新闻线索，进而采集到科技信息。

不仅如此，互联网还为报道者提供了简单好用的采访工具。相较于传统采访预约程序的烦琐复杂，网络即时通信软件大大拉近了报道者与采访对象之间的时空距离。当前，大多数通信软件，如 QQ 和微信等，早就实现了高质量语音通话和视频通话的功能，对话双方同时在线即可充分交流，不必再像原来一样车马奔波、费时费力，特别是现下移动智能终端和移动互联网的迅猛发展，大大提高了网络通信的效率，将人类彻底从固定的上网场所中解放了出来。

四、制作和发布科技新闻报道

计算机硬件和软件的协同进步，使计算机真正成了报道者的新闻制作和新闻发布的"左膀右臂"。单纯编辑文字，可以用 TXT 文本文档；图文排版，电脑软件 Word、WPS、FanTart（方正飞腾）、Adobe InDesign 能够完全胜任；修改、调整或创作图片，Adobe Photoshop 和 lightroom 等又是我们的得力助手；编辑数字音频，Adobe Audition（Cool Edit Pro）、GoldWave 也不得不提到；而剪辑视频和特效处理，还有 Adobe Premiere、Adobe After Effects、Final Cut Pro、EDIUS 与 Corel VideoStudio Pro 等，而在数据爬虫、数据分析以及数据可视化方面，那就更不用说了。此外，计算机的硬件设施亦在不断更新，打印设备从古老的黑白针式打印机一路演变到现代的彩色激光打印机和喷墨打印机；移动储存元件从软盘变为光盘，再从光盘变为了 U 盘，甚至云盘。我们谁也不知道未来还有什么东西，只觉得新闻生产越发离不开计算机的辅助和推动，即使是"守旧"的传统媒体，也免不了要跟随时代积极转型电子市场，如《科技日报》的电子版，网站日益成为新闻发布的重要战线（图 15-1）。

图 15-1　《科技日报》电子版阅览界面截图

五、组建与管理科技新闻网站

传统纸质媒体由于受制于版面和发行周期，新闻报道的发布受到很多约束，互联网新闻则比较自由。目前，很多科技主体和科技媒体都选择在网络上设置站点、传播信息，如 IT 界的 DoNEWS（www.donews.com）、驱动中国（www.qudong.com）等，还有不少综合新闻媒体开辟了科技新闻的网页专区，如浙江在线的浙江科技新闻网（www.st.zjol.com.cn）、新浪网的新浪科技频道（www.tech.sina.com.cn）、网易新闻的网易科技频道（www.tech.163.com）、搜狐新闻的搜狐科技频道（www.it.sohu.com）。

它们广泛的信息排布模式是将网页划分成 2—3 栏竖向填充新闻稿件，如图 15-2，有的还会以横向的图片滚动条隔开上下页面板块，而对专题类的科技新闻通常要搭建子网页作集纳式展现，其可以保持独立的设计风格以贴合新闻主题；各网页上的单篇文章末尾偶尔会附加一个或者多个超链接来拓展新闻报道，有时文中的某些关键字词也被添加上超链接，以进一步补充解释或与包括该词项的报道相关联。再者，对比其他类型新闻不难看出，科技新闻的网络付

第十五章 科技新闻的互联网辅助报道

费阅读比例要小得多。

图 15-2 明智科普网的版面排布

另外，网络是一个开放的环境，公众可以随时介入查看和评价相关信息。除了信息服务以外，互联网借助评论系统、电子邮件、论坛和博客等，创造了三向传播，即从生产者到消费者、从消费者到生产者和从消费者到消费者。人们在运用网络寻找科学团体的最新研究进展的过程中，同样希望参与到兴趣话题的公共传播，保持新闻网站讨论途径的畅通和讨论氛围友好是网站管理者的职责之一，由此慢慢促成了互联网公众参与科技新闻报道的雏形。

六、网络公众参与的科学报道

互联网站的管理者常常采用这样的一种方式：把最新的信息和评论并列显示。若遮住新闻页面，这些站点就是各种主体资料的汇编，它们集合了各种时间、各个视角以及相对全面的版本，并被链接到论坛或者博客。公众通过科技新闻网站与报道者互动留言、发表见解，报道者搜集公众的反馈，二次加工成为一手的科技新闻，可以说公众能够切实地参与科技新闻的报道。

第一，参与科技新闻信息采集活动的公众类似于传统媒体的通讯员角色。以往通讯员要根据大众传播机构的信息需求和规定，向其提供采集到的科技新闻信息；但在互联网时代，公众采集新闻信息的广度和深度均有全面的提升。

第二，游离于传媒体制之外的自由报道者也是公众的组成部分。他们不固定于向某个特定媒体供稿，掌握着灵活的参与和退出权，保证了报道群体的流动性和多样性。而且，其通过网络提交文稿，具有一定的匿名性，能使参与科技新闻报道的公众基础最大化，以维护科技新闻价值判断的多元互补性。

第三，社交网络的急剧扩张又为公众参与科技新闻报道营造了一个宏大平台——自媒体。自媒体又称"个人媒体"，是指私人化、平民化、自主化的传播者，以现代化、电子化的手段，向不明确的大多数人或者明确的个人传递规范性及非规范性信息的新媒体总称。自媒体号主借助社交平台把信息传递给公众，后者则以浏览、订阅等行为获得前者报道的科技新闻，而平台的低准入门槛即是捍卫"人人"公平传播机会的主导因素。

第四，互联网科技新闻报道工作的重心将从科技新闻信息采集转换为信息整合与编排。"众包"的科技新闻信息采集模式中，大家都是新闻报道者，公众对社会的观察、思考或可为科技新闻生产全面利用。届时，媒体从业人员的主要工作则变成从海量的公众信息中提取新闻价值，投身不同信源信息的"新闻整理"工作。

第五，自媒体的影响力将超越大众传播媒介。自媒体科技新闻的报道被其粉丝牢牢锁定，公众基于情感认同的持续关注催化了其叙事和表现模式的"固化"和信息传播的"窄化"，导致其目标受众到达率远远高出大众传播媒介。因此，互联网赋予的公众参与科技新闻报道机制有助于达到更好的科学传播效果。

第二节　使用数据库报道科技新闻

来自政府机构、媒体、企业的数据正以前所未有的速度飞速增长；此外，来自移动互联网终端的用户数据、地理信息，来自社交媒体平台上的内容信息、关系数据等，都大大丰富了科技新闻报道的数据来源。数据新闻的生成主要来源是数据库，其主要包括两个维度：一是新闻工作者通过观察数据库里的数据发现有价值的线索，发现问题，提出问题；二是新闻工作者心中首先已经存在预想的问题，然后再带着问题去数据库里搜寻有价值的相关数据。关于科技数据新闻的具体操作，详见第十四章。

第三节　使用在线资源报道科技新闻

一、何谓在线资源？

在线资源，可以理解为网络化数字化的信息资源。计算机技术的发展，刷新了信息资源的储存和检索方式，传统的信息资源如专业图书、期刊、科技报告、专利文献、政府出版物、技术档案等，实现了从线下向线上的移动整合。在线资源作为计算机辅助科技新闻报道的一种重要方式，具有以下特点。

（一）内容丰富，类型齐全

互联网集合了世界各地组织机构、几乎所有的知识领域，是各种信息资源的在线综合体。在线资源不仅包罗万象，覆盖了各个科学领域，而且包括了各种不同层次的信息。有新闻、科技论文、电子期刊等原始文献，也有综述、评论、文摘等二次、三次文献。在线资源拥有的信息类型也十分齐全，有文本、图像、表格、声音、视频等多种形式。

（二）开放共享

在互联网中，会有一部分的在线资源需要使用者付费获取，但有大量丰富的在线资源是传播者秉持着开放共享的原则上传的，无偿供人使用。

（三）更新速度快

由于网络信息量迅速增长，在线资源能够保持较快的更新速度，记者能够使用在线资源获取最新的科技新闻线索和材料，但是也因为在线资源的更新速度过快，可能会存在大量过剩的、无用的信息内容干扰记者判断的情况。

（四）信息质量参差不齐

在线资源的发布有很大的自由度和随意性，缺乏必要的过滤、质量控制和管理机制，正式出版物和非正式信息交织在一起，既有高水平的、官方的信息资源，也有许多垃圾信息和虚假内容。

（五）分散无序，信息查找依赖搜索引擎

在线资源并不是集中的，而是广泛分布在世界各国各种机构或个人的服务器上，以分散无序的状态展示给外界。利用在线资源找到关键信息，基本依赖于搜索引擎的查找。

二、使用搜索引擎检索在线资源

使用在线资源辅助科技新闻报道主要体现在两个方面：一是辅助科技新闻研究，即通过在线资源搜集报道所需的科技新闻材料；二是辅助科技新闻参考，利用在线资源提供的科技报告、科技数据、电子图书等来验证分析新闻材料。新闻记者有效获取和利用在线资源来辅助科技新闻报道是一项必备技能。

在线资源的信息量非常庞大，记者想要在这样的信息海洋中查找有价值的科技新闻材料，就离不开对搜索引擎的使用。搜索引擎其实也是一些网站，如

谷歌、百度、雅虎等，只不过这些网站专门提供信息检索服务，是对网络信息进行搜集整理，供人查询的系统。搜索引擎就像是罗盘和灯塔，帮助记者快速准确地检索到有效信息，提高工作效率。记者通过搜索引擎找到在线资源并不困难，但在尽可能少的时间内，就某专题找到准确完整的资料，需要一定的搜索技巧。

第一，合理设置关键词。使用关键词检索，是利用搜索引擎寻找所需在线资源的基本搜寻方法。在最短时间内找到所需资源，设置好关键词是成功的关键所在。一般来说，记者在搜索在线资源前，要对搜索方向有比较清晰的认知，设置的关键词越具体，搜索出无关信息的可能性就越小。同时可以使用多个关键词来缩小搜索范围，关键词越多，结果越精准。

第二，重视图片搜索功能。"读图时代"已经到来，图片在当今的新闻传播中占有举足轻重的地位。对于记者来说，图像资料能够帮助他们掌握新闻细节，更好地理解新闻意义。现在的搜索引擎通常有图像搜索界面，可以在关键字栏输入描述图像内容的关键字，如"袁隆平"，就会搜索到大量的关于袁隆平的图片。

第三，利用限定条件搜索。如果想要寻找某些主题的在线资源，可以在限定的类别中进行搜索。许多搜索引擎都有细分的类别，如科技、经济、新闻。单击一个类别再使用搜索引擎，所耗费的时间较少，而且能够避免大量无关领域的内容。另外，使用搜索语法，可以强制搜索引擎执行它在通常情况下不会执行的任务。例如想让搜索引擎对忽略的关键词 A 或 B 进行强制搜索，需要在关键词中间加上"+"，如 A+B。这样既包含关键词 A 又包含关键词 B，和空格的作用类似。如果是 A-B 的搜索语法就是指包含关键词 A 但不包含关键词 B，A/B 是指包含关键词 A 或关键词 B。[①]

三、辅助科技新闻报道的常用在线资源

（一）数字图书馆资源

数字图书馆是一种基于互联网的、分布式的海量多媒体信息资源系统。记

---

① 高钢. 新闻写作精要[M]. 北京：首都经济贸易大学出版社，2005.

者使用数字图书馆的在线资源辅助科技新闻报道，能够不受时间、地点的限制，对科技新闻涉及的专业知识和专著进行在线搜索，并且能够在多个在线资源平台获取信息，使记者在更广的范围内更有效地获取信息成为可能。在互联网时代，在线的数字图书馆发展成熟、数量庞大，这里选取了四个国内国外具有代表性的数字图书馆进行介绍，以供参考。

1. 超星数字图书馆

超星数字图书馆（http://www.ssreader.com）是国家863计划中国数字图书馆示范工程项目，由北京世纪超星信息技术发展有限责任公司投资兴建，以公益数字图书馆的方式对数字图书馆技术进行推广和示范。按学科分为文学、历史、法律、军事、经济、科学、医药、工程、建筑、交通、计算机和环保等多个学科图书馆。

2. 中国数字图书馆

中国数字图书馆（http://www.cdlc.cn/）由中国数字图书馆有限责任公司负责全部技术支持和信息服务体系的运作。中国数字图书馆依托中国国家图书馆丰富的馆藏资源和国家数字图书馆工程资源建设联盟成员的特色资源、借助遍布全国的信息组织与服务网络建立，为各类用户特别是社会团体和工商企业用户提供专业、系统的资讯服务，并将成为全球最大的中文多媒体数字信息资源内容服务提供商。

3. NetLibrary 电子图书

NetLibrary 电子图书（http://www.netlibrary.com）是全球最大的在线计算机图书馆中心（OCLC）的下属部门，是当前世界上最早提供电子图书的主要提供商。其产品 NetLibrary 数据库是世界上著名的电子图书数据库系统，收录了大量高质量电子图书，这些电子图书的90%是1990年后出版的，每月均增加几千种。NetLibrary 电子图书覆盖了以下主要学科：科学、技术、医学、生命科学、计算机科学、经济、工商、文学、历史、艺术、社会与行为科学、哲学、教育学等。

4. Ebrary 电子图书

Ebrary 电子图书（http://site.ebrary.com/lib/tsinghua）。Ebrary 公司于1999年

2月正式成立，由McGraw-Hill Companies、Pearson plc和Random House Ventures三家出版公司共同投资组建。Ebrary电子图书数据库整合了来自300多家学术、商业和专业出版商的17万册权威图书和文献，覆盖商业经济、社科人文、历史、法律、计算机、工程技术、医学等多个领域，提供一整套独一无二的在线数据库集合。

（二）科研文献在线资源

科研文献对于科技新闻报道的重要性是不可忽视的，它既可能成为科技新闻的消息源，又是验证分析新闻材料的重要资源。科研文献的在线资源集中分布在各大数据库网站，通过站内检索能够得到权威的、全面的、最新的文献资料。下面分别介绍国内外四个具有代表性的信息数据库。

1. 中国知网

中国知网（China National Knowledge Infrastructure，CNKI，网址为www.cnki.net）是以实现全社会知识资源传播共享与增值利用为目标的信息化建设项目。由清华大学、清华同方发起，始建于1999年6月。CNKI的内容涵盖了我国自然科学、工程技术、人文与社会科学期刊、博硕士学位论文、报纸、图书、会议论文等各种公共知识信息资源。所拥有的在线文献资源包括中国期刊全文数据库、中国优秀博硕士学位论文全文数据库、中国重要报纸全文数据库、中国重要会议论文全文数据库。

2. 万方数据知识服务平台

万方数据知识服务平台（Wanfang Data Knowledge Service Platform）是在原万方数据资源系统的基础上，经过不断改进、创新而成的大型中文信息资源系统。它的科技信息资源包括中国学术期刊数据库、中国学位论文全文数据库、中国学术会议文献数据库、中外专利数据库、中外标准数据库、中国科技成果数据库等。

3. 史蒂芬斯数据库

史蒂芬斯数据库（EBSCOhost）是美国EBSCO公司为数据库检索设计的系统，有近60个数据库，其中全文数据库10余个。几乎覆盖了所有的学术研究领域，包括社会科学、人文科学、教育学、计算机科学、工程学、物理学、化学、语言学、艺术、文学等。它的在线数据库主要有学术期刊数据库、商业资源数据库和多学科数据库，包含二次文献与一次文献。

4. SpringerLink

SpringerLink 是由德国著名科技出版集团施普林格（Springer-Verlag）推出的，在线科学、技术和医学（STM）领域学术资源平台，提供学术期刊及电子图书的在线服务。SpringerLink 的服务范围涵盖各个研究领域，提供超过 1900 种同行评议的学术期刊，以及不断扩展的电子参考工具书、电子图书、实验室指南、在线回溯数据库以及更多内容。①

（三）科技新闻在线资源

其他媒体刊登的科技新闻，可以说是记者寻找科技新闻线索和搜集新闻事实材料的重要资源。传统的新闻媒体在互联网时代都开设了自己的在线新闻网站，记者不仅能实时跟进科技新闻的更新，而且能短时间内在多个新闻网站获取信息。科技新闻在线资源可以分为通讯社网站和其他新闻网站两个类型，通讯社通常是最快发出新闻信息的新闻机构，通过参考其他新闻媒介则能了解多种体裁的新闻报道，下文就这两个类型列举一些在线网站。

1. 通讯社网站

新华网（www.xinhuanet.com）。新华网是中国国家通讯社新华社主办的综合新闻信息服务门户网站，是中国最具影响力的网络媒体和具有全球影响力的中文网站。

路透社（www.thomsonreuters.com）。路透社是世界上最早创办的通讯社之一，也是目前英国最大的通讯社和西方四大通讯社之一。路透社是世界前三大多媒体新闻通讯社之一，向来以迅速、准确享誉国际。

法新社（www.afp.com）。法新社全称法国新闻社，成立于 1944 年，是与路透社、美联社和合众国际社齐名的西方四大世界性通讯社之一。前身是由夏尔·哈瓦斯于 1835 年创建的"哈瓦斯通讯社"。法新社是西方四大通讯社中资格最老的一个。

美联社（www.ap.org）。美联社全称美国联合通讯社，是美国最大的通讯

---

① 李谋信. 信息资源检索[M]. 北京：机械工业出版社, 2005.

社，1846年在芝加哥成立。美联社是世界上独立新闻采访量最大的通讯社之一，其新闻稿件被世界众多新闻机构采用。

合众国际社（www.upi.com）。是美国的第二大通讯社，也是美国著名的商业通讯社，是由著名报人爱德华·斯克里普斯于1907年创立，并于1958年与威廉·赫斯特创办的国际新闻社合并而成的，总部设在华盛顿。

2. 其他新闻网站

人民网（www.people.com）。创办于1997年1月1日，是世界十大报纸之一，《人民日报》建设的以新闻为主的大型网上信息交互平台，也是国际互联网上最大的综合性网络媒体之一。

科学网（www.sciencenet.cn）。科学网是由中国科学院、中国工程院和国家自然科学基金委员会主管，科学时报社主办的综合性科学网站，主要为网民提供快捷权威的科学新闻报道、丰富实用的科学信息服务以及交流互动的网络平台，目标是建成最具影响力的全球华人科学社区。

赫芬顿邮报（www.huffingtonpost.com）。赫芬顿邮报是美国一家新闻博客网站，兼具博客自主性与媒体公共性，通过"分布式"的新闻发掘方式和以Web2.0为基础的社会化新闻交流模式而独树一帜。

第十六章　无人机科技新闻报道

随着科学技术的进步，无人机逐渐进入新闻人的视野。过去遥不可及的大型飞行器逐步进入了传媒行业，开始朝着体型轻量化、操作简单化转变，进而被广泛运用于科技新闻报道当中。面对这一新生事物，不少常年奋战在一线的记者开始感到"力不从心"，尤其是中年以上的新闻从业者感到"摸不着头脑"。究竟应该怎样使用无人机，它的基本原理和操作技能是怎样的，在图片、视频的拍摄中需要掌握哪些技巧，都需要注意什么问题呢？本章将着手从无人机发展概况、基本原理和使用技巧，无人机空中摄影技巧以及无人机科技新闻报道的原则和方法入手，讲述无人机科技新闻报道的基本知识。考虑到无人机种类繁多，本章在讲述无人机科技新闻报道中，主要以大疆系列无人机为例。

第一节　无人机概述

一、无人机发展概况

1910 年，美国俄亥俄州的年轻工程师查尔斯·科特林用钟表机械装置控制飞机，发明了最早的无人机，后取名为"科特林空中鱼雷""科特林虫子"等。1933 年，英国研制出了第一架可复用无人驾驶飞行器——"蜂王"，使其成为第一个研制并成功试飞无线电遥控靶机的国家。

第二次世界大战期间，美国海军首先将无人机作为空面武器使用。20 世纪 40 年代初期，美海军在对德国潜艇基地进行军事打击时，使用了由 B-17 轰炸机改装的遥控舰载机。

此后，美国特里达因·瑞安公司生产的"火蜂"系列无人机是当时产量最大的无人机。在1948—1995年，该系列无人机研发了多种型号，例如无人靶机（亚音速和超音速）、无人侦察机、无人电子对抗机、无人攻击机等。

20世纪80—90年代，美国在无人机领域处于领先地位。直到今天，美军有用于各指挥层次，从高级司令部到营、连级的全系列无人侦察机，"全球鹰"无人机、"影子-200"低空无人机、"火力侦察兵"无人直升机等。

我国军用无人机的发展水平近年来也在快速提升，WZ-6无人侦察机、翼龙无人机、BZK-005无人机等均达到世界先进水平。

中国民用无人机源于20世纪80年代。1980年3月，在当时以军需无人机为主的时代，陕西省科学技术委员会委托西北工业大学研发了多用途无人驾驶飞机D-4，主要用于航空测绘和航空物理探矿。1994年西安爱生技术集团研制出ASN-206中短程多用途无人驾驶飞机，实现了无人机的军民两用。它不仅可用于空中侦察、战场监视，还可以用于地球物理探矿、灾情监测和海岸缉私。

民用无人机应用范围较广，包括农药喷洒、地质勘探、森林巡查、治安巡逻等。近年来，相关无人机制造商也逐渐增多。2008年，面向民用领域的长航时中空无人机"黔中1号"顺利试飞。2012年至今，以大疆产品为代表的无人机向消费级市场展开强烈攻势，研发了"精灵""御"等系列产品，飞行高度、镜头像素逐步提高，实现了超高清的拍摄能力，使无人机真正走进了大众视野，迎来了前所未有的发展盛世。

二、无人机的分类及适用范围

近年来，无人机系统种类繁多、用途广泛，其在尺寸、航时、飞行高度、飞行速度等多方面有较大差异。由于无人机的多样性，划分标准也各有不同。本章以无人机飞行平台、用途、尺度、活动半径、任务高度等指标进行分类。

（1）按飞行平台构成分类，无人机可分为固定翼无人机、旋翼无人机、无人飞艇、伞翼无人机、扑翼无人机等。

（2）按用途分类，无人机可分为军用无人机和民用无人机。军用无人机可分为侦察无人机、攻击无人机、电子对抗无人机、通信中继无人机、诱饵无人机以及靶机等；民用无人机可分为巡查/监视无人机、农用无人机、气象无人机、勘探无人机以及测绘无人机等。

（3）按尺度分类（民航法规），无人机可分为微型无人机（质量小于等于7kg）、轻型无人机（质量大于7kg，但小于等于116kg）、小型无人机（质量小于等于5700kg），以及大型无人机（质量大于5700kg的无人机）。

三、无人机科技新闻报道应用

你见过什么样的中国？

是960万平方公里的辽阔，还是300万平方公里的澎湃？

是四季轮转的天地，还是冰与火演奏的乐章？

像鸟儿一样离开地面，冲上云霄，前往平时无法到达的空中，看见专属于高空的奇观。俯瞰这片朝夕相处的大地，再熟悉的景象，也变了一副模样。从身边的世界，到远方的家园；从自然地理，到人文历史，50分钟的空中旅程，前所未有的极致体验，从现在开始，和我们一起，天际，遨游！

这是央视纪录片《航拍中国》的一段解说词，描述的是无人机拍摄的画面，也就是我们常说的"上帝视角"。过去航拍画面的拍摄需要借用直升机、热气球等专业大型设备，这对于科技新闻报道来讲，无疑是奢侈的想法。近年来，随着民用无人机技术的飞速发展，无人航拍设备逐渐走入新闻媒体，成为包括报社、电视台、新兴媒体的宠儿。2014年，《南方都市报》记者陈坤荣用时8个月完成了《日常运动》组图，获得了第57届世界新闻摄影比赛（简称"荷赛"）体育特写类组照二等奖。他在作品中采用了低空遥控航拍技术，以90度俯瞰视角赋予了日常运动独特的视觉形式感。2016年，《新京报》首席记者陈杰用"大疆精灵3"无人机拍摄《天津爆炸》，荣获得第59届"荷赛"一般新闻类单幅三等奖，让航拍摄影再一次登上世界新闻摄影最高奖台。在照片中，爆炸留下的巨坑、废墟清晰可见，高空视角带来的视觉冲击让读者清楚地看到了受灾地区的全貌（图16-1）。陈杰后来回忆，当他凌晨到达现场时，已有多名记者进入第一现场，考虑到地面拍摄已没有合适的机位，他果断选择了航拍，并

控制无人机飞上了现场制高点，为读者提供了现场的更多有效信息。

图 16-1　《新京报》记者陈杰航拍作品《天津爆炸》

从上述新闻报道中我们不难看出，无人机新闻摄影开始探索更多样化的应用方式，在灾难报道、环境报道、科技新闻报道等领域都取得了进步。科技新闻记者也开始突破了传统新闻摄影的限制，充分发挥个人创造力，给无人机科技新闻报道带来了更多的可能性。

四、无人机科技新闻报道存在的问题

无人机科技新闻报道解决了传统新闻摄影的视角单一问题，但在实际运用中还存在安全、隐私、政策和新闻情境方面的问题。

（一）安全隐忧

目前用于科技新闻报道的无人机多数是低空拍摄的"航拍无人机"，其飞行高度一般在 500 米以下，因而在飞行时会对地面人群、建筑物等造成一定程度的威胁。这种威胁包括两个方面：一是无人机"飞手"的操作技术问题；二是无人机本身的机械故障、信号丢失问题。通常情况下，无人机的旋翼旋转速度极快，如遇操控不当或者信号干扰，很可能从空中跌落，进而对地面人群造成伤害。2012 年，某市电视台拍摄该市新建火车站首辆动车进站，"飞手"操作航拍无人机从站台起飞，在升空时不慎接触车站上空高压线，无人机当场爆炸。

（二）隐私保密问题

无人机体积小、携带方便，很容易出现侵犯个人隐私，窃取军事、商业机密的行为。再加上目前无人机不仅能拍摄高清、超高清图像和视频，还能进行联网直播，这对个人空间、公共空间都造成了一定程度的侵害。

（三）政策限制

目前，民航局已经出台诸如购买实名制、划定禁飞区、申报起飞、考取执照等规定，但许多规定未能持续跟进和完善，难以形成切实有效的管理和监督。而且民用航空器飞行执照考取难度较大，学习时间较长，可承担培训的机构较少。另外，城市主要区域、机场附近多属于限飞、禁飞区域，"飞手"除持有中国航空器拥有者及驾驶员协会（Aircraft Owners and Pilots Association Of China，AOPA-China）驾驶证外，还必须向当地空管、空军、公安部门申请航线。审批手续复杂，批复时间不定。这对新闻采访工作造成了一定的困难。

（四）新闻情境的担忧

无人机的使用使原本应该深入报道的记者得以远离复杂的新闻现场，但是在新闻报道中，仅有高清的视频和图像是远远不够的，还需要记者客观、真实的新闻描述。无人机航拍的介入，让记者一度脱离于现场之外，报道的准确性和全面性会受到影响。毕竟，在科技新闻报道中，不仅需要"俯瞰"视角，还需要"平视"视角来展现具体细节。无人机带来的高清图片、视频对呈现新闻现场全景固然重要，但无法展示出新闻事件的全部。因此，新闻记者不能完全依靠无人机航拍，还需要脚踏实地地走进现场、走近群众。

第二节　无人机的基本原理和使用技巧

一、无人机的基本原理

不同类型无人机的飞行原理各不相同，即便是较为相似的六旋翼和四旋翼无人机在飞行时改变姿态的方式也是不同的。为了阐述无人机的基本原理，本章以常见的四旋翼无人机为例，讲述其运行的基本原理。

常见的四旋翼、四轴无人机是通过调节四个电机的转速来改变螺旋桨转速的，从而实现上升力的变化，进而控制飞行姿态。在飞行中，主要包括垂直运动、俯仰运动、滚转运动、偏航运动四种运动模式。

（一）垂直运动（升降控制）

在四旋翼无人机中，两对电机转向相反，可以平衡其对机身的反扭矩。所谓反扭矩指的是无人机旋翼在电机的带动下，向空气施加了一种作用力，也叫扭矩。空气必然会在同一时间以大小相等、方向相反的反作用力施加给飞机，这个力就是反扭矩。这是飞机得以上升的基本原理。在四旋翼无人机运行时，无人机同时增加四个电机的输出功率，旋翼转速增加使得总的拉力增大，当总拉力足以克服整机的重量时，无人机便垂直上升了。反过来，减少四个电机的输出功率，飞机就会下降，直到落地。当外界扰动量为零，四旋翼产生的升力和飞行器的自重相等时，无人机就可以保持"悬停的状态"（图16-2）。

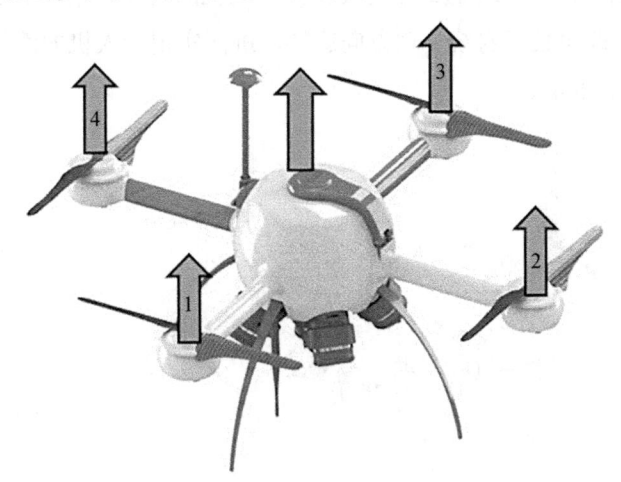

图16-2 四旋翼无人机垂直运动原理示意图

（二）俯仰运动（前后控制）

在俯仰运动中，1号电机转速上升，3号电机转速下降，且变量大小相等；2号和4号电机转速保持不变。由于1号旋翼的升力向上，3号旋翼的升力下降，产生的不平衡力矩使机身绕 y 方向旋转。同样，当 1 号电机转速下降、3 号电机转速上升，机身便绕着 y 轴向另一个方向旋转，从而实现无人机的俯仰运动（图 16-3）。

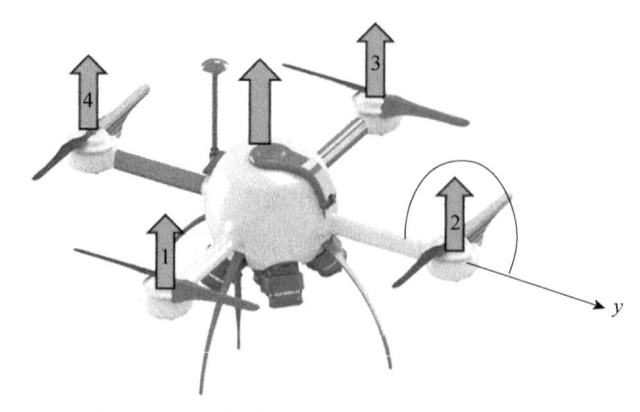

图 16-3　四旋翼无人机俯仰运动原理示意图

（三）滚转运动（左右控制）

四旋翼无人机中，改变 2 号电机和 4 号电机的转速，保持 1 号和 3 号电机的转速不变，即可使机身绕 x 轴方向旋转，进而实现无人机的滚转，也就是左右的移动（图 16-4）。

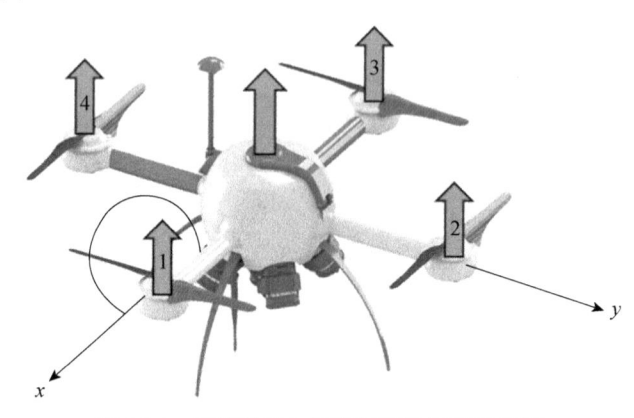

图 16-4　四旋翼无人机滚转运动原理示意图

（四）偏航运动（旋转控制）

当 1 号电机、3 号电机的转速加大，2 号、4 号电机转速减小时，1 号旋翼、3 号旋翼对机身的反扭矩大于 2 号和 4 号旋翼对机身的反扭矩。机身则在多余的反扭矩力作用下绕着 z 轴转动，从而实现飞行器的偏航运动，也就是旋转（图 16-5）。

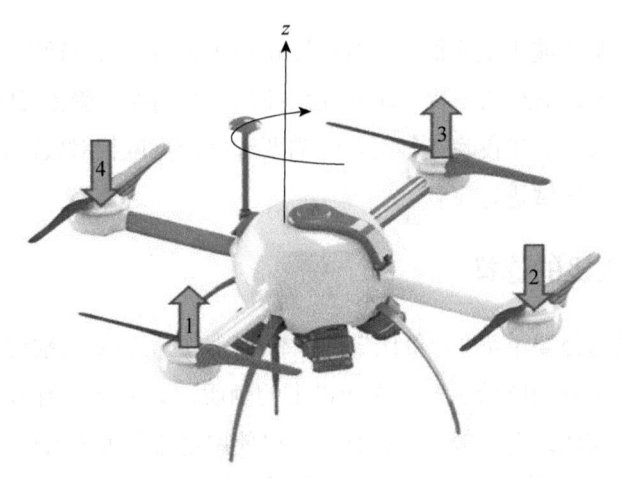

图 16-5　四旋翼无人机偏航运动原理示意图

二、无人机的运行环境

（一）乡村

乡村环境较好，人群密集度低，但空中可能会有电线杆等阻碍，一定要注意远离这种区域，避免无人机信号受到干扰，导致失联或者炸机。

（二）山区

山区风光优美，人群密集度低，但拍摄环境相对险峻，务必注意人身安全和 GPS 信号的稳定性。另外，还需要注意山区的天气情况，在大风、大雨、雷电、大雪等恶劣天气情况下，要果断停止飞行活动。

（三）水面、湖面、海面

无人机沿水面贴近飞行，能够较好地展现建筑物、船舶的倒影，尤其在日出、黄昏时分，光线、构图效果极好。但务必注意控制好飞行姿态，避免跌入水中或者撞击周围障碍物。

（四）公园

公园风光较好，但人员相对密集，上空可能有干扰物。一部分公园属于限飞或禁飞区域，飞行许可问题值得考虑。

（五）城市

城市上空基本属于限飞区域，若能取得相关许可，在飞行中一定要注意上空的楼宇、树木、电线的干扰，还要注意控制飞行高度，避免影响直升机和民航飞机的飞行安全。在夜晚飞行时，还需要选择能见度相对较高，上升、下降空间相对安全的区域进行飞行。

三、无人机的选择

无人机的选择要秉承"性价比"的基本原则，购买时要特别注意用途问题。科技新闻视频部分的航拍，需要高清以上的画质，如果能达到4K水平更佳；如果是在平面媒体或者一般网络媒体，建议使用主流品牌无人机的专业版。这类无人机不仅可以拍出高清画质，整体携带也较为方便。建议初学者先使用一些入门级的无人机进行训练，待基本掌握操作技巧后，再试飞专业航拍设备。

另外，在选择无人机时，还要特别注意相关附件的选择，例如备用电池、配件背包、记忆卡等。特别是备用电池，一定要准备1—2块。目前大部分无人机飞行时间在15—30分钟，如果没有储备电池，很有可能出现无人机难以完成飞行拍摄任务，甚至无法返航中途坠落的情况。

四、无人机飞行前检查

（一）合法性问题

民航部门已经开始实行无人机实名登记制度，各地也开始建立较为严格的管理制度。随着军队和公安部门的介入，以及举报制度的完善，持证飞行将是今后的趋势。

（二）限飞问题

以大疆无人机为例，飞行前，可通过DJI GO APP查询限飞区域。具体的操作步骤是：进入DJI GO APP，之后点击"限飞信息查询"选项，即可看到"限飞区域"搜索界面。当然，还有一种方式是进入大疆平台网站，打开大疆平台"安全飞行指引"网页，在下方选择"限飞区域查询"按钮，随即可以查到相关信息。

（三）飞行高度限制

无人机飞行过程中，按照现行管理规定和飞行条件，一般建议在 125 米以内飞行，以便于在飞行过程中观察无人机状态。

（四）飞行前技术检查

1. 遥控器和摇杆检查

在飞行之前，首先要检查好遥控器的电量是否充足，并准备好与手机连接需要的连接线（一般随机会有配送）。其次，安装好 DJI GO APP 并通过 Wi-Fi 或者有线连接进行安装。整个安装过程是否成功，手机 APP 会有相应提示。

2. 准备好无人机，安装好螺旋桨

有些型号的无人机需要单独安装螺旋桨，例如，大疆精灵 3、大疆精灵 4 标准版和专业版都需要自行安装螺旋桨。安装时一定要注意按照电机上的提示，安装指定的不同颜色桨帽的螺旋桨。切忌强行错位安装，那样可能会导致飞行事故。

3. 指南针校准

安装好螺旋桨或者将螺旋桨展开并通电后（一些折叠式的型号无须安装螺旋桨），打开 DJI GO APP 开始设置"指南针"。通常情况下是"飞手"将无人机水平旋转 360 度，之后再竖直旋转 360 度。一般情况下，只要按此操作，手机端软件会提示校正成功。

4. 电池电量检查

目前大疆无人机的电池均为智能电池，"飞手"在飞行前应该使用电池上的测电装置进行测电。如果发现电量不满，最好提前进行更换，原则上一次飞行最好准备 2—3 块电池。

5. SD 卡检查

在飞行前，必须进行 SD 卡检查。一是注意检查 SD 卡是否为高速卡，因为在拍摄 4K 视频时需要使用高速卡才能正确记录影像。二是检查 SD 卡的容量是否充足。一般 1 分钟的 4K 视频，容量就在 1GB 左右。三是要检查 SD 卡

的质量，看是否能正常读取。外出拍摄时，原则上要准备两张以上的 SD 卡备用。

6. 无人机机身检查

首先是对无人机的电机和螺旋桨进行再三检查，主要看是否有松动或者损坏的地方；其次，对挂载的摄像头要进行检查和测试，看其是否能正常转动和拍摄。

五、无人机基本操控技巧

（一）起飞和降落

当我们准备好无人机后（打开电源，找到合适起飞场地，做好飞行前检查。这里以大疆御 2 Pro 为例），就可以开始准备起飞了。

首先，需要打开大疆 DJI GO 4 APP，进入 APP 启动界面。之后，进入 DJI GO 4 APP 主界面，左下角会提示设备已经连接，点击右侧"开始飞行"按钮。软件会自动进入飞行界面。操作者需要进行指南针校正，随后软件将提示"起飞准备完毕（GPS）"，此时，无人机已做好所有起飞准备（图 16-6）。

图 16-6　DJI GO 4 起飞界面

在准备工作完成后，操作者可以通过拨动操纵杆的方向来启动电机，可以将两个操纵杆同时向内掰，也就是专业上称为"美国手"的启动方式，此时电机开始启动，螺旋桨开始旋转，无人机进入待飞状态。

无人机进入待飞状态后，推动左摇杆向上即可垂直上升，推动左摇杆向下即可垂直下降。在空中停止推动左摇杆，无人机即可悬停。

（二）基本行进操作

推动右摇杆向前，无人机向前飞行；推动右摇杆向后，无人机向后飞行。

左摇杆逆时针旋转，无人机则逆时针旋转；左摇杆顺时针旋转，无人机则顺时针旋转。

右摇杆向左、右瓣，无人机开始向左、右平行移动。

六、无人机突发事件处理

（一）特殊环境的应对方式

1. 夜晚无人机失联

打开 DJI GO 4 APP，点击左下角地图预览框，可以看到红色飞机与用户目前所在位置间相差的距离，"飞手"可以将红色飞机的箭头对准自己，通过拨动摇杆的方向飞回来。

2. 空中遇鸟

一般来讲，鸟类是害怕无人机的，尤其是无人机的螺旋桨，其攻击无人机的原因主要是无人机侵入了它们的低空领域。因此，当遇到鸟类时，切忌慌张，只需缓慢升起无人机，避让鸟类即可。

3. 遇到大风天气

应尽快降落，或者在低空中匀速、缓慢回飞，并提前考虑降落地点。

（二）信号失联的处理方法

1. GPS 信号丢失

当 GPS 信号弱或者信号丢失的时候，软件会提示进入姿态模式。此时，"飞手"应轻微调整摇杆，保持无人机的稳定飞行姿态，尽快飞出受干扰区域。

2. 图传信号丢失

如果发现手机屏幕一片漆黑，很有可能是软件故障或者手机卡故障。可尝试重启软件，重新连接信号。如果仍无法解决问题，可尝试利用遥控器触发无人机手动返航。

3. 遥控器信号丢失

如果遥控器红色指示灯亮起，表明遥控器与无人机连接中断，此时无人机会自动返航，"飞手"只需关注无人机方位，保持天线的正常开启。

4. 指南针受到干扰

这种情况一般分为两种：一种是飞行前指南针故障，这种情况一般比较好解决，"飞手"只需按提示调整即可；另一种情况比较麻烦，那就是在空中指南针故障。这种情况无人机会进入姿态模式，会有漂移现象，此时千万不要慌张，缓慢降落到安全处即可。

（三）设备故障的处理方法

1. 电量不足以返航

边返航边找最近的安全地点降落，"飞手"可以快速向无人机方向靠拢。

2. 无人机空中失联

可致电官方客服帮助寻找无人机，也可通过 DJIGO 4 APP 软件内"找飞机"选项中的"飞行记录"进行查找。

3. 无人机炸机

大疆系列无人机一般会有 1 年的保险，如果出现炸机可找到无人机"残骸"以旧换新。如果保修期过了，只能支付较高的维修费用。因此，一般不建议新手在城市、水面或者其他复杂的环境飞行。

第三节　无人机空中摄影技巧

一、入门飞行动作

第一，向上爬升是无人机的基本动作，"飞手"只需要匀速向上推起左摇杆即可。通常情况下，建议推左摇杆的速度尽量小一些、缓慢一些，使无人机尽快远离低空复杂环境。

第二，向下降落。缓慢向下推动左摇杆，注意观察下降区域的障碍物情况。

第三，向前飞行。推动右摇杆向前，注意观察并调整摄像头位置，时刻观察前方情况。

第四，向后飞行。推动右摇杆向后，注意控制速度，观察飞行姿态。

第五，向左飞行。将右摇杆缓慢向左推，无人机开始向左侧平移。

第六，向右飞行。将右摇杆缓慢向右推，无人机开始向右侧平移。

二、常用飞行动作

第一，原地旋转。首先，使无人机飞到指定高度，之后缓慢向左推动左摇杆，无人机将从左向右进行360度旋转。将左侧摇杆缓慢向右推，无人机将从右向左进行360度旋转。

第二，绕圈飞行。首先，使无人机飞到指定拍摄区域并保持一定高度。之后，向上拨动右摇杆，无人机向前飞行，此时注意推的幅度要小、速度要慢。与此同时，左手向左拨动左摇杆，使无人机向左旋转。此时便可实现逆时针旋转。反之，则可实现顺时针旋转。

第三，向上、向前飞行。此操作需同时操控左、右摇杆，让左、右摇杆同时向上推起，即可实现无人机向上、向前飞行。

第四，向后、向上飞行。此操作需同时操控左、右摇杆，让左摇杆向上，右摇杆向下，即可实现无人机向下、向后飞行。

三、高级飞行动作

第一，展现镜头飞行。首先，"飞手"需要向上拨动右摇杆，无人机开始向前飞行；与此同时，左手拨动无人机相机云台，将镜头向上倾斜，逐渐展现出自己想要拍摄的对象。如果想拍成后退的影像，只需要向相反方向操作。

第二，穿越飞行。穿越障碍物，例如穿越城门洞、山洞等属于高难度动作，极容易发生事故，除非有长期飞行经验，对速度、宽度、高度的敏感性较强，否则不建议初学者做这样的操作。

第三，跟踪、移动拍摄。无人机通常有定点跟踪功能，"飞手"只需按照APP提示进行操作即可。这里需要提醒的是，低空飞行会有障碍物干扰，"飞手"要提前规划好线路，避免撞击、炸机、失联等情况的出现。

第四节　无人机科技新闻报道的原则与方法

一、无人机科技新闻报道的基本原则

（一）合法原则

科技新闻记者在进行无人机科技新闻报道时，首先要持有飞行执照，提前向相关部门申请航线，严格遵守飞行区域、高度等限制性规定。对涉及保密或航空器飞行安全的区域要谨慎进入，必须提前向航空管理、公安机关、军区等负责单位报备。不得以任何理由擅自进入军事、政府及科研等相关保密单位，不得在未经许可的情况下，擅自飞入涉及商业机密的单位或者区域。

（二）安全原则

民用无人机虽然发展迅速，但可控性仍存在不确定因素。科技新闻记者在执行飞行采访任务时，首先要保障地面、空中区域的安全，避免出现撞击、炸机情况，确保设备的正常运行。

（三）可控原则

可控就是要求在新闻采编工作之前，针对无人机的具体使用应当设定切实可行的飞行、拍摄方案及安全预案，避免在大风、大雨、雷电天气下和信号较弱的区域实施拍摄活动，确保无人机在可控范围内运行。

（四）实效原则

在融媒体发展时代，科技新闻必须跟上发展大趋势，将拍摄素材运用到各类平台，并注重有针对性地调整拍摄方案、镜头运用方式，尤其在后期编辑中，还要注意针对网页、APP、微信公众号、新闻客户端、报纸、电视台等平台，制作符合传播特色的科技新闻报道。

二、无人机科技新闻报道的主要方法

（一）无人机图片新闻摄影技巧

第一，占领制高点，拍摄大全景。在科技新闻报道中，新闻现场可能不便进入或者存在一定危险性。科技新闻记者可利用无人机进入新闻现场，利用航拍优势，拍摄高空全景，全面展现新闻现场真实情况。

第二，利用飞行优势，选取特别视角。无人机具有较强的机动性，在保证安全的情况下，记者可操控无人机进入新闻现场，抵近拍摄受访区域，探寻常规新闻摄影中无法选择的机位。

第三，利用运动特色，拍摄精彩瞬间。在个别运动场景中，新闻人物或者采访对象处于高度运动状态，常规的长焦、高速快门拍摄不足以反映核心区域、关键节点的新闻瞬间。科技新闻记者可以利用无人机拍摄大型机械、大型工程现场的精彩瞬间。

第四，注意开启高清或者 4K 拍摄模式，确保生成足够平面媒体、新兴媒体使用的新闻图片。

（二）无人机视频新闻摄影技巧

第一，"上帝视角"在无人机航拍中的应用。无人机拍摄高度通常在 50—100 米，在能见度较好的前提下，俯瞰视角能给受众带来全新的视觉体验。一般来讲，应使用搭载 4K 摄像机的无人机进行拍摄，再辅之以广角镜头，使受众更加直观地感受、了解新闻现场景象，从而有效地避免舆论偏差。

第二，低空拍摄加大视觉冲击力。按照前文所述，新闻记者可在拍摄前规划拍摄路线，使无人机保持在 3—5 米的高度进行拍摄。此类低空拍摄可彰显出独特的纪实美，其灵活性和延伸范围远优于轨道及摇臂，具有较强的连续性和动感，使受众享有身临其境的体验。

第三，多采用前文所涉的高级拍摄方法，多角度、多视点呈现采访对象或区域。多用动态反映新闻现场或人物的客观、真实性。

第四，确保 2K 以上的视频素材，最好保持在 4K 左右。条件允许的情况下，新闻单位可采用六旋翼无人机，搭载 4K 微单、单反或运动相机进行拍摄。

主要参考文献

阿克那衣·木哈什. 传媒新闻信息源的获取研究[J]. 新闻研究导刊, 2017, (22): 178-179.
埃弗拉特·利夫尼. 为什么年纪越大, 觉得时间过得越快[N]. 上海科技报, 2019-11-01: 6.
巴伯. 科学与社会秩序[M]. 顾昕, 等, 译. 北京: 生活·读书·新知三联书店, 1991.
柏生. 我爱新闻速写[J]. 新闻记者, 1984, (8): 19-21.
薄世宁. 薄世宁医学通识讲义[M]. 北京: 中信出版社, 2019.
布劳德, 韦德. 背叛真理的人们——科学界的弄虚作假[M]. 朱进宁, 方玉珍, 译. 北京: 科学出版社, 1988.
陈昌曙. 技术是哲学的研究对象[J]. 自然辩证法通讯, 1985, (3): 5-11.
陈金祥. 试论科学发展的内在随机性动力[J]. 科学技术与辩证法, 1997, (1): 1-11.
陈力丹. 日本媒体的灾难报道让我们反省[J]. 青年记者, 2011, (7): 41-42.
丛志成. 浅析无人机航拍镜头在电视新闻报道中的应用[J]. 西部广播电视, 2021, (14): 55-57.
戴丽昕. 北斗导航功能型平台将促进长三角地区产业发展[N]. 上海科技报, 2019-12-18: 1.
德阳市科协. 中国（德阳）电子信息产业发展大会在中江县举办[N]. 四川科技报, 2019-12-06: 2.
地质矿产部书刊编辑室. 杨钟健回忆录[M]. 北京: 地质出版社, 1983.
丁柏铨. 新闻采访与写作[M]. 北京: 高等教育出版社, 2004.
樊代明. 医学远比科学复杂得多[J]. 江苏卫生保健, 2016, (5): 50-51.
方洁. 数据新闻概论: 操作理念与案例解析[M]. 2版. 北京: 中国人民大学出版社, 2019.
方洁, 颜冬. 全球视野下的"数据新闻": 理念与实践[J]. 国际新闻界, 2013, (6): 73-83.
付真卿. 我省实现核酸检测实验室21市州全覆盖[N]. 四川科技报, 2020-02-21: 1.
高钢. 新闻写作精要[M]. 北京: 首都经济贸易大学出版社, 2005.
高钢, 潘曙雅. 新闻采访与写作[M]. 北京: 中国人民大学出版社, 2018.

戈德史密斯，马凯. 科学的科学——技术时代的社会[M]. 赵红州，蒋国华，译. 北京：科学出版社，1985.

耿挺. 最新研究：蛇是带"毒"最大"嫌疑犯"[N]. 上海科技报，2020-01-24：5.

关士续. 技术创新的运行机制和动力机制[J]. 未来与发展，1991，(5)：46-50.

国家统计局科技统计司. 中国科学技术四十年（统计资料）1949—1989[M]. 北京：中国统计出版社，1990.

哈迪. 科学、技术和环境[M]. 唐建文，译. 北京：科学普及出版社，1984.

哈里特·朱克曼. 科学界的精英[M]. 周叶谦，冯世则，译. 北京：商务印书馆，1979.

胡汉辉，肖渡. 日本研究与开发活动经费之管窥[J]. 国外科技政策与管理，1991，(6)：43-48.

胡智. 成都高新区石板凳街道提升网格员服务成效[N]. 四川科技报，2020-02-05：6.

贾宝良. 科技与科技新闻[M]. 上海：上海科学技术文献出版社，1994.

江昀. 技术发展的社会管理机制研究[J]. 科技进步与对策，1998，(5)：50-51.

江昀. 技术发展与社会区位选择[J]. 地质科技管理，1998，(Z1)：59-63.

江昀. 论技术发展的社会后果及其控制[J]. 大自然探索，1999，(3)：103-107.

江昀. 论企业的科技行为及其经济后果[J]. 软科学，1999，(4)：1-4.

江昀. 论西方技术社会管理理论的研究历史和现状[J]. 自然辩证法通讯，2000，22（5）：43-47，55.

江昀. 论科技新闻传播值的测定及其传播效果评价[J]. 求实，2006，(Z2)：285-286.

江昀，江林茜. 技术发展与社会生态环境适应[J]. 软科学，2001，(3)：24-27.

蒋建科. 农业科技新闻采访与写作[J]. 科技传播，2015，(22)：1-6.

杰里·加斯顿. 科学的社会运行[M]. 顾昕，等，译. 北京：光明日报出版社，1988.

金碧辉. 国外科技—产业政策初探[J]. 国外科技政策与管理，1990，(4)：15-21.

金梦玉. 新闻采访报道教程[M]. 北京：中国传媒大学出版社，2012.

金树华，金丽琛. 怎样做记者[M]. 北京：中国国际广播出版社，2012.

巨浪. 新编新闻写作[M]. 杭州：浙江大学出版社，2005.

卡罗尔·里奇. 新闻写作与报道训练教程[M]. 3版. 钟新，译. 北京：中国人民大学出版社，2009.

凯风. 摆脱邪教 果园里响起幸福"音符"[N]. 四川科技报，2018-12-21：4.

库恩. 科学革命的结构[M]. 李宝恒，纪树立，译. 上海：上海科学技术出版社，1980.

赖宁，杨翠明. 网络数字信息资源及其利用[M]. 长沙：湖南地图出版社，2006.

李彬. 传播学引论[M]. 北京：新华出版社，1993.

李汉林. 科学社会学[M]. 北京：中国社会科学出版社，1987.

李明德. 美国的研究园[J]. 大自然探索，1992，11（2）：109-114.

李谋信. 信息资源检索[M]. 北京：机械工业出版社，2005.

李巍. 电视新闻报道中的拍摄技术创新应用——以无人机航拍为例[J]. 新闻文化建设，
    2021，（18）：129-130.

李喜先，等. 科学系统论[M]. 北京：科学出版社，1995.

李约瑟. 中国科学传统的贫困与成就[J]. 科学时代，2008，（3）：13-14.

林永年. 新闻报道形式大全（修订本）[M]. 3版. 杭州：浙江大学出版社，2003.

刘建明，胡钰. 科技新闻传播理论[M]. 北京：科学出版社，2001.

刘建明，江苏华. 科技新闻理论与写作[M]. 北京：中国广播电视出版社，1998.

刘则渊. 社会发展与社会工程学[J]. 自然辩证法研究，1986，（1）：12-21.

刘志君. 论无人机航拍在新闻报道中的实际应用[J]. 科技传播，2021，（19）：172-174.

罗伯特·金·默顿. 十七世纪英格兰的科学、技术与社会[M]. 范岱年，吴忠，蒋效东，译.
    北京：商务印书馆，2009.

马爱平. "数战数决"大数据"智慧"相助疫情防控[N]. 科技日报，2020-02-24：2.

马静瑶. 7大项目落户 成都扩大新型显示产业"朋友圈"[N]. 四川科技报，2019-12-25：2.

迈克尔·沙利文-特雷纳. 信息高速公路透视[M]. 程时端，杨放春，孟洛明，等，译. 北京：
    科学技术文献出版社，1995.

麦斯韦尔·麦考姆斯，顾晓方. 制造舆论：新闻媒介的议程设置作用[J]. 国际新闻界，1997，
    （5）.

默顿. 科学的规范结构[J]. 林聚任，译. 哲学译丛，2000，（3）：56-60.

庞丹，付毅飞. "高分"家族又添"七娃"[N]. 科技日报，2019-11-04：2.

乔纳森·科尔，斯蒂芬·科尔. 科学界的社会分层[M]. 赵佳苓，顾昕，黄绍林，译. 北京：
    华夏出版社，1989.

秦勇. 顺丰大型物流无人机川南运行基地落地自贡航空产业园[N]. 四川科技报，
    2019-03-06：2.

邱冰清. "穿上防护服，儿子说我像宇航员一样帅"[N]. 科技日报，2020-02-03：4.

邵培仁. 传播学[M]. 北京：高等教育出版社，2015.

汤姆·福雷斯特. 微电子技术革命[M]. 白怡然，译. 北京：科学技术文献出版社，1986.

陶广汉，苏文保. 抓实基层治理引来文明新风　东坡区红丰村深入实施乡村振兴战略[N]. 四川科技报，2019-12-06：3.

陶婷婷. 市政协2019年优秀提案奖出炉[N]. 上海科技报，2020-01-08：1.

涂子沛. 数据之巅：大数据革命，历史、现实与未来[M]. 北京：中信出版社，2014.

汪苏华. 科教新闻采访与写作[M]. 北京：中国广播电视出版社，2002.

王博. 你不能错过的25个经典数据新闻案例大盘点[EB/OL]. [2016-12-11]. https://mp.weixin.qq.com/s/OrnlVQzELwt9vSgR0QLJbw.

王过渡. 技术社会学初探[J]. 自然辩证法研究，1986，（1）：41-47.

王金星，杜春海. 新闻写作[M]. 重庆：重庆大学出版社，2010.

王丽风. 科技新闻的特征与采写技巧[J]. 青年记者，2017，（11）：50-51.

王炎坤，等. 科技奖励的社会运行[M]. 武汉：华中理工大学出版社，1993.

王又新. 科学园与企业孵化器（上）[J]. 国外科技政策与管理，1989，（6）：13-19.

温一冰. 由芦山地震中无人机救援解密报道谈科技新闻写作[J]. 科技传播，2014，（5）：34.

沃纳·赛佛林，小詹姆斯·坦卡德. 传播理论——起源、方法与应用[M]. 郭镇之，孟颖，赵丽芳，等，译. 北京：华夏出版社，2000.

吴小坤. 数据新闻：理论承递、概念适用与界定维度[J]. 新闻与传播研究，2017，24（10）：120-126.

小摩里斯·N. 李克特. 科学是一种文化过程[M]. 顾昕，张小天，译. 北京：生活·读书·新知三联书店，1989.

徐国源. 当代新闻采访与写作[M]. 苏州：苏州大学出版社，2006.

闫瑾. 新闻写作中科学素养和文学素养的辩证思考[J]. 科技传播，2017，（23）：199-200.

炎冰. 论科学精神[J]. 江汉论坛，1987，（12）.

炎冰，宋子良. 科学作伪与道德教化[J]. 科学学研究，1997，（1）：56-62.

杨维汉，陈菲. 全国人大常委会决定适当推迟召开十三届全国人大三次会议　具体开会时间另行决定[N]. 科技日报，2020-02-25：1.

叶青. 胶体金法新冠病毒检测试剂盒上市[N]. 科技日报，2020-02-24：4.

医学教育网. 医学心理学医学模式转变的动因[EB/OL]. [2015-02-25]. https://www.med66.

com/web/yixuexinlixue/sd1502252569.shtml.

于嵩. 航拍视觉[M]. 合肥：安徽大学出版社，2020.

袁丰雪，仇玲，周海宁，等. 融媒体时代新闻采访与写作[M]. 北京：新华出版社，2020.

约翰·齐曼. 知识的力量——科学的社会范畴[M]. 许立达，李令遐，许立功，等，译. 上海：上海科学技术出版社，1985.

岳清唐. 企业技术创新的运行机制[J]. 管理科学，1991，（4）：12.

张碧晖，王平. 科学社会学[M]. 北京：人民出版社，1990.

张登义. 中国、日本科学技术政策比较分析（上）[J]. 国外科技政策与管理，1991，（4）：1-8.

张少华，侯书山. 科学学简明教程[M]. 开封：河南大学出版社，1986.

张艺达，苏文保，殷尚勤：让"素翁硒茶"走向世界[N]. 四川科技报，2019-11-15：1.

张中奎，林明智，陈万才. 科技奖励[M]. 北京：科学出版社，1991.

赵汉斌，岳芯如. 95后女焊工阳莲：让每次作业都是完美作品[N]. 科技日报，2019-02-18：4.

赵华庭，邓天佐. 科技拨款制度改革的回顾与思考[J]. 科学学与科学技术管理，1991，12（11）：4-9.

赵淑萍. 当代电视新闻采访教程[M]. 上海：复旦大学出版社，2010.

赵莹，李宏哲，孟昱. 无人机技术在新闻摄影中的应用[J]. 计算机与网络，2021，47（9）：44.

中国科技新闻学会. 科技新闻论集[M]. 北京：中国科学技术出版社，1988.

周庆梅. 新闻传播的反效果研究及其对策[J]. 新闻传播，2005，（10）：66-67.

周胜林，尹德刚，梅懿. 当代新闻写作[M]. 2版. 上海：复旦大学出版社，2004.

RUC新闻坊. 流行病报道中的"雷区"和建议[EB/OL]. [2020-02-16]. https://www.163.com/dy/article/F5G0EDC105259I38.html.

后　记

时光荏苒，几年来，编写组成员充分考虑了学界和业界的基本要求，以高校科研团队、部分研究生为基础，联合一线科技新闻记者、媒体管理者组建了研究团队。在充分考虑了学术的严谨性，广泛参考科技新闻基础理论和采编技巧的基础上，重点对具有代表性和典型性的报道进行了归纳和整理，力图尽可能完整地阐明科学技术和社会发展的密切联系，引领新闻学子或相关从业人员高度重视科技新闻的基本规律，从把握原理、弄清发展历程出发，进一步提升科技新闻的采写能力。编写本书的过程中，我们主要面临以下三个问题。第一，对资料的梳理。通过资料查阅不难发现，国内外在科技新闻传播，尤其是传播实务方面存在一定差异，特别是在认知水平和传播方式上存在差异。由于国情不同，我们不能将西方理念照搬，而是必须根据本国国情及媒介传播环境进行调整。第二，科技知识储备不足。编写人员在撰写上篇"理论篇"时，主要按照一般新闻传播规律进行总结，缺乏对科技新闻个性化特征的总结和描述。为此，编写组充分征求了业界的意见，尽最大可能贴近媒体发展实际进行撰写。第三，科技新闻实务缺乏经验积累。为了解决这一问题，编写人员除考虑科技新闻报道的结构、基本要素等内容外，还从新闻工作实际出发，系统介绍了科技专门领域报道、采访的相关程序和技巧。特别在最后几章介绍了科技数据新闻、互联网辅助报道和无人机科技新闻报道的基本方法。当然，这里还涉猎其他专业知识，编写人员特别注重对操作步骤的描述，尽可能用通俗易懂的语言，结合图解进行表述。

关于撰写分工，第一作者江昀教授主要承担全书整体结构的设计和内容统稿，并撰写科技新闻的理论部分，即第一章至第七章的内容。科技传播实务包括第八章至第十六章的内容，沈丹承担了第十二章至第十五章的编写工作，付斌承担了第八、九、十、十一、十六章内容的撰写任务，并负责对第八章至第十六章的内容进行整理、核对和修改。此外，传播学专业硕士研究生姜润曦和冉世友为本书的初稿撰写收集、整理了大量资料，在此一并感谢。尽管对什么书是好书的观点不一，但人们心里还是明白，除了能带来阅读乐趣和益智之外，如果还能激发读者对知识的期待和渴求，那无疑是本好书。按照这个标准，本书可能还存在一定的距离，但在结构创新方面所做的努力，或许于读者有所裨益，从而为我国科技新闻传播这座大厦增砖添瓦，这也是本书作者的最大夙愿。

作　者

2023 年 9 月